VAMOS A ESTUDIAR JUAN

Vamos a estudiar
JUAN

Mark Johnston

EL ESTANDARTE DE LA VERDAD

EL ESTANDARTE DE LA VERDAD
3 Murrayfield Road, Edinburgh EH12 6EL, Reino Unido
P O Box 621, Carlisle, PA 17013, EE.UU.

Publicado por primera vez en inglés en 2003
con el título *Let's Study John*

Primera edición en español: 2010
ISBN 978-1-84871-077-1

Traducción: Ana Juliá Cristóbal
Revisión: Mª Ángeles Belmonte Muñoz
Diseño de la cubierta: River Design, Edimburgo

La presente edición se publica en colaboración con
EDITORIAL PEREGRINO, S.L.

Impreso en EE.UU. por
Versa Press, Inc.
East Peoria, IL.

Printed in USA

Dedicatoria

Para Derek y Rosemary,
mis viejos amigos con quienes
tengo una enorme deuda
de gratitud

Índice

Prefacio del editor

Vamos a estudiar Juan forma parte de una serie de libros que explican y aplican el mensaje de las Escrituras. Esta serie ha sido concebida para cubrir una necesidad específica e importante de la Iglesia. Si bien no se trata de una serie de comentarios técnicos, estos libros comentan el texto de ciertos libros de la Biblia; sin ser meras listas de aplicaciones prácticas, tratan las formas en que las enseñanzas de las Escrituras pueden afectar y transformar nuestras vidas hoy día. Sus metas son la comprensión del mensaje de la Biblia y la aplicación de sus enseñanzas.

Al igual que otros libros de la serie, *Vamos a estudiar Juan* intenta combinar la explicación con la aplicación. Queremos que sea útil para el cristiano medio, animándolo a comprender el mensaje de la Biblia y aplicarlo a su propia vida. No se dirige al lector interesado en todas aquellas cuestiones detalladas que fascinan al erudito, aunque tras la exposición de cada estudio está la apreciación de la erudición esmerada y detallada. La meta es una exposición de las Escrituras escrita en el lenguaje de un amigo sentado a tu lado con la Biblia abierta.

Vamos a estudiar Juan está pensado para utilizarse en varios contextos. Puede ser simplemente una ayuda para el estudio individual de la Biblia. Puede ser útil para algunos en las devociones del matrimonio, o para leerse como familia.

Para que estos estudios resulten más útiles —no solamente para el uso individual sino también para las clases de escuela dominical o los grupos de estudio en casa, en la iglesia o la universidad— una guía de estudio se encuentra en las páginas 306-334. A veces los coloquios en grupo resultan ser más una fuente de desilusión que de ayuda. A menudo es así porque se nos ha invitado a tratar un pasaje de la Escritura que en un principio no comprendemos bien. La comprensión debe ser siempre la base de todo diálogo enriquecedor y de la aplicación práctica y meditada. De esta manera, además de la exposición del Evangelio según Juan, el material adicional proporciona preguntas para fomentar la meditación y el estudio personales, o bien como punto de partida para un coloquio. La "Guía de estudio para grupos" divide el texto en veintiséis secciones, y proporciona ayudas para dirigir y participar en un estudio y diálogo en grupo.

Prólogo

Existen distintas maneras de sacar provecho de la Biblia. Podemos escuchar sin más su lectura pública en los cultos, o leerla en silencio en algún lugar tranquilo. Esto en sí constituye un gran privilegio y una bendición. No escuchamos meras palabras de hombres sino la Palabra de Dios. También podemos memorizar la Escritura, guardándola en la mente para tenerla siempre a mano aun en las circunstancias menos pensadas. Igualmente se nos puede explicar, bien a través de la predicación, bien en un estudio guiado de su mensaje. Todas estas maneras de abordar la Biblia —además de muchas otras— nos servirán, sin duda, de gran provecho al vernos expuestos a la Verdad.

Otro uso vital de las Escrituras, que a menudo se pasa por alto, es el estudio personal: cultivar la costumbre y la disciplina de meditar algún pasaje a diario. El Salmo 1 nos recuerda que la vida cristiana fructífera y eficaz está ligada de manera inseparable al deleite en la Palabra de Dios y su meditación diaria (cf. Sal. 1:1-3). Lejos de ser un ejercicio frío y mecánico, nos ayuda a entrar en la interacción dinámica y viva con la Palabra viva del Dios vivo.

Esta verdad nos lleva a la convicción que sirve de fundamento para esta contribución a la serie *Vamos a estudiar.* El título de cada libro te invita a ahondar más profundamente en la Biblia; no tan profundamente que temas ahogarte, sino lo suficiente para apreciar las riquezas que Dios ha puesto a nuestra disposición en este libro.

No pretendemos que *Vamos a estudiar Juan* sea un comentario del texto versículo por versículo. En cambio, se busca identificar y seguir las líneas principales que recorren el texto. Esto significa que algunas preguntas inevitablemente se quedarán sin respuesta, necesitando el empleo de comentarios más detallados. Hemos proporcionado una lista de comentarios en la página 335.

El presente libro aborda esta clase de estudio del Evangelio según Juan. Está pensado para utilizarse o bien en privado, o con un grupo reducido. Una breve guía de estudio se encuentra al final, con preguntas para cada sección, las cuales se pueden emplear para una interacción guiada con el texto.

El estudio se basa en el texto de la versión de la Biblia Reina-Valera 1960, aunque en algunos pasajes se ofrecen versiones alternativas para recalcar más plenamente el significado del pasaje en particular.

Es emocionante poder "[escudriñar] las Escrituras" de una manera más profunda. Constituyen la Palabra de Dios para el mundo: el mensaje que relata la salvación y sana las vidas quebrantadas. ¡Es el mensaje de Cristo nuestro Salvador!

Mientras escribía este libro he sido consciente de la deuda de gratitud que siento hacia las muchas personas que me han enseñado a lo largo de los años lo que significa usar bien la Palabra divina de Verdad. Aunque podría nombrar a muchos de ellos, quiero señalar a un querido amigo que, tal vez más que nadie, moldeó mis convicciones en cuanto a la importancia de la exposición: Derek Thomas. Este libro está dedicado a él y a su esposa Rosemary como una pequeña señal de mi reconocimiento por todo lo que han significado para mí su amistad y sus oraciones a lo largo de los años.

MARK JOHNSTON
Grove Chapel
Camberwell
Febrero de 2003

Introducción

Hay dos maneras de apreciar una galería de arte. Se puede dar una vuelta rápida para ver todo lo que contiene, o bien se pueden seleccionar algunas obras clave y pasar más tiempo apreciando en detalle la belleza de cada una. Ambos métodos tienen su valor, y se puede decir que la mejor manera de sacar provecho de la galería sería combinarlos.

Esta analogía nos ayuda a responder a la primera pregunta que surge al comenzar a leer el Evangelio según Juan: "¿Por qué tiene un carácter tan diferente de los Evangelios según Mateo, Marcos y Lucas?". Resulta bastante evidente, aun para aquellos que no tienen costumbre de leer la Biblia, que algunos rasgos del cuarto Evangelio lo destacan de los otros tres. No porque su contenido contradiga el relato de la vida de Jesús que escribieron los otros evangelistas; más bien, la manera como Juan ha dispuesto y presentado su relato de Jesús y su obra tiene un sabor propio.

Características únicas

Juan es selectivo al elegir los detalles que relata en cuanto a la persona y obra de Cristo. De un total de treinta y ocho milagros de Jesús que constan en los Evangelios, Juan solo comenta ocho, siete de los cuales designa como "señales". No relata ninguna de las parábolas de Jesús que forman parte tan significativa de los otros Evangelios. En su lugar, dedica un espacio considerable a sermones y discursos clave que Jesús relató en varios momentos y lugares.

Los primeros tres Evangelios han sido llamados "los

Evangelios sinópticos": esto es, proporcionan una vista panorámica de la vida y obra de Jesús desde una misma perspectiva general. Pero Juan toma una perspectiva distinta. Como el visitante a nuestra galería de arte que elige ciertas obras para examinarlas en detalle, Juan elige ciertos aspectos de Cristo y de su obra para una consideración en profundidad. El suyo es un Evangelio contemplativo, que nos toma de la mano y nos lleva a las profundidades de los misterios de la persona de Cristo y las maravillas de todo lo que ha alcanzado para su pueblo y para el mundo entero.

Se dice del Evangelio según Juan que es "tan sencillo que un niño puede vadearlo, ¡y tan profundo que un elefante puede nadar en él!". En este sentido, no solo proporciona un punto de entrada a la Biblia para el recién converso, sino también un lugar predilecto para los que conocen bien la Biblia y la aman.

Detalles del trasfondo

Siempre resulta útil al estudiar cualquier pasaje de la Escritura intentar conocer el trasfondo y las circunstancias históricas en las cuales se escribió. Esto es particularmente así en el caso del cuarto Evangelio, no menos porque haya sido el tema de muchos debates a lo largo de los años. A pesar de toda la energía que se ha gastado debatiendo varios de los detalles del Evangelio según Juan, no se ha alterado la opinión general en cuanto a las ideas clave de su trasfondo.

¿Quién era Juan? El autor de este Evangelio nunca se identifica de manera explícita, sino que hace referencia varias veces al "discípulo al cual Jesús amaba" (cf. 13:23; 19:26; 20:2; 21:7, 20) de manera que sugiere que ese discípulo fue el autor. Al reunir las pistas que proporciona cada una de estas citas, hay fuertes indicios de que el discípulo en cuestión fuese Juan, hermano de Jacobo e hijo de Zebedeo.

Confirman esta idea otros rasgos interiores que concuerdan con la autoría del apóstol Juan. Su conocimiento del estilo de vida de los judíos, la geografía local de Palestina, y los detalles que solo un testigo ocular de los acontecimientos podría proporcionar indican que se trata de Juan, el hermano de Jacobo. Esta idea tiene buenos antecedentes entre los escritos de los

Padres de la Iglesia, especialmente Ireneo, Tertuliano, Clemente y Orígenes; y sigue siendo respetada aun entre los eruditos contemporáneos.

En cuanto a la época en la cual se escribió este Evangelio, hay motivos para creer que debe de haber sido a finales del siglo I, quizá en la década de los ochenta o noventa d. C. Aunque es posible que se escribiera antes —y esta idea tiene argumentos a su favor—, las meditaciones en profundidad acerca de la vida y obra de Cristo características de este Evangelio son consistentes con una fecha posterior.

Aunque ninguno de estos asuntos afecta de manera significativa al mensaje del libro ni a su importancia perdurable, es importante tener presentes las circunstancias que conformaron su entorno original.

Propósito y estructura

¿Por qué escribió Juan? ¿Qué propósito concreto tendría en mente que mereciera otro testimonio de Cristo y de su venida? (Poca duda cabe de que él sabría de la existencia de los otros Evangelios, aunque se escribiera en una fecha anterior a la sugerida).

Juan mismo nos da la respuesta a esta pregunta. Dice claramente que las cosas que figuran en su libro "[…] se han escrito para que creáis que Jesús es el Cristo, el Hijo de Dios, y para que creyendo, tengáis vida en su nombre" (Jn. 20:31). Tiene, pues, un doble propósito: que sus lectores lleguen a una relación con Cristo a través de la fe genuina, y que descubran a través de esta relación la plenitud de vida que únicamente se encuentra en la comunión viva con Dios por medio de su Hijo. El propósito del relato de Juan no contradice los de Mateo, Marcos, y Lucas. Más bien sirve de complemento para sus testimonios de Cristo y refuerza el mensaje de la Venida de Cristo para llevar a cabo la transformación total de las vidas de todos aquellos que confían en Él.

Aun mientras escribía el Apóstol —en esta etapa tan temprana de la historia del cristianismo—, la identidad de Jesús y el relato de su vida, muerte, resurrección y ascensión se habían visto envueltos en mitos y misterios que resultaban dañinos para el Evangelio. Por tanto, Juan escribe para poner las cosas en su sitio, no solamente en cuanto a los hechos, sino también en cuanto a su significado.

El relato que hace Juan de Jesús y su misión está estructurado de manera que demuestra las maravillas que Dios ha hecho al traer la salvación a nuestro mundo. Da una importancia clave a ciertos temas y eventos para resaltar el foco de la necesidad humana. La estructura del relato también destaca la esencia de la respuesta de Dios a esta necesidad: la obra redentora de Jesucristo. Desde el principio mismo de este Evangelio, los temas del mundo, la carne, las tinieblas y la muerte demuestran el hecho de que no podemos salvarnos por nuestros propios medios.

En contraste, los temas de la luz, la vida, el amor, y Jesús como Hijo de Dios proclaman la salvación que ha entrado en nuestro mundo desde lo alto. Aquí vemos las buenas nuevas: Jesús no ha venido para decirnos cómo salvarnos a nosotros mismos, sino para traernos la salvación y ofrecerla libremente a todo aquel que quiera creer.

Teniendo esto presente, el relato de Juan empieza en la eternidad, no en el tiempo; nos lleva al corazón mismo del propósito eterno de Dios para el mundo (cf. 1:1-18). El prólogo —singular del cuarto Evangelio— crea el ambiente para la primera sección principal de este Evangelio: unos once capítulos que describen el ministerio público de Jesús (cf. 1:19-11:57). Luego, casi la mitad del Evangelio se dedica a una semana en la vida de Jesús: la semana de su pasión (cf. 12:1-19:42). Esta división del libro habla por sí sola en cuanto a la importancia que da la Biblia a la naturaleza de la obra de Cristo. Sigue la constatación de la Resurrección (cf. 20:1-31), y una sección final que nos ayuda a comprender cómo el mensaje de Cristo empezó a propagarse y siguió extendiéndose a todo el mundo a lo largo de la Historia (cf. 21:1-25).

Bien; ahora podemos pasar al Evangelio mismo para descubrir todo lo que dice en cuanto a la promesa divina de la vida eterna para todo aquel que realmente cree en su Hijo Jesucristo.

1

El principio

> *En el principio era el Verbo, y el Verbo era con Dios, y el Verbo era Dios.* [2]*Este era en el principio con Dios.* [3]*Todas las cosas por él fueron hechas, y sin él nada de lo que ha sido hecho, fue hecho.* [4]*En él estaba la vida, y la vida era la luz de los hombres.* [5]*La luz en las tinieblas resplandece, y las tinieblas no prevalecieron contra ella* (Juan 1:1-5).

Tal vez la pregunta más importante que podemos plantearnos en la vida es: "¿Quién soy, de dónde vengo y adónde voy?". Es una pregunta acerca de nuestro origen y destino. Las respuestas populares a esta pregunta se han visto moldeadas por la teoría de la evolución y la idea de que el origen del mundo y la raza humana es producto de la casualidad. Esta clase de concepto acerca del origen de todo tiene un impacto profundo en nuestra manera de vivir. La Biblia nos da otra perspectiva completamente diferente.

Las primeras palabras del Evangelio según Juan nos llevan inmediatamente al ámbito de los orígenes, y asocian ese ámbito irrefutablemente con Dios. Haciendo claro eco del primer versículo del libro de Génesis, Juan afirma algo acerca de Jesús. (El hecho de que "el Verbo" (1:1) es uno de los títulos de Jesús se deja claro cuando se nos dice que "[…] fue hecho carne, y habitó entre nosotros […]" (1:14)). Sin disculpas ni explicaciones, Juan vuelve atrás en el tiempo, más allá de Belén donde nació Jesús, de Nazaret donde fue concebido, y aún más allá del principio del tiempo mismo, dejándonos entrever una persona gloriosa con una existencia eterna.

Es como si nos llevara a la cima de una montaña y nos dejara vislumbrar el panorama asombroso visible desde allí. Entonces nos vuelve a llevar al pie de la montaña para volver a escalar con anhelo y apreciación. El Evangelio según Juan empieza en el punto donde Juan quiere que acabemos: con la comprensión de que Cristo es Dios. Al final del Evangelio, cuando el escéptico Tomás se encuentra cara a cara con el Jesús resucitado, se postra para adorarlo, clamando: "¡Señor mío, y Dios mío!" (20:28). Donde termina es donde todo empieza.

A menudo se le llama a la primera sección del Evangelio según Juan "el prólogo" porque crea el ambiente para todo lo que sigue. Proporciona un contexto para comprender a Jesús que es infinitamente más amplio que el de la Palestina del siglo I, y aún más que el de la historia misma del mundo. Nos presenta al Cristo terrenal y temporal como el mismo Dios de toda la eternidad. Los primeros cinco versículos nos presentan cuatro verdades vitales acerca de Jesús que necesitamos comprender si queremos apreciar realmente quién es y todo lo que ha hecho.

Quién es

Sería ridículo dejar de considerar esta pregunta: "¿Quién es Jesús?". Aun el ateo declarado se ve forzado por lo menos a preguntarse cuál fue la razón que hizo que casi todas las naciones del mundo actuaran al unísono cuando los relojes dieron la medianoche y pasamos del año 1999 al 2000. ¿Cuál era el gran aniversario que inspiró celebraciones tan grandes? La respuesta es esta: se celebraba el aniversario de la Venida de Cristo. Fuera quien fuese, Jesucristo ha causado un impacto en la historia del mundo que nunca ha sido igualado. El personaje que más consideración y meditación seria merece es Cristo.

Juan enlaza nuestro concepto de Jesús con el concepto que tenemos de Dios y su relación con el mundo. "En el principio [...]" (1:1-2). Al hacer eco de las primeras palabras de la Biblia misma, indica que lo que se revela en Jesucristo y a través de Él es simplemente la continuación de lo que Dios había revelado en el Antiguo Testamento. Para sus lectores judíos, Juan está diciendo que el mensaje de Jesús no entra en conflicto con el mensaje de la Biblia hebrea; es la continuación de ese mensaje. De hecho, es la consumación de la revelación del Antiguo Testamento, porque Dios se dio a conocer a través de Jesús de una manera totalmente nueva.

El hecho de que a Jesús se le llame "el Verbo" es significativo. Para los lectores originales de este Evangelio en el siglo I d. C. ese era un título familiar tanto para judíos como para gentiles. Los lectores judíos conocían las descripciones del Antiguo Testamento de la Creación lo suficientemente bien como para darse cuenta que el "Verbo" tenía una estrecha relación con el "mundo". Dios habló, y el mundo fue creado (cf. Gn. 1:3-31 y Sal. 33:6). Entre los lectores gentiles, el concepto griego del *Logos* o "Razón" como la causa de todo lo que existe se reconocía ampliamente. Juan lleva tanto el concepto judío como el gentil de esta palabra a un nuevo nivel.

Juan dice: "En el principio *era* el Verbo". Lo que para nosotros puede parecer un verbo bastante inocuo en realidad es una declaración contundente. Dice en efecto: "Cuando el mundo tuvo su principio, ¡el Verbo ya existía!". El Verbo no pertenece por naturaleza a la esfera del tiempo y el espacio. Juan usa una expresión que denota una existencia eterna. Se podría expresar así: "En el principio había Alguien que no tuvo principio".

Sin embargo, no se nos deja una impresión vaga y nebulosa de este Alguien. Se nos dice explícitamente que "[...] el Verbo era *con* Dios, y el Verbo *era* Dios". El decir que era "con Dios" (literalmente: "hacia Dios") indica que era una persona individual de propio derecho. El decir que "era Dios" indica que su naturaleza era divina.

Juan escoge sus palabras con cuidado para expresar esta verdad inexpresable. Dice literalmente: "Y Dios era la Palabra". No quiso decir que Jesús era "un dios" (como intentan argumentar, por ejemplo, los testigos de Jehová) sino que Jesús posee la esencia misma de la Deidad.

No resulta sorprendente que esta declaración desafíe la lógica y la comprensión humanas, ¿pero tan extraño resulta enfrentarnos al hecho de que Dios está por encima de nosotros? ¿Acaso podemos esperar que quepa en nuestra mentalidad limitada? Juan no nos comenta algo que ha descubierto a través de la investigación científica, sino lo que le ha sido revelado. Al igual que Moisés al escribir el libro de Génesis pudo describir cosas en las que no participó directamente porque el mismo Espíritu de Dios lo inspiró (cf. 2 P. 1:21), así le ocurrió al Apóstol.

¿Quién es Jesús? Es Dios. Siempre uno con Dios, compartiendo la esencia de la Deidad, pero siempre distinto por el hecho de que su existencia es una relación eterna dentro de la Deidad. Estas verdades deben causarnos asombro y adoración al entrever en la Tierra las realidades que los ángeles contemplan en el Cielo.

Lo que hizo

Inmediatamente nos trasladamos desde el ámbito de la eternidad hasta el del espacio y el tiempo, desde un mundo desconocido para nosotros al que nos es familiar. El versículo 3 nos dice: "Todas las cosas por él fueron hechas […]". Esta es una declaración igual de asombrosa. La totalidad del mundo y el universo, todo lo visible e invisible, deben su existencia a Él. Esto nos vuelve a plantear la gran pregunta acerca de los orígenes que enfrenta toda persona en todo el mundo. ¿Cómo explicamos el mundo, el universo y todo lo demás? Y lo que es más importante: ¿cómo nos explicamos a nosotros mismos como seres humanos?

La enorme laguna en la teoría de la evolución no es la falta de pruebas de la existencia de un "eslabón perdido", sino la falta de explicación para lo que hay detrás de todo. Los que predican la teoría de "la Gran Explosión" no tienen respuesta alguna para esta sencilla pregunta: "¿Qué explotó?".

Las teorías complicadas de probabilidades matemáticas que se sacan para apoyar el concepto de la evolución de la vida por sí sola a lo largo de millones de años suenan superficiales al enfrentarlas con las maravillas del mundo, el universo y la complejidad de la raza humana. No se puede sacar algo de la nada.

Es todo menos simplista atribuir el orden de la existencia a un Creador poderoso y personal. El mundo resulta mucho más lógico así, y además se ofrece una verdadera esperanza al mundo. Aquel que hizo el mundo es Aquel que entró en él, y Juan nos llama a volvernos y a mirarlo.

Su relación con nosotros

El Hacedor del mundo y el universo no es una fuerza impersonal. Tampoco está aislado de sus criaturas. "En él estaba la vida, y la vida era la luz de los hombres" (1:4). Él tiene una relación con la humanidad. En cierto sentido, su misma naturaleza: "la vida", tiene un impacto universal sobre la raza humana.

Juan no aboga por el panteísmo, la idea de que todo es Dios. En lugar de eso, enseña que toda vida es tocada por Dios, y las vidas de los seres humanos de manera muy particular. Génesis nos dice que los hombres y las mujeres fueron creados a imagen de Dios (cf. Gn. 1:26-27). Los seres humanos son distintos de los animales porque sus vidas llevan la huella de Dios. Aunque esta huella ha sido deformada y viciada a causa del pecado, permanece lo suficientemente intacta para que toda persona en todo lugar se dé cuenta de que no podemos comprender la Humanidad sin apreciar la Deidad primero. En las palabras de Juan Calvino, todo ser humano tiene "una percepción de Dios".

Toda persona, sea o no cristiana, tiene alguna relación con Dios y cierto sentido de responsabilidad por sus actos. Reprimimos este hecho por nuestra naturaleza (cf. Ro. 1:18), pero al vernos ante Jesucristo se nos lo recuerda. La verdad de que el Verbo eterno es también el Creador eterno significa que nosotros sus criaturas nos interesamos por Él, al igual que Él tiene un profundo interés por nosotros.

Por qué importa Él

Jesús no es simplemente una idea más entre muchas, ni una teoría más en el gran mercado de teorías que ha existido a lo largo de la Historia. Juan se atreve a decir que Él es "*la* luz" (1:5). Jesús mismo hace esta gran afirmación más adelante en este Evangelio (cf. 8:12; 9:5), pero aquí, al principio, Juan declara que es la definitiva y verdadera luz que brilla continuamente en el mundo. El Evangelio es osadamente exclusivista; eso no es muy ameno para un mundo que celebra un concepto pluralista de la vida, pero no se puede borrar del mensaje acerca de Jesús ni de las afirmaciones que Él mismo hace.

Juan reconoce que aun en su época esta no era una afirmación popular. Opone la luz a las tinieblas: el Dios que es luz y el mundo que está en tinieblas espirituales no están en mutua armonía; luego dice: "[…] y las tinieblas no prevalecieron contra ella". Es el primero de muchos juegos de palabras que se encuentran en este Evangelio. Juan emplea una palabra que puede significar igualmente "comprender" o "vencer". Al hacerlo, demuestra dos cosas acerca de Dios y de Jesús: no podemos comprenderlo únicamente a través del razonamiento humano, y aunque nuestra raza se ha opuesto a Él constantemente, nunca ha sido vencido y nunca lo será. Es la luz que nunca será extinguida.

Juan meditaba en unos cincuenta años de oposición y persecución que no habían extinguido la luz de Cristo en el Evangelio. Los siguientes dos milenios respaldan esta afirmación. Jesús no va a desaparecer; no podemos escapar de Él y algún día le rendiremos cuentas.

La escena está preparada. Jesús no se presenta en la humildad de un establo de Belén, sino tal y como era desde la eternidad, en toda su gloria y majestad: Creador del universo y Luz de las naciones.

2

Luz en las tinieblas

Hubo un hombre enviado de Dios, el cual se llamaba Juan.
7Este vino por testimonio, para que diese testimonio de la
luz, a fin de que todos creyesen por él. 8No era él la luz,
sino para que diese testimonio de la luz.
9Aquella luz verdadera, que alumbra a todo hombre,
venía a este mundo. 10En el mundo estaba, y el mundo por
él fue hecho; pero el mundo no le conoció. 11A lo suyo vino,
y los suyos no le recibieron. 12Mas a todos los que le reci-
bieron, a los que creen en su nombre, les dio potestad de
ser hechos hijos de Dios; 13los cuales no son engendrados
de sangre, ni de voluntad de carne, ni de voluntad de
varón, sino de Dios (Juan 1:6-13).

La popularidad de los cursos intensivos de idiomas que emplean la llamada "técnica de inmersión" está en aumento. En lugar de seguir la pauta tradicional de empezar con la gramática y el vocabulario básicos, los estudiantes se ven sumergidos en el idioma desde el principio. Según esta teoría, después del choque inicial empezarán a comprender los componentes del idioma y pasarán a usarlo con rapidez y eficacia.

Podríamos decir que Juan emplea una técnica parecida en los primeros versículos de su Evangelio. Habiéndonos sumergido en el misterio de Cristo en el ámbito de la eternidad, solo seis versículos más tarde nos cuenta cómo este Ser eterno entró en el tiempo y el espacio para darse a conocer en la historia humana.

Aun en la época de Juan, la idea de tal manifestación sobrenatural era fácil de tildar de fantasía privada, fruto de una imaginación desbocada, de manera que el autor incluye un testimonio independiente que la respalda. Quiere que comprendamos lo que ocurrió cuando Jesús vino al mundo. Pero también quiere que entendamos que este evento en un momento concreto de la Historia tendrá un impacto en las vidas de las personas a lo largo de la Historia, según sea su respuesta.

El testimonio

Juan ya nos ha hablado acerca de la luz que "[…] en las tinieblas resplandece […]" sin ser extinguida (cf. 1:5); ahora nos habla de una persona enviada para explicar y proclamar esta luz al mundo. Se trata de Juan el Bautista, mencionado en los cuatro Evangelios. Fue aquel que, de acuerdo con las profecías (cf. Is. 40:1-5, Mal. 3:1), sería precursor del Mesías prometido y anunciaría su llegada en el escenario de la historia mundial.

El texto dice literalmente: "*Apareció* un hombre" (1:6). Juan señala una transición desde el ámbito de la eternidad hacia el ámbito temporal, desde el ámbito de la fe hacia el de los sentidos. Su Evangelio no aborda las ideas religiosas, sino la realidad histórica. El Cristo de la eternidad entra en el mundo y Juan el Bautista, su precursor, está presente para anunciar el evento.

Juan "[…] vino por testimonio, para que diese testimonio de la luz […] (1:7). Fue enviado por Dios para anunciar que la luz del Cielo ha amanecido en las tinieblas del mundo, y explicar cómo se puede comprender este evento trascendental.

El testimonio es un concepto clave y recurrente a lo largo de este Evangelio. Es un término legal que no tiene que ver con la experiencia ni la opinión subjetivas, sino con hechos objetivos. El testigo en un juicio testifica de lo que en realidad ha visto u oído, no de lo que piensa ni conjetura. Simplemente debe decir la verdad. En una época en la cual tantos aspectos de la vida se han visto reducidos a lo relativo y subjetivo, la Biblia nos enfrenta con hechos de una importancia vital. Por eso Juan se ocupa principalmente de dar testimonio de esta luz: "[...] a fin de que todos creyesen por él" (1:7).

Para destacar este hecho, el autor de este Evangelio deja claro que Juan el Bautista no era la luz prometida, sino que Aquel al cual señalaba sí lo era (cf. 1:8-9). La luz que penetra las tinieblas espirituales de un mundo que se rebela contra Dios no amanece desde dentro. Procede de fuera, de Dios mismo. Jesucristo es "Aquella luz verdadera, que alumbra a todo hombre [...]" (1:9).

¿Qué significa esto? Hay tres interpretaciones posibles. En primer lugar, que Cristo es la luz de Dios que hace que "todos" sin excepción seamos conscientes de Dios y de nuestra responsabilidad de rendir cuentas ante Él. En segundo lugar, que Jesús ilumina interiormente a toda clase de personas sin distinción para llevarlas a la salvación. La tercera opción es considerar esta declaración como un hecho objetivo: Jesucristo encarna la luz definitiva de la revelación de Dios al mundo. Las tres interpretaciones son posibles, y todas están relacionadas con ideas que recorren este Evangelio. Juan relaciona la promesa de luz para el mundo (cf. Is. 9:2) con la Venida de Cristo.

Ni reconocido ni recibido

¿Qué clase de recepción sería digna de la llegada al mundo de una figura tan importante? Cada cultura tiene su propia manera de acoger a los dignatarios de otros países, ¿pero cómo respondería el mundo ante un visitante del Cielo? Juan nos lo cuenta sin cortapisas: "En el mundo estaba, y el mundo por él fue hecho; pero el mundo no le conoció" (1:10). A colación de la percepción universal de Dios mencionada en el versículo anterior, Juan nos dice que esta percepción quedó tan dañada por el pecado, que el mundo no reconoció a Dios de forma natural cuando entró en este mundo en la persona de su Hijo.

Aún peor, cuando Jesús no solamente vino al mundo, sino

especialmente "a lo suyo" (1:11), esto es, el pueblo de Israel, ni siquiera ellos le acogieron. La misma nación que llevaba siglos preparándose para la llegada del Salvador no se gozó al ver amanecer el gran día.

La descripción que hace Juan de la recepción dada a Jesús al entrar en nuestro mundo por la Encarnación no es solamente una acusación contra la raza humana ni el pueblo judío en el momento de la Venida de Cristo; es una acusación contra todos nosotros. El pecado ha entenebrecido tanto nuestro entendimiento (cf. Ef. 4:18) y nos ha hecho tan instintivamente hostiles a Dios y a la Verdad (cf. Ro. 1:18), que nadie puede reconocer ni recibir a Jesús por sus propios medios de manera que verdaderamente le honre. Esta es la acusación de Dios contra el corazón humano.

Buenas nuevas

Entre las palabras más hermosas de la Biblia se encuentran algunas de las más pequeñas. Se nos ofrece la esperanza de vernos liberados de la condenación contundente, por rechazar a Dios en Cristo, con una palabra compuesta de dos letras en el griego y solo tres en la traducción al castellano: "Mas" (1:12). Dios no nos trata de acuerdo con lo que nuestro pecado merece; nos ofrece una salida.

Por su gracia, Dios ofrece el derecho a formar parte de su familia a todo aquel que recibe a Cristo: "[...] a todos aquellos que creen en su nombre [...]". Dios ofrece la adopción a aquellos que por naturaleza son extranjeros repudiados. Dios ofrece a sus enemigos la posibilidad de convertirse en sus hijos, y todo a causa de la persona y obra de Cristo. Simplemente al confiar en Cristo en lugar de en nosotros mismos y nuestros propios méritos, nos convertimos en beneficiarios de la gracia divina en la salvación.

¡Pero seguro que hay gato encerrado! Si hemos seguido la lógica de lo que Juan nos ha contado hasta aquí, sabemos lo suficiente como para darnos cuenta que todos por naturaleza estamos tan opuestos a Dios y su verdad que ninguno se volverá a Cristo de esta manera. Así es, pero no es el fin de todo para Dios y su Evangelio. Aquellos que reciben la gracia de la adopción en la familia de Dios también son aquellos que reciben la gracia del nuevo nacimiento. Su respuesta al Hijo de Dios y su admisión a la familia de Dios no son consecuencias de los procesos naturales de la procreación humana, sino el resultado de ser "[...] engendrados [...] de Dios" (1:13).

Las buenas nuevas del Evangelio son que Dios no solamente nos indica la puerta a su casa, sino que nos lleva en brazos personalmente hasta cruzar el umbral. Lo que nunca podemos hacer por nosotros mismos —esto es, reconocer a Jesús por quién es y confiar en Él— Dios nos ayuda a hacerlo por su gracia.

3

El Verbo fue hecho carne

Y aquel Verbo fue hecho carne, y habitó entre nosotros (y vimos su gloria, gloria como del unigénito del Padre), lleno de gracia y de verdad. [15]*Juan dio testimonio de él, y clamó diciendo: Este es de quien yo decía: El que viene después de mí, es antes de mí; porque era primero que yo.*
[16]*Porque de su plenitud tomamos todos, y gracia sobre gracia.* [17]*Pues la ley por medio de Moisés fue dada, pero la gracia y la verdad vinieron por medio de Jesucristo.* [18]*A Dios nadie le vio jamás; el unigénito Hijo, que está en el seno del Padre, él le ha dado a conocer* (Juan 1:14-18).

Lo más hermoso de una sinfonía o tapiz es sencillamente que mientras más escuchamos la música o miramos el tapiz, más lo apreciamos y admiramos. La habilidad del compositor o el tejedor se perciben al ver la atención del público captado y cómo se maravillan ante las obras y la forma en que esos artistas han revelado algo de su personalidad en ellas. Así es la encarnación de Jesucristo. No solo se revelan las obras de Dios, sino que Dios se revela a sí mismo en su gloria trina a través de la carne humana. Al concluir Juan su introducción, la atención se centra en la manera como la revelación de Jesucristo se apodera de aquellos que la reciben por la fe.

Quiere que hagamos algo más que asombrarnos del Dios que se ha dado a conocer en Jesucristo. Quiere que comprendamos que todo lo que necesitamos para la vida y la salvación realmente se halla en Jesús, y que Él nos lo ofrece libremente.

El Dios que vino para salvar

Desde el principio se nos lleva a la cumbre abrumadora de la verdad de este mensaje. No vemos a Jesús con su gloria velada, ocultando su verdadera identidad, sino que lo vemos tal y como es: el Dios infinito que ha entrado en nuestro mundo finito, tomando sobre sí la carne de nuestra humanidad.

Juan lleva a sus lectores por un nuevo camino a la misma conclusión a la que llegan los demás evangelistas. Mateo, Marcos y Lucas relatan la historia de Jesús tal y como ocurrió. Resaltan el asombro de los discípulos y el pueblo cuando empezaron a darse cuenta de que Aquel a quien conocían simplemente como el hijo del carpintero de Nazaret era en realidad el Hijo de Dios venido del Cielo. En el Evangelio según Marcos —por tomar un ejemplo— llegamos al clímax al final, con la confesión del centurión romano: "Verdaderamente este hombre era Hijo de Dios" (Mr. 15:39). Sin embargo, para Juan se alcanza el apogeo al principio, y como ya hemos visto, se refuerza esta idea al final. Nos enfrenta inmediatamente con el misterio de lo ocurrido cuando llegó Jesús, para luego explicarlo y demostrar el impacto que tiene en las vidas de todos nosotros.

Se puede resumir todo lo ocurrido en una sola palabra: ¡gloria! No solo porque en el Cristo encarnado la gloria de la majestad de Dios se revela a este mundo —aunque en realidad así es—, sino porque también se ve definitivamente la gloria de la gracia divina. Este Dios majestuoso se ha rebajado hasta nosotros, pero aún más: ha venido para salvarnos.

Algunos tienen la maravillosa capacidad de hacer que cada persona con la que conversan se sienta especial, porque centran todo su interés y atención en esa persona. Hallamos algo aún más asombroso y singular en Jesucristo, y Juan nos llama la atención acerca de ello. Usando palabras que hacen claro eco de la petición de Moisés ante Dios en Éxodo cuando dice: "Te ruego que me muestres tu gloria", y la respuesta de Dios cuando se le aparece, proclamando: "¡Jehová! ¡Jehová! fuerte, misericordioso y piadoso [...]" (Éx. 33:18-34:7), Juan nos cuenta que este mismo Dios ha venido ahora en persona. La piedad y la misericordia de Dios que se declararon a Moisés (cf. Éx. 34:6) se ven ahora en la "gracia y verdad" reveladas en Cristo. La majestad de Dios se ve aumentada por su disposición a mezclarse con la Humanidad caída, con el propósito de probar su amor por nosotros a través de la salvación.

Los últimos versículos de esta primera sección de Juan se dedican a explicar exactamente por quiénes y por qué vino Cristo.

Vino por aquellos que anhelan seguridad

Es fácil creer que nuestra época se destaca por la confusión e incertidumbre reinantes. Vivimos en un mercado global de religiones e ideas, y la gente inevitablemente desea saber cuál es la correcta, y cómo podemos estar seguros de algo. Por supuesto que este mismo problema existencial siempre ha estado presente, con la única diferencia de que hoy día lo vemos a mayor escala que nunca.

En la época de Jesús existían muchas ideas y religiones en el mundo. El carácter cosmopolita del imperio romano exponía a la gente a afirmaciones contradictorias y competitivas en cuanto a la vida y los dioses. La búsqueda de alguna certeza en la vida era tan difícil entonces como lo es ahora. Juan, pues, se toma el tiempo de repetir varias veces que las cosas que describe no solo son ciertas, sino que son la Verdad definitiva.

Lo que dice el apóstol Juan acerca de Jesús es completamente congruente con el testimonio de Juan el Bautista. El hecho de que se nos diga en 1:15 que "Juan da testimonio [...]" [se usa tiempo presente en el griego original] resulta interesante dado que, aunque hacía tiempo que el Bautista había muerto, su testimonio perduraba con la misma fuerza de siempre. De manera insólitamente inusual para una sociedad en la cual el rango se asociaba a la primacía, Juan testifica que Aquel que viene *después* es antes que él mismo. Entonces, con palabras que seguramente asombraron a más de uno, atribuye el motivo de esta primacía al hecho de que "[...] era primero que yo".

Esta declaración sorprendente respalda el testimonio del Apóstol cuando dice que la gloria que se vio en Jesús era "[...] gloria como del unigénito del Padre [...]" (1:14). El conjunto de estos dos testimonios respalda el hecho de la singularidad de Jesús porque Jesús es Dios. Él es apartado de la confusión de religiones y filosofías del mundo porque viene de fuera de este mundo.

Nuestra fe no se dirige hacia uno entre muchos, sino hacia Aquel que es único.

Vino por aquellos que anhelan ser llenados

Jesús también satisface plenamente nuestra necesidad de realización. El vacío del alma humana se llena con la plenitud de Cristo. En el versículo 16, pues, Juan dice: "Porque de su plenitud tomamos todos, y gracia sobre gracia". Esto es, que las necesidades más profundas de todo aquel que ha llegado a confiar en este Cristo se han visto cubiertas abundantemente por Él.

Esta afirmación nos trae de vuelta al gran resumen que Juan hace al principio de esta sección: "Y aquel Verbo fue hecho carne [...]". En cierto sentido, Juan podría haber elegido una palabra más solemne para describir las cualidades que Jesús asumió cuando entró en este mundo. "Carne" tiene algo de terrenal que parece ajeno a la gloria propia del Hijo de Dios. Pero Juan emplea la sencillez terrenal de esta palabra para recalcar su mensaje. Una vez más hace eco del relato del capítulo 2 de Génesis acerca de la Creación. Dios rompió con la pauta de creación establecida en los primeros cinco días y medio de aquella semana extraordinaria: no creó a Adán simplemente con la fuerza de su Palabra, sino que participó activamente en su creación de forma mucho más íntima.

Adán fue formado del polvo de la Tierra, y entonces Dios "[...] Sopló en su nariz aliento de vida [...]" (Gn. 2:7). Esto también parece poco solemne, como si Dios se inclinara y posara su rostro sobre el rostro de la figura que había formado, soplándole no solamente la vida natural sino también la espiritual, haciendo así un ser singularmente humano.

Dado que una de las corrientes principales de la enseñanza del Antiguo Testamento es el hecho de que el pecado ha dañado gravemente la humanidad de las criaturas hechas a la imagen de Dios, en el Nuevo Testamento el Evangelio anuncia la recuperación de la humanidad verdadera a través de la encarnación de Jesucristo. Él asume un cuerpo de carne humana real, pero lo hace de manera que rompe la cadena de la Caída conllevada por nuestra raza desde que Adán pecó.

Si nuestra naturaleza caída ha reducido nuestra humanidad, dejándonos como meros vagabundos espirituales que rebuscan en los vertederos de la vida alguna migaja de alimento espiritual —que de todas maneras nos dejan hambrientos—, Jesucristo es Aquel en quien se restaura plenamente la dignidad de nuestra condición humana. Esta es una de las facetas más emocionantes del Evangelio. En una época en la cual la degradación e infravaloración del ser humano parecen haberse hundido en niveles inimaginables y el vacío es la característica de toda persona, Jesús nos trae una esperanza verdadera.

Juan nos dice que Jesús es la cumbre de todo lo que Dios nos ha dado, porque de Él "[...] tomamos todos [...] gracia sobre gracia". La mejor manera de comprender esta frase inusitada es sencillamente contemplarla en su contexto original, dirigida a conversos del siglo I que solo disponían de las Escrituras del Antiguo Testamento. Juan quería que sus lectores comprendieran lo siguiente: "Sí, de verdad el Antiguo Testamento está lleno de la gracia de Dios, pero se sobrepasa por la gracia que Dios revela y derrama con la Venida de Cristo". Nunca debemos quedarnos atrancados en el Antiguo Testamento, sino dejarnos llevar por su corriente de gracia cada vez más profunda, hasta encontrarnos a nosotros mismos en Cristo.

La plenitud que anhelamos y que tanta falta nos hace en la vida —esto es, la plenitud de una humanidad plenamente realizada— solo se puede hallar en comunión con Aquel que es la demostración suprema de la gracia de Dios para con los pecadores: el Verbo viviente encarnado.

Vino por aquellos que anhelan libertad

Juan desarrolla esta idea en el versículo siguiente: "Pues la ley por medio de Moisés fue dada, pero la gracia y la verdad vinieron por medio de Jesucristo" (1:17). "Vinieron" por medio de Jesús en el sentido de que fueron realizados o cumplidos a través de Él. Sería un error creer que Juan intentaba contraponer el Nuevo Testamento al Antiguo, ni sugerir la existencia de alguna antítesis entre la gracia y la Ley. Más bien demostraba el hecho de que lo que ya existía en el Antiguo Testamento solo alcanza la plena fruición en el Nuevo.

De la misma manera que la flor es una expresión más plena de lo que ya había en el capullo, así es el progreso de la revelación de Dios en las Escrituras. Es impresionante notar la estrecha dependencia del Nuevo Testamento con respecto al Antiguo. Esto se ve en las frecuentes alusiones y citas directas que se hacen, y tal vez resulte más obvio en el libro de Hebreos. Allí se nos dice explícitamente que los creyentes del Antiguo Testamento no podían perfeccionarse aparte de los del Nuevo (cf. He. 11:40).

No podemos dejar de ver la conexión entre el cumplimiento descrito por Juan en este versículo y la libertad que lo acompaña, a la cual Jesús hace posterior alusión en este Evangelio (cf. 8:32). La transición de la época en que Dios trataba con su pueblo por medio de muchas leyes, reglamentos y ritos externos a la época en que esta relación se hizo más directa y personal por medio de su Hijo era ya en sí una liberación. En la Epístola a los Gálatas, Pablo describe la transición en términos de pasar de la niñez espiritual a la madurez: de una etapa de la vida en la que era necesaria mucha restricción externa a otra en la que la mayor madurez y conocimiento permiten más responsabilidad (cf. Gá. 3:23-25).

Si queremos disfrutar de la verdadera libertad en esta vida, no ha de llegar buscando la licencia para vivir como queramos, sino al entrar en una nueva relación transformadora con Dios por la fe en su Hijo. La religión no puede liberarnos (algo que aprendieron los judíos en la época de Juan y Jesús de la manera más difícil), pero una relación viva por la gracia de Dios seguro que sí.

Vino por aquellos que anhelan conocer a Dios

Si esta libertad proviene de conocer a Dios, entonces ¿cómo se adquiere este conocimiento? Los hombres y las mujeres han buscado a Dios de muchas maneras, desde el rigor del Islam al misticismo de la Nueva Era, pero solo han hallado desilusiones. Todo intento de construir un camino a Dios con técnicas religiosas de origen humano está condenado al fracaso porque son terrenales y, por tanto, tienen defectos inherentes. La diferencia singular que distingue la fe y el Evangelio cristianos, tal y como Juan la declara, es que provienen de lo alto; no solamente es un mensaje del Cielo, sino que Dios mismo nos ha visitado.

Nos dice algo que resulta obvio: "A Dios nadie le vio jamás [...]". Por lo menos, solo lo ha visto "[...] el unigénito Hijo, que está en el seno del Padre [...]" (1:18). Él es Aquel que ha dado a conocer al Padre.

Una y otra vez la Biblia nos dice que Dios está fuera del alcance de los seres humanos en su estado caído natural. No se le puede hallar por buscarlo (cf. Job 11:7); el hombre en su estado pecaminoso natural no puede comprenderlo (cf. 1 Co. 2:14). Si vamos a conocer a Dios, solo podremos hacerlo a medida que sea revelado por Alguien que ya posee el verdadero conocimiento de Él, y Jesús es ese Alguien. Por ser quién es —el Hijo eterno de Dios—, está singularmente cualificado para revelar a Dios.

Jesús habla desde la perspectiva de la comunión íntima y eterna de la Deidad. No revela a Dios en términos de la Verdad absoluta acerca de Él —ya que tal revelación resultaría insoportable para el ser humano— sino en el sentido de explicar a Dios. Hace que el Dios que está más allá de toda comprensión humana sea accesible para nosotros, y lo hace sin sustraer nada de su esencia.

Hay una profundidad y complejidad tales en el mensaje de Juan, que quitan el aliento. ¡Resulta casi imposible expresar aun una parte de su significado en lenguaje sencillo! A la vez, es hermoso en su sencillez. Si queremos conocer a este Dios infinito, eterno e incomprensible, simplemente necesitamos conocer a Jesús. Porque conocer a Jesús, como Él mismo dice más adelante, es conocer al Padre y disfrutar de la vida eterna (cf. 17:3).

4

Esta gran salvación

*Este es el testimonio de Juan, cuando los judíos enviaron
de Jerusalén sacerdotes y levitas para que le preguntasen:
¿Tú, quién eres? [20]Confesó, y no negó, sino confesó: Yo no
soy el Cristo. [21]Y le preguntaron: ¿Qué pues? ¿Eres tú
Elías? Dijo: No soy. ¿Eres tú el profeta? Y respondió: No.
[22]Le dijeron: ¿Pues quién eres? para que demos respuesta
a los que nos enviaron. ¿Qué dices de ti mismo? [23]Dijo: Yo
soy la voz de uno que clama en el desierto: Enderezad el
camino del Señor, como dijo el profeta Isaías.*

*[24]Y los que habían sido enviados eran de los fariseos.
[25]Y le preguntaron, y le dijeron: ¿Por qué, pues, bautizas,
si tú no eres el Cristo, ni Elías, ni el profeta? [26]Juan les respondió diciendo: Yo bautizo con agua; mas en medio de
vosotros está uno a quien vosotros no conocéis. [27]Este es
el que viene después de mí, el que es antes de mí, del cual
yo no soy digno de desatar la correa del calzado. [28]Estas
cosas sucedieron en Betábara, al otro lado del Jordán,
donde Juan estaba bautizando.*

*[29]El siguiente día vio Juan a Jesús que venía a él, y
dijo: He aquí el Cordero de Dios, que quita el pecado del
mundo. [30]Este es aquel de quien yo dije: Después de mí
viene un varón, el cual es antes de mí; porque era primero
que yo. [31]Y yo no le conocía; mas para que fuese manifestado a Israel, por esto vine yo bautizando con agua.
[32]También dio Juan testimonio, diciendo: Vi al Espíritu*

que descendía del cielo como paloma, y permaneció sobre él. [33]*Y yo no le conocía; pero el que me envió a bautizar con agua, aquél me dijo: Sobre quien veas descender el Espíritu y que permanece sobre él, ése es el que bautiza con el Espíritu Santo.* [34]*Y yo le vi, y he dado testimonio de que éste es el Hijo de Dios* (Juan 1:19-34).

La gente se acerca instintivamente a los grandes líderes o iconos populares con la esperanza de hallar algo de valor duradero, algo que tal vez cambie su vida. Frecuentemente no saben expresar exactamente lo que esperan. Ya sea un ayatolá, el Dalai Lama, una estrella del rock, o el Papa, la gente acude en masa con la esperanza de recibir lo que inconscientemente anhela. Este instinto humano siempre ha existido; es una especie de anhelo mesiánico que solo se verá satisfecho cuando encuentren a Aquel que posee las verdaderas credenciales mesiánicas.

En los meses inmediatamente anteriores al ministerio público de Jesús, hubo un inusitado despertar de interés por los asuntos espirituales entre los judíos. Se centraba en un predicador en el desierto: Juan el Bautista. El apóstol Juan nos cuenta el "testimonio" del Bautista al desarrollar el mensaje de su Evangelio.

La intensidad del interés por el ministerio de Juan en el desierto de Judea fue sorprendente, ya que durante unos cuatro siglos el estado espiritual de los judíos había estado en declive nacional. Durante este período la voz profética de Dios había callado. De repente llegó un mensaje acerca del pecado, el arrepentimiento y la purificación que hizo mella en los corazones de personas de todos los estratos de la sociedad judía. No resulta asombroso que la gente empezara a preguntarse si ese hombre del desierto tan parecido a Elías pudiera ser el Cristo anhelado.

El testimonio de Juan empieza con una nota negativa: "Yo no soy el Cristo" (1:20). Apartó vigorosamente la atención popular de sí mismo. Él no había venido para salvar sino para señalar a Aquel que sí podía hacerlo. Esto produjo dos resultados. En primer lugar, aguzó la comprensión de la gente acerca de la identidad del Mesías y de cómo sería. En segundo lugar, preparó el camino para que Jesús, el verdadero Mesías, se presentara públicamente. Esto se observa de varias maneras.

Fomentar la esperanza de la salvación

Juan empieza el relato del ministerio de Juan el Bautista en una etapa posterior a los demás evangelistas. Comienza en el punto en que el ministerio del Bautista y su impacto llegan a su punto álgido. Juan el Bautista generaba tanto interés que las autoridades judías enviaron una delegación desde Jerusalén para averiguar su identidad. Juan respondió que no era el Cristo, ni Elías, ni el profeta que Moisés había anunciado para el futuro (cf. 1:19-21; cf. también Dt. 18:15). En cambio, Juan se identificó como "[…] la voz de uno que clama en el desierto: Enderezad el camino del Señor […]" (1:22-23).

Esta respuesta fue reveladora. Los líderes judíos habían asociado la identidad de Juan con las grandes figuras del pasado que Dios había empleado para liberar a su pueblo. Esta idea reflejaba la esperanza sempiterna de que alguien llegara para liberar de nuevo a los judíos. Juan desechó cada una de estas opciones identificándose, en cambio, por medio de una declaración profética de Isaías (cf. Is. 40:3). Así obligaba a estos hombres a volver a considerar el significado de la salvación y, por tanto, la manera de hallar la salvación verdadera.

Se necesitaba una salvación completamente distinta de la que hubiera venido por medio de un Moisés o un Elías. (El anhelo popular de liberación entre los judíos de la época era más político que espiritual). Por eso el Mesías Salvador que necesitaban también tendría que ser diferente.

La esperanza mesiánica que suscitó Isaías más de seis siglos antes fue la Venida *del Señor* para traer liberación. Juan anunciaba que el Señor en verdad venía y que, al hacerlo, traería la salvación en su sentido absoluto.

Cuando se trata de buscar la liberación, cada generación pone la mira demasiado baja. Para muchos, se trata de una liberación económica que se logra con un poquito más de prosperidad. Para otros, se trata de una liberación social, política o simplemente psicológica: algo que hace que la vida en este mundo sea un poco más llevadera. El Evangelio nos hace volver a examinar la verdadera naturaleza de nuestra necesidad. Esencialmente, se trata de una necesidad espiritual: el problema estriba en el corazón pecaminoso. Necesitamos una salvación que pueda ocuparse del pecado en todas sus ramificaciones. Al darnos cuenta de esto, nos vemos obligados a volver a considerar quién o qué puede salvarnos.

¿Con qué autoridad?

Resulta fácil afirmar grandes cosas y suscitar las esperanzas de la gente, ¿pero con qué derecho lo hacemos?

Algunos de los astutos fariseos de la delegación enviada desde la capital le hicieron a Juan esa misma pregunta: "¿Por qué, pues, bautizas, si tú no eres el Cristo, ni Elías, ni el profeta?" (1:24-25). ¿Qué aval tenía su ministerio? Las credenciales son de suma importancia cuando alguien afirma hablar como embajador de Dios y hace promesas en cuanto al perdón y la salvación.

De nuevo Juan respondió con humildad. Apartó la atención de sí mismo, señalando a Aquel que vendría después. Aunque el Mesías ya estaba entre la muchedumbre (cf. 1:26), aquellos hombres no lo reconocieron. Juan dijo que él mismo ni siquiera era digno de desatarle la correa del calzado; tan alto era el rango de Aquel que estaba por venir. Él sí que ostentaba la autoridad verdadera, la cual se observaría en el bautismo que al final Él proporcionaría al derramar el Espíritu Santo (cf. 1:33).

Juan estaba diciendo a estos hombres: "¡Esperen y verán!". Las credenciales de su sucesor mesiánico se verían avaladas por el derramamiento del Espíritu Santo sobre su ministerio, a través de su resurrección, y definitivamente a través del don del Espíritu Santo a las naciones en el día de Pentecostés. Por supuesto que todo esto señalaba a Jesús como Aquel que realmente cumplía con todas las expectativas de los judíos.

La gravedad de nuestra necesidad y la grandeza de la salvación divina

Al día siguiente, Juan hizo la que tal vez fuera la declaración más asombrosa de su ministerio público. Los hombres de Jerusalén habían vuelto a casa. Se perdieron el anuncio que marcó la culminación —y en efecto, la terminación— de la obra que Dios le había asignado.

Al ver a Jesús —que también era pariente suyo— que se le

acercaba entre la multitud, Juan dijo: "He aquí el Cordero de Dios, que quita el pecado del mundo" (1:29). Juan marcó con estas palabras un hito importante en el desarrollo del plan de redención de Dios. Anunciaba a las multitudes a la orilla del río Jordán que había llegado el momento de Dios, y que su Salvador prometido salía públicamente al escenario de la historia mundial.

Lo más interesante es la forma en que se hizo el anuncio. Habiendo tratado con los líderes enviados de Jerusalén la cuestión de la identidad del Mesías —y por implicación la clase de liberación que traería—, ahora Juan deja claro este asunto con palabras inequívocas. Lleva todas las esperanzas acerca de la Redención y el Redentor a un nivel totalmente nuevo.

Deja claro que nuestra necesidad más grande es la que crea el problema del pecado. Es un problema universal, endémico a la raza humana; Juan está hablando del pecado del mundo. Eso no es todo; es un problema profundamente arraigado que toca el corazón mismo de nuestra humanidad.

En cierto sentido, Juan no les estaba contando nada nuevo a sus oyentes judíos. Toda la revelación del Antiguo Testamento había declarado una y otra vez a Israel que la clave del problema del pecado era el problema del corazón pecaminoso. Estaban presos de una naturaleza hostil hacia Dios y eran responsables de las consecuencias de la rebelión que ésta producía. Aún peor, no podían hacer nada al respecto; eran incapaces de cambiar sus caminos para el futuro o de hacer restitución por su pasado.

A lo largo de la historia de Israel, Dios había destacado el hecho de que la única manera de tratar el pecado y el aislamiento que causa era a través del sacrificio. No puede haber perdón de pecados sin derramamiento de sangre (cf. Lv. 17:11); de ahí el elaborado sistema de sacrificios en el que se centraba la religión judía. Dios también dejó claro a su pueblo que el sacrificio de *animales* era, por naturaleza, incapaz en sí de expiar el pecado y la culpa *humanos* (cf. Is. 1:11). Los sacrificios rituales estaban pensados para presagiar el sacrificio definitivo que verdaderamente lograría la expiación plena y real que éstos señalaban. De hecho, Dios había prefigurado su provisión personal de un sacrificio perfecto al proporcionar el carnero sacrificial para que sirviera de sustituto, muriendo en lugar de Isaac sobre el monte Moriah. Por eso Abraham le había dado a Dios el nombre de *Jehová-jireh* (o *Yavé-yireh*): "Jehová proveerá" (Gn. 22:1-14). Por supuesto que la gran pregunta era: "¿Qué proveerá, y cuándo?".

Cuando Juan señaló a Jesús estaba respondiendo a estas preguntas, pero de manera más significativa estaba diciendo que no se trataba de un "qué", sino que Dios proveería a un "quién". Jesús era el Cordero sacrificial de Dios.

Al verse sus oyentes enfrentados de nuevo con la gravedad de su necesidad por esta singular afirmación del Bautista y su ministerio en general, Juan dirigió la atención de ellos hacia la gran provisión de Dios en la persona de Jesús de Nazaret.

Por supuesto que Juan no se dirigía únicamente a un público relativamente reducido en un momento lejano de la Historia; se dirigía a toda la Humanidad. Todos necesitamos enfrentarnos a la profunda gravedad de nuestra condición espiritual, para así poder captar la maravillosa provisión de Dios en Cristo que cubre esta necesidad eternamente. Los hilos de esta verdad se entretejen a lo largo de este Evangelio, y nos llevan finalmente a la Cruz.

Cualificado y autorizado para salvar

No se puede sobrestimar la enorme solemnidad de la declaración de Juan acerca de Jesús. Ningún miembro de la sociedad judía se hubiera atrevido a hacer tal afirmación sin estar completa y absolutamente persuadido de su veracidad. Si Juan hubiera hecho esta clase de afirmación para luego verla desmentida, habría sido el final de su ministerio, probando a la vez que estaba loco. El hecho de que más tarde, cuando estaba en la cárcel, Juan se viera abrumado por graves dudas en cuanto a la identidad de Jesús (cf. Mt. 11:1-15) destaca la importancia que daba a esta cuestión.

Pero a orillas del Jordán Juan hizo esta declaración y la mantuvo, defendiéndola ante sí mismo al igual que ante la muchedumbre que la atestiguó (cf. 1:30-34). Quería que la gente supiera que esta afirmación no era solamente una idea o percepción suya (cf. 1:31). Se trataba de una revelación divina (cf. 1:33).

El Bautista explicó el significado de su ministerio —el bautismo como medio de purificación del pecado— como una preparación. El agua del Jordán no podía quitar el pecado y la culpa de un individuo ni de una nación, y mucho menos del mundo entero; pero el bautismo de Juan abrió el camino para la llegada de Aquel cuya sangre sí podía hacerlo (cf. 1:31). Tal vez algunos de sus oyentes se preguntaron: "¿Pero cómo podrá la sangre de un solo hombre lograr esta expiación?". El testimonio de Juan nos da la respuesta: porque Jesús de Nazaret no es un mero hombre. El Espíritu de Dios le avaló públicamente en su bautismo (cf. 1:33), identificándolo y declarándolo "el Hijo de Dios" (1:34). Juan estaba dispuesto a arriesgarlo todo por esta atrevida afirmación.

Juan señaló de esta manera a Jesús porque solo Jesús está cualificado y autorizado para tomar sobre sí los pecados del mundo. Está cualificado para ello porque no es un mero hombre: es Dios. En el misterio de su persona —hombre y Dios en uno— tiene la capacidad de tomar sobre sí el pecado del mundo y quitarlo por medio de su muerte sacrificial. Está autorizado para ello porque Dios mismo "[…] [lo] ha marcado con su sello" (Jn. 6:27, LBLA).

El testimonio de Juan el Bautista nos presenta aún hoy la pregunta candente del nuestro destino personal. Si nuestra necesidad más grave en este mundo y el venidero es el perdón de nuestros pecados y la reconciliación con Dios, ¿a quién podemos acudir, seguros de que está cualificado y autorizado para concedernos ese perdón? La respuesta del Evangelio es: solo a Jesucristo.

5

Asombrados por Jesús

El siguiente día otra vez estaba Juan, y dos de sus discípulos. 36Y mirando a Jesús que andaba por allí, dijo: He aquí el Cordero de Dios. 37Le oyeron hablar los dos discípulos, y siguieron a Jesús. 38Y volviéndose Jesús, y viendo que le seguían, les dijo: ¿Qué buscáis? Ellos le dijeron: Rabí (que traducido es, Maestro), ¿dónde moras? 39Les dijo: Venid y ved. Fueron, y vieron donde moraba, y se quedaron con él aquel día; porque era como la hora décima. 40Andrés, hermano de Simón Pedro, era uno de los dos que habían oído a Juan, y habían seguido a Jesús. 41Este halló primero a su hermano Simón, y le dijo: Hemos hallado al Mesías (que traducido es, el Cristo). 42Y le trajo a Jesús. Y mirándole Jesús, dijo: Tú eres Simón, hijo de Jonás; tú serás llamado Cefas (que quiere decir, Pedro).

43El siguiente día quiso Jesús ir a Galilea, y halló a Felipe, y le dijo: Sígueme. 44Y Felipe era de Betsaida, la ciudad de Andrés y Pedro. 45Felipe halló a Natanael, y le dijo: Hemos hallado a aquél de quien escribió Moisés en la ley, así como los profetas: a Jesús, el hijo de José, de Nazaret. 46Natanael le dijo: ¿De Nazaret puede salir algo de bueno? Le dijo Felipe: Ven y ve. 47Cuando Jesús vio a Natanael que se le acercaba, dijo de él: He aquí un verdadero israelita, en quien no hay engaño. 48Le dijo Natanael: ¿De dónde me conoces? Respondió Jesús y le dijo: Antes que Felipe te llamara, cuando estabas debajo de la higuera, te vi. 49Respondió Natanael y le dijo: Rabí, tú eres el

> ***Hijo de Dios; tú eres el Rey de Israel.*** [50]***Respondió Jesús y le dijo: ¿Porque te dije: Te vi debajo de la higuera, crees? Cosas mayores que estas verás.*** [51]***Y le dijo: De cierto, de cierto os digo: De aquí adelante veréis el cielo abierto, y a los ángeles de Dios que suben y descienden sobre el Hijo del Hombre*** (Juan 1:35-51).

Juan pasa inmediatamente de la revelación de la identidad de Jesús a mostrarnos sus actos. Nos cuenta el relato maravilloso de la conversión de cinco hombres que más adelante llegarían a ser Apóstoles. (Es muy probable que el único que no se nombra en este relato fuera Juan mismo). Varias cosas ocurren en el transcurso de este relato.

Juan nos hace un bosquejo de la obra más importante que Jesús vino a hacer al mundo: buscar y salvar a los perdidos (cf. Lc. 19:10). A lo largo de este Evangelio se nos relatan muchas anécdotas parecidas, pero la constatación de cinco conversiones una tras otra en el capítulo 1 destaca de manera impresionante la tarea principal de Jesús en la Tierra. Se presenta el paradigma de la obra continua de Cristo en la historia de la raza humana. Jesús se dedica a transformar las vidas.

De manera algo más sutil, Juan vuelve a hacer un leve eco del libro de Génesis. Hace claro hincapié en el paso de los días durante los cuales estos eventos se desarrollaron (cf. 1:29, 35, 43; 2:1). Los días del Génesis en la obra creadora de Cristo hallan eco en el transcurso de los días en su obra de la nueva creación. Del ámbito de muerte espiritual en la cual se había sumergido toda la Creación bajo el dominio del pecado, el gran Salvador y Creador empieza a dar vida a una nueva raza de nuevas criaturas (cf. 2 Co. 5:17).

De nuevo se nos hace contemplar a Jesús como Aquel que, según el testimonio posterior de Juan, "[…] [hace] nuevas todas las cosas […]" (Ap. 21:5). No solamente es único por ser quien es, sino también por todo lo que hace.

Aquel que tiene el control

Notemos la manera como Jesús toma control de la situación. Al salir del anonimato de entre la muchedumbre que había acudido a Juan para recibir el bautismo, de repente es el centro de atención. En el transcurso de este capítulo hemos pasado desde el aspecto de Cristo en la eternidad —pasando por su precursor terrenal, Juan el Bautista— hasta conocer la identidad y la obra de Cristo en el ámbito de la Historia. En todo esto queda claro este hecho: "¡Jesucristo es el Señor!".

Lo que capacita a Jesús para surgir del anonimato de su trasfondo y de la muchedumbre para *asumir* el control de los acontecimientos es el hecho de que es, de manera suprema, Aquel que *tiene* el control.

Observamos esto en un principio en la forma en que Andrés y su compañero —se supone que se trata del apóstol Juan mismo— se convirtieron en seguidores de Jesús (cf. 1:35-39). En aquella época era costumbre que quienes querían ser discípulos de algún rabino pidieran permiso a quien hubieran elegido para unirse a él. En este caso el rabino toma la iniciativa: pregunta a estos hombres lo que quieren, para luego invitarlos a seguirle y pasar el día con él. Jesús es el Salvador que busca seguidores activamente; no espera pasivamente hasta que aparezcan.

Tenemos otro ejemplo en el primer encuentro de Cristo con Simón, el hermano de Andrés (cf. 1:41-42). Este hombre, como vemos en otros pasajes, estaba muy acostumbrado a mandar; ahora se encuentra con Alguien que se hace cargo de él de una manera inusitada, de tal manera que en esta primera reunión Jesús se atreve a decirle a Simón que dentro de poco su nombre será llamado "Pedro". Lo más destacado de esto es que normalmente los cambios de nombre o apodos son resultado de algún comportamiento o característica del pasado. Pero en el caso de Simón, no se sacó de lo que ya era sino de lo que sería cuando Jesús hubiera realizado su obra en él.

Observamos varias referencias en el Apocalipsis escrito por Juan al hecho de que Cristo otorga "un nombre nuevo" a su pueblo (cf. Ap. 2:17; 3:12); esto nos señala un acontecimiento que va más allá del cambio inmediato de vida en el momento de la conversión: la transformación definitiva que ocurrirá cuando Jesucristo vuelva para completar su obra.

La misma autoridad magistral de Cristo se observa en su trato con Felipe (cf. 1:43) y Natanael (cf. 1:47). Inmediatamente al encontrarse con Jesús, se encuentran con su poder y autoridad abrumadores.

Aquel que escudriña el corazón humano

Al reflexionar más en profundidad acerca de esta faceta del carácter de Jesús, descubrimos que su poder no resulta amedrentador, como si fuera simplemente una persona arrogante. Jesús ejerce su autoridad con mansedumbre, amor y compasión. No viene como un adversario altanero, sino como un amigo.

Cuando los dos discípulos de Juan se acercan a Jesús, Él les pregunta: "¿Qué buscáis?" (1:38). Es una pregunta con consecuencias. Marca la diferencia entre jugar con la religión y la búsqueda sincera de un encuentro con Dios. Es evidente, por su relación con Juan el Bautista, que estos hombres ya habían considerado en profundidad lo que significa un encuentro con Dios, pero cuando Dios mismo se encontró con ellos, pararon en seco. ¿Acaso se dieron cuenta de lo que les esperaba si seguían adelante?

Jesús plantea esta misma pregunta: "¿Qué buscáis?" de distintas maneras a lo largo de su ministerio terrenal y su continua obra en las vidas de su pueblo. No tenemos libertad simplemente para jugar a ser seguidores de Jesús. Ser discípulo de Cristo implica un deseo profundo de conocer a Dios y seguir sus caminos.

Se observa de nuevo el discernimiento de Cristo en la forma en que conduce el encuentro con Pedro. Juan dice: "Y *mirándole* Jesús, dijo [...]" (1:42). Calvino comenta: "Cristo ve con ojos que no son humanos". Cristo no ve a Simón solamente tal y como es, sino tal y como será. Jesús puede ver más allá de la imagen y la fachada que construimos en torno a nuestras vidas para que las vean los demás. Nos ve tal y como somos, y nos enfrenta con nosotros mismos.

Cuando Jesús se encontró por primera vez con Natanael, lo saludó de manera inesperada: "He aquí un verdadero israelita, en quien no hay engaño" (1:47). Jesús ve a este hombre claramente. Parece que Jesús veía en Natanael el hecho de que era un verdadero creyente, en el sentido veterotestamentario de la palabra. Por eso Natanael reconoce de manera algo extravagante a Jesús y lo acepta con gozo como el Mesías (cf. 1:49).

Encontrarse con Jesús es encontrarse con Aquel que nos conoce a fondo, con quién no tenemos que fingir —¡de hecho no nos atrevemos a hacerlo!— y en quién podemos confiar plenamente. Confiamos sin problemas en un médico que nos conoce y comprende nuestro estado físico; de igual manera confiamos en Jesús, el Médico de nuestras almas, que conoce en detalle nuestro estado espiritual.

Aquel que encandila las vidas

Jesús produjo un impacto inmediato y profundo en Andrés y su amigo, ya que Juan dice que "[...] era como la hora décima" (1:39). De la misma manera que muchas personas se acuerdan de la hora y las circunstancias exactas en las cuales escucharon la noticia del asesinato del presidente de Estados Unidos, J. F. Kennedy, o la muerte de la princesa Diana de Gales, este momento quedó grabado en las mentes de estos discípulos de Jesús. Los encandiló totalmente en ese primer encuentro personal.

La impresión abrumadora que Jesús causaba en los que conocía por primera vez se ve reflejada en los títulos extraordinarios que se dan a este desconocido de Galilea en unos pocos versículos. Es "el Cordero de Dios" (1:36), "Rabí" (1:38), "el Mesías" (1:41), Aquel acerca del cual habían escrito Moisés y los profetas (cf. 1:45), "el Hijo de Dios", "el Rey de Israel" (1:49), y finalmente, "el Hijo del Hombre" (1:51). Todos estos nombres estaban impregnados de la esperanza veterotestamentaria del Salvador venidero que Dios había prometido. Aunque el significado pleno de la identidad de Cristo no se esclareció hasta unos dieciocho meses después, cuando Pedro hizo su conocida confesión en Cesarea de Filipo (cf. Mt. 16:18), estos hombres reconocieron suficientemente la singularidad de Jesús que lo destacaba de los demás líderes religiosos que habían conocido.

La prueba vital del efecto que han tenido sobre nosotros otras personas es la manera como las describimos a otros. Mientras menos seguros estemos de ellas, menos decimos por temor al desconcierto. Fíjate, entonces: la respuesta inmediata de Andrés fue llevar a su hermano ante Jesús (cf. 1:41-43), y Felipe trajo a Natanael (cf. 1:45). La prueba de que el Salvador ya había hecho mella profunda en sus vidas fue que anhelaran compartirlo con los demás.

Aquel que nos llama a la fe

Tal vez lo más significativo de todos los primeros encuentros con Jesús en este capítulo es que insta a la gente a confiar en Él. Al delinear la trayectoria general del Evangelio, Juan quiere que sepamos que no basta *saber algo* acerca de Jesús, sino que necesitamos *conocerlo* a través de una relación de fe verdadera y viva.

A Jesús no le asusta que lo pongamos a prueba para verificar sus afirmaciones o que probemos que es digno de la confianza de sus seguidores. Entonces, cuando Andrés y Juan lo interrogaron con curiosidad (cf. 1:38), Él respondió sin más: "¡Venid y ved!" (1:39). Al día siguiente, cuando salió camino a Galilea, se encontró con Felipe y dijo: "Sígueme" (1:43). No pide a sus discípulos un salto de fe ciega. Al contrario de tratarse de un "salto a ciegas", la fe en Jesucristo es en realidad un salto a la luz. Quiere que conozcamos a Aquel en quién estamos confiando y que sepamos por qué lo más sensato que podemos hacer en la vida es confiar en Él.

La respuesta inicial de la fe nos lleva a una relación con Cristo que progresa y crece hacia una confirmación creciente. Jesús, pues, después que Natanael hubo creído, le prometió: "De aquí adelante veréis el cielo abierto, y a los ángeles de Dios que suben y descienden sobre el Hijo del Hombre" (1:51). ¿Estuvo Juan presente cuando Jesús dijo estas palabras? Bien podría ser, ya que lo repitió casi palabra por palabra en un momento de su propia vida, décadas después, cuando su fe había pasado por una prueba cruenta (cf. Ap. 19:11). El Cristo que llamó a Natanael a seguirle por la fe demostró ser fiel a sus promesas, no solamente las hechas a Natanael sino también todas sus promesas hechas a todos sus hijos.

Las palabras del profeta Isaías se cumplen plenamente en relación con Jesús: "[…] El que creyere, no se apresure" (Is. 28:16), o como dice Pablo: "[…] No será avergonzado" (Ro.10: 11).

6

Una boda diferente

Al tercer día se hicieron unas bodas en Caná de Galilea; y
estaba allí la madre de Jesús. 2*Y fueron también invitados*
a las bodas Jesús y sus discípulos. 3*Y faltando el vino, la*
madre de Jesús le dijo: No tienen vino. 4*Jesús le dijo: ¿Qué*
tienes conmigo, mujer? Aún no ha venido mi hora. 5*Su*
madre dijo a los que servían: Haced todo lo que os dijere.
6*Y estaban allí seis tinajas de piedra para agua, conforme*
al rito de la purificación de los judíos, en cada una de las
cuales cabían dos o tres cántaros. 7*Jesús les dijo: Llenad*
estas tinajas de agua. Y las llenaron hasta arriba.
8*Entonces les dijo: Sacad ahora, y llevadlo al maestresa-*
la. Y se lo llevaron. 9*Cuando el maestresala probó el agua*
hecha vino, sin saber él de dónde era, aunque lo sabían los
sirvientes que habían sacado el agua, llamó al esposo, 10*y*
le dijo: Todo hombre sirve primero el buen vino, y cuando
ya han bebido mucho, entonces el inferior; mas tú has
reservado el buen vino hasta ahora. 11*Este principio de*
señales hizo Jesús en Caná de Galilea, y manifestó su glo-
ria; y sus discípulos creyeron en él (Juan 2:1-11).

El relato de la ocasión en que Jesús transforma el agua en vino en las bodas de Caná de Galilea es un pasaje favorito de los pastores que buscan un tema para un sermón de bodas. Dichos sermones suelen tratar de la necesidad de tener a Jesús como centro del matrimonio si queremos que todo vaya bien, o de la presencia de Él en la boda para que esta sea una verdadera bendición. Este tipo de consejo sin duda es sabio y verdadero, pero es discutible que Juan pretendiera que se leyera este pasaje en ese contexto.

Los Evangelios en general, y el Evangelio según Juan en particular, no son colecciones al azar de ideas espirituales en cuanto a distintos aspectos de la vida. Más bien son relatos coherentes de la vida y obra de Jesucristo. Todos los detalles están pensados para obrar en concierto y llevarnos a una comprensión más profunda de su significado dentro de la corriente más amplia de la revelación bíblica.

Ya hemos notado el enfoque particular adoptado por Juan en su documentación del Cristo. Desde el principio deja claro que quiere que sus lectores reflexionen acerca de lo que ha escrito. De cierta manera, el suyo es un Evangelio para pensadores; es decir, que mientras más meditamos las palabras de Juan, más apreciamos lo que dicen acerca de Jesús. ¡Hay tanto que aprender acerca de Él! Esta característica se vuelve a observar en el relato de este primer milagro.

Vale la pena hacer algunas observaciones en cuanto a la manera como Juan trata los milagros antes de examinar en detalle el que figura en este pasaje. De los treinta y cinco milagros documentados en los Evangelios, Juan solo seleccionó siete para su relato. Claramente quiere aislar unos pocos para examinarlos en mayor detalle que sus hermanos evangelistas. Todos los milagros comparten la importancia de señalar la divinidad del Cristo que los hizo, y todos son ejemplos de la intervención de los poderes del tiempo venidero en nuestro tiempo presente; son anticipos del Cielo. Sin embargo, cada milagro hace una contribución particular a nuestra comprensión de Cristo y su obra salvadora.

Juan destaca el significado singular de los milagros al colocarlos junto con los discursos relacionados. Por ejemplo, la alimentación de los cinco mil (cf. 6:1-15) está asociado al discurso sobre "el pan de vida" (6:25-29); la resurrección de Lázaro (cf. 11:44) figura junto a los comentarios a la familia acongojada acerca de "la resurrección y la vida" (11:21-27). Esto se respalda con la palabra que Juan emplea una y otra vez para describir estos eventos: "señales" (2:11). Son milagros y maravillas —otras dos palabras para describir los mismos fenómenos—, pero Juan quiere que nos demos cuenta que también son señales. Son eventos sobrenaturales llenos de significado sobrenatural. La importancia de todo esto salta a la vista cuando consideramos el hecho de que es demasiado fácil sentirnos como meros espectadores cuando leemos acerca de los milagros de Jesús. Los consideramos acontecimientos que solo ocurrían mientras Jesús estaba en la Tierra y de los que unos pocos privilegiados fueron los únicos testigos. Juan quiere que sepamos que tocan las vidas de todos los que leen los relatos sobre ellos y de todos aquellos que reciben al Cristo que los hizo.

Por tanto, en el Evangelio según Juan a menudo se encuentran las pistas para comprender un milagro precisamente en la manera de plasmarlo y en el comentario que se entreteje discretamente en su descripción. En este pasaje destacan varias pistas.

Una pista acerca del amor y la gracia de Jesucristo

¡El aspecto más destacado de este primer milagro de Jesús es el lugar tan corriente donde ocurrió! Solo Juan menciona Caná de Galilea, la cual era una aldea rural apartada en una región bastante aislada de Palestina. Tal vez esto en sí no nos diga mucho, pero cuando recordamos que Juan nos presentó a Jesucristo llevándonos a la cumbre infinita del la gloria eterna que es su entorno natural, ¡resulta muy significativo que tal personaje del Cielo esté dispuesto a mezclarse con gente tan corriente e insignificante en la Tierra!

Esta asombrosa complacencia dice mucho acerca de la naturaleza de la gracia y el amor que la indujeron. Jesús está más que dispuesto a acercarse a la gente corriente y a sus necesidades cotidianas —necesidades a menudo mucho más profundas de lo que nos damos cuenta— y cubrir esas necesidades compasivamente con su amor y poder.

Esto no es así solo para la gente anónima que estaba aquel día en Caná, sino también para todos los "desconocidos" del mundo que leen acerca de este Jesús y descubren quién es y lo que vino a hacer. El amor del Padre no fue el único motivo por el cual el Hijo entró en nuestro mundo (cf. 3:16); el amor del propio Hijo fue igual de profundo.

Una pista acerca del motivo por el que Jesús vino

¿Qué pensaba hacer Jesús por la gente cuando vino al mundo? ¿Cuál es el propósito definitivo de su venida? En muchos sentidos, esta era la pregunta candente para los judíos cuando leían las Escrituras a lo largo de la época veterotestamentaria. Conocían muy bien la promesa divina de enviar un liberador, pero no estaban seguros del motivo principal de su venida. La mayoría de judíos esperaban a un Mesías que vendría para subsanar los síntomas de la problemática cotidiana, bien al establecer un nuevo orden político, bien al mejorar las circunstancias de sus vidas. Esta expectativa deficiente bien podría ser el motivo de que Jesús fuera tan reacio, en este pasaje y otros, a hacer un milagro precipitadamente (cf. 2:4). No quería dar pie a una idea falsa del motivo de la aparición del Mesías.

Jesús reprende con suavidad y firmeza a su madre diciendo: "[…] Aún no ha venido mi hora" (2:4). Esta es la primera de varias ocasiones en las que Jesús se expresa de forma parecida, y nos habla de un destino especial hacia el cual Él se dirige. Hubo muchos momentos importantes en la vida y el ministerio público de Jesús, momentos llenos de significado que perdurarían en la memoria de la gente. Pero Jesús no quería que esos momentos importantes eclipsaran de manera alguna el más importante de todos: el motivo supremo de su venida al mundo.

En este momento destacado, pues, cuando el velo que ocultaba su identidad se apartó por un momento de una manera notable y pública, Jesús quiso subrayar el hecho de que ese no era el momento supremo que todos esperaban. Por increíble que pareciera —ya que no es probable que ni siquiera María esperara que Jesús hiciera *un milagro* ante esta crisis—, este momento quedaría en el olvido comparado con el milagro infinitamente mayor que luego tuvo lugar en el Calvario.

Esto tiene una importancia vital para todo aquel que lea los Evangelios. Con demasiada frecuencia nos hemos dejado desviar por las cosas buenas que Jesús dijo e hizo, olvidando completamente la razón suprema de su misión: aquella "hora" para la cual había nacido.

Una pista acerca del gozo que trae Jesús

Cuando Jesús hizo este milagro, es probable que el pequeño grupo de ayudantes que habían organizado aquella boda sintiera una oleada de emoción junto con una buena dosis de alivio. El marcado contraste entre el agua y el vino lo dijo todo: marcó la diferencia entre lo corriente y lo exquisito. Aquí hallamos la siguiente pista del significado de este acontecimiento.

En una profecía hecha 700 años antes acerca del Mesías y la clase de reino que establecería, Isaías dijo: "Y Jehová de los ejércitos hará en este monte a todos los pueblos banquete de manjares suculentos, banquete de vinos refinados, de gruesos tuétanos y de vinos purificados" (Is. 25:6).

El asombro del maestresala ante el hecho de que reservaran el mejor vino para el final (cf. 2:10) no solo es un comentario sobre la duración de la fiesta, ¡sino también sobre la historia del mundo! Al tratar con la raza humana y con su pueblo, Dios había guardado el mejor vino hasta el momento de enviar a su Hijo y establecer su Reino.

El gozo y la alegría de la salvación de Dios que predijo el Profeta (cf. Is. 25:9), con su conexión evidente al simbolismo del vino y del banquete, se cumple definitivamente en Jesucristo y la salvación que Él trajo. Cuando Jesús, pues, empieza su ministerio terrenal, anuncia de forma simbólica que el banquete de la era del Reino ha empezado. Al transformar el agua en vino demuestra que el gozo de su salvación ha llegado. (Esta idea se enfatiza aún más en el texto al mencionar que las tinajas de agua se usaban "[…] conforme al rito de la purificación de los judíos […] (cf. 2:6); ¡el ritual cedió paso a la realidad!).

Las emocionantes buenas nuevas de Dios en Jesucristo están asociadas al gozo de la salvación de Dios que se halla únicamente en su Hijo Jesucristo.

Una pista acerca de la manera como Jesús cambia las vidas

Un último detalle que esclarece el significado perdurable de este acontecimiento se halla en las palabras de María a los criados: "Haced todo lo que os dijere" (2:5). Aunque estaba a punto de darles una orden que parecía irracional y aun ridícula, ellos debían confiar en Él y hacer lo que les pidiera. Su fe se vio recompensada y, para asombro de ellos, la sabiduría de Jesús se comprobó. El resultado de los acontecimientos fue mucho más allá de lo que pudieran imaginar.

La forma en que Jesús transformó aquella fiesta de bodas nos deja entrever la forma en que transforma las vidas a diario. La distancia que existe entre el embrollo de nuestras vidas y la nueva vida que Él puede darnos se ve salvada por las instrucciones que da en el Evangelio y nuestra respuesta a ellas. Unos diez años después, un carcelero a punto de suicidarse preguntó: "¿Qué debo hacer para ser salvo?". Los Apóstoles le respondieron: "Cree en el Señor Jesucristo, y serás salvo [...]" (Hch. 16:30-31). Tómale la palabra, haz todo lo que te pida y tu vida se verá transformada. Fue así en la boda de Caná, fue así para el carcelero de Filipos, y será así también para ti y para mí.

7

¿Rito o realidad?

Después de esto descendieron a Capernaum, él, su madre, sus hermanos y sus discípulos; y estuvieron allí no muchos días. [13]*Estaba cerca la pascua de los judíos; y subió Jesús a Jerusalén,* [14]*y halló en el templo a los que vendían bueyes, ovejas y palomas, y a los cambistas allí sentados.* [15]*Y haciendo un azote de cuerdas, echó fuera del templo a todos, y las ovejas y los bueyes; y esparció las monedas de los cambistas, y volcó las mesas;* [16]*y dijo a los que vendían palomas: Quitad de aquí esto, y no hagáis de la casa de mi Padre casa de mercado.* [17]*Entonces se acordaron sus discípulos que está escrito: El celo de tu casa me consume.* [18]*Y los judíos respondieron y le dijeron: ¿Qué señal nos muestras, ya que haces esto?* [19]*Respondió Jesús y les dijo: Destruid este templo, y en tres días lo levantaré.* [20]*Dijeron luego los judíos: En cuarenta y seis años fue edificado este templo, ¿y tú en tres días lo levantarás?* [21]*Mas él hablaba del templo de su cuerpo.* [22]*Por tanto, cuando resucitó de entre los muertos, sus discípulos se acordaron que había dicho esto; y creyeron la Escritura y la palabra que Jesús había dicho.*

[23]*Estando en Jerusalén en la fiesta de la pascua, muchos creyeron en su nombre, viendo las señales que hacía.* [24]*Pero Jesús mismo no se fiaba de ellos, porque conocía a todos,* [25]*y no tenía necesidad de que nadie le diese testimonio del hombre, pues él sabía lo que había en el hombre* (Juan 2:12-25).

¿Rito o realidad?

La referencia velada en el primer milagro de Jesús a la condición vacía de la religión judía (cf. 2:6) da paso a un enfrentamiento directo entre Jesús y los judíos cuyas vidas estaban envueltas en rituales. En estos eventos Jesús marca la distinción entre el ritual vacío y la verdadera religión.

La escena cambia de forma radical: de Caná a la capital. También la compañía varía: de los aldeanos insignificantes a personas involucradas en la vida diaria del Templo. El ambiente cambia de la celebración al enfrentamiento. Todo esto indica el poder y la autoridad que ostentaba este galileo antes desconocido. Irrumpe inesperadamente en las vidas de estas personas en el centro mismo de la religión judía de una manera que pone en tela de juicio su misma identidad y todo lo que representan. De manera parecida, Jesús llega hoy con una autoridad que no se puede dejar de lado ni resistir.

Al principio de su ministerio público, Jesús llama la atención a los peligros que pueden surgir en las vidas a causa de la religión tanto como de la falta de ella. A primera vista, nada parece más seguro y encomiable en lo espiritual que la religiosidad. A menudo tales personas son admiradas y respetadas, y creemos que son el tipo de personas a las que Dios aceptará. Jesús no comparte esta opinión. Sabe que aun las mejores verdades y prácticas espirituales pueden servirle al diablo de herramientas para engañar y distraer a la gente del corazón de la verdadera religión. En el famoso libro escrito por C.S. Lewis, *The Screwtape Letters* (Cartas del diablo a su sobrino), el diablo encargado enseña a su sobrino y acólito: "En la actualidad, la misma Iglesia es uno de nuestros grandes aliados [en la guerra contra los verdaderos cristianos]"[1]. No hay nada más peligroso en términos espirituales que la falsa seguridad que proporciona un ambiente religioso. Pablo avisa a Timoteo con toda seriedad que en los últimos tiempos habrá gente que tendrá apariencia de piedad, pero negará la eficacia de ella (cf. 2 Ti. 3:5); su religión tiene forma sin sustancia.

Jesús se encuentra con esta clase de personas durante una de las fiestas más importantes del año religioso judío, la Fiesta de la Pascua. Varios acontecimientos vitales empiezan a tomar forma en el curso de estos encuentros.

Pone a prueba el corazón mismo de la adoración genuina

El primer encuentro que Juan relata tuvo lugar en el recinto del Templo, probablemente en el atrio exterior de los gentiles. Después del milagro de Caná, Jesús había bajado a Capernaum —a orillas del mar de Galilea— junto con su madre, sus hermanastros y el pequeño grupo de sus discípulos (cf. Jn. 2:12). Era la época de la fiesta más importante del año judío, la Pascua, de manera que pasaron poco tiempo junto al mar y luego "[...] [subieron] a Jerusalén" (2:13). Juan emplea la tradicional expresión judía para describir la dirección de cualquier viaje a la capital espiritual del mundo judío: siempre se hablaba de "subir" allá, cualquiera que fuera el sentido geográfico del viaje. Este pequeño detalle es una pieza del rompecabezas que nos ayuda a comprender la mentalidad del mundo religioso al cual vino Jesús: irrumpió en ese mundo y entró inmediatamente en conflicto con él en cuanto entró en el recinto del Templo (cf. 12:14).

Aquella no fue la primera visita que hizo Jesús a Jerusalén ni la primera vez que asistió a la Pascua; ya lo había presenciado antes. Esta vez la diferencia estribaba en que entraba en Jerusalén y asistía a la fiesta en una capacidad pública. Había salido del anonimato de casi treinta años en el que había vivido para comenzar su ministerio y misión públicos. Demostraba ante el mundo el motivo por el cual había venido al mundo.

No debería ni sorprendernos ni turbarnos excesivamente que Juan describa un acontecimiento al principio del ministerio de Jesús que se parece bastante a un evento que, según los otros evangelistas, ocurrió hacia el final de su ministerio público (cf. Mt. 21:12-17; Mr. 11:15-18; Lc. 19:45-46). Algunos comentaristas dan por sentado que solo pudo haber ocurrido una vez, y que los Evangelios simplemente no concuerdan acerca del momento exacto. Pero no hay motivo sólido alguno para argumentar que no se trate de dos eventos distintos. De hecho, dada la progresión lógica que ya hemos notado en el Evangelio según Juan, resulta perfectamente creíble que Juan se diera cuenta de que Jesús salió al escenario público en Jerusalén de esta manera. Vino para combatir el pecado, no solamente en sus formas más obvias, sino también en las más peligrosas: disfrazado de la adoración del verdadero Dios viviente.

Jesús entra en el recinto del Templo y se encuentra con un verdadero mercado: vendedores, cambistas, y todos los ruidos y olores de la mercadería que llenaban los oídos y las narices de la muchedumbre que atestaba el lugar. Jesús no se enoja porque los actos de aquella gente fueran malos en sí, sino porque no eran propios de un lugar apartado para adorar a Dios. Las aves y los animales eran necesarios para los sacrificios; había que cambiar divisas para comprar cosas y pagar el impuesto del Templo. Pero todo eso debía tener lugar afuera, ¡y no dentro de la casa de Dios!

El lugar designado para adorar a Dios se había convertido en un recinto para la gratificación humana. Todo estaba mal enfocado. En lugar de ser el Creador el centro de su propio Templo santo, lo eran las criaturas. El lugar en el que más que ningún otro los adoradores debían "[…] [estar] quietos, y [conocer] que yo soy Dios" (Sal. 46:10) estaba lleno del ruido de un mundo caído. El lugar santo se había contaminado con actividades que se centraban en el interés humano y las ganancias terrenales. En lugar de ser un sitio en el que la gente pudiera salir espiritualmente de este mundo para entrar en el de Dios, el Templo se había convertido en un lugar donde el mundo de Dios era invadido por el mundo humano.

Jesús respondió con evidente enojo. Echó fuera los animales y volcó las mesas de los mercaderes y cambistas (cf. 2:15-16). Sus actos recordaron a los discípulos un versículo de los Salmos que expresa la pasión ardiente por la casa de Dios (cf. 2:17 y Sal. 69:9). El lugar santo apartado como centro de la adoración veterotestamentaria, y particularmente la fiesta designada para celebrar la esencia de la liberación de Dios para su pueblo, no debían profanarse con la superficialidad.

La verdadera adoración empieza en el corazón. No se trata de "hacer lo correcto" sino de tener la relación correcta. Lo que fue verdad para Israel en la época de Isaías también lo fue en la de Jesús, y lo es para muchos que dicen pertenecer a Dios en todas las generaciones: "[…] Este pueblo se acerca a mí con su boca, y con sus labios me honra, pero su corazón está lejos de mí" (Is. 29:13). Jesús desafía a todos a darse cuenta de esto. ¿Acudimos a adorar a Dios para tranquilizar la conciencia, o para saciar el alma?

Pone a prueba el comportamiento de la fe en la adoración

No resulta sorprendente que el acto de Jesús causara la reacción de los judíos (cf. 2:18-22). Se había perturbado su paz. Las prácticas "normales" que se habían establecido y aceptado entre ellos durante generaciones habían sido puestas en tela de juicio, y ellos no estaban muy contentos. Sin embargo, su respuesta ante Jesús demuestra que se dieron cuenta que no se trataba de un loco peligroso al que pudieran arrestar los guardias del Templo y quitarlo de en medio sin más. Le pidieron que presentara sus credenciales (cf. 2:18). Lejos de considerarlo un fanático religioso, daban lugar a la posibilidad real de que fuera un profeta y, de ser así, debía tener la oportunidad de probarlo.

Este deseo no era malo; Dios había dejado claro en el Antiguo Testamento que había que probar la afirmación de todo el que dijera ser profeta para ver si era genuina (cf. Dt. 18:17-22), pero la actitud que ellos mostraron era equivocada.

Se dirigieron a Jesús de manera arrogante y exigente. Su actitud demostraba aquella clase de espíritu soberbio y corazón endurecido a los cuales Dios se opone implacablemente (cf. 1 P. 5:5). Esta actitud es sinónimo de la esencia misma del pecado: es un espíritu que se subleva contra Dios y se atreve a desafiarlo abiertamente.

Es fácil señalar lo que consideramos expresiones de arrogancia, por ejemplo el ateísmo, el humanismo y el racionalismo, ¡pero Jesús la encontró en el judaísmo! Los mismos que se suponía que conformaban el pueblo de Dios se oponían en su corazón al Dios que decían adorar.

Jesús revela la verdadera conducta de sus almas al responder: "*Destruirán* este templo, y en tres días lo *levantaré*" (2:19, traducción literal del autor). Con una sola frase resume los resultados a los que conducirán los actos y la actitud de los judíos y los suyos propios. Sus corazones se han rebelado contra Dios de manera que están decididos a destronarlo aun en su propio lugar santo.

La verdadera adoración empieza en lo más profundo del alma, con una postura humilde que reconoce tanto a Dios como su Palabra, y está dispuesta a esperar en Él.

Pone a prueba el enfoque de la fe en la adoración

Juan añade una posdata a estos encuentros en Jerusalén que resulta tan inusitada como turbadora. Durante los días de la fiesta Jesús hizo varios milagros y, como resultado, muchos de los testigos oculares "[…] creyeron en su nombre […]" (2:23). Sin embargo, leemos: "[…] Jesús mismo no se fiaba de ellos […] (cf. 2:24). ¿Acaso fue una reacción exagerada por parte de Jesús?

Juan deja claro que no lo fue. Jesús no buscaba ganarse la admiración de la gente, como si su éxito dependiera del apoyo popular masivo. Aunque tal vez sus discípulos pudieran haber dicho: "¡Qué bien!", y tal vez intentaran recomendarle a la gente que pusieran su fe en Él, Jesús no necesitaba oír las alabanzas de hombres caídos a favor de otros (cf. 2:25). Como siempre: "[…] [Jesús] conocía a todos" (2:25). De la misma manera que reconoció el corazón fiel de Natanael (cf. 1:47-49) a pesar de su escepticismo acerca de Jesús, aquí Jesús traspasó el aparente entusiasmo de los supuestos seguidores y percibió que era solo superficial.

Como tantas veces ocurrió en su ministerio público, la gente se interesaba más por los milagros que por el Mesías (cf. 6:26). Esta clase de fe es errónea.

Jesús dejó claro en todo su ministerio que nuestra necesidad más grande es reconocer exactamente quién es Él y qué es lo que vino a hacer. Por muy impresionantes que sean su gloria, majestad y poder y todas sus manifestaciones exteriores, no confiamos en esas manifestaciones sino en Aquel al que pertenecen: Jesucristo, el Hijo de Dios y Salvador de los pecadores.

[1]Lewis, C.S., *Cartas del diablo a su sobrino,* p. 28 (Editorial Rialp, 2003).

8

Tienes más necesidad de la que crees

Había un hombre de los fariseos que se llamaba Nicodemo, un principal entre los judíos. 2Este vino a Jesús de noche, y le dijo: Rabí, sabemos que has venido de Dios como maestro; porque nadie puede hacer estas señales que tú haces, si no está Dios con él. 3Respondió Jesús y le dijo: De cierto, de cierto te digo, que el que no naciere de nuevo, no puede ver el reino de Dios. 4Nicodemo le dijo: ¿Cómo puede un hombre nacer siendo viejo? ¿Puede acaso entrar por segunda vez en el vientre de su madre, y nacer? 5Respondió Jesús: De cierto, de cierto te digo, que el que no naciere de agua y del Espíritu, no puede entrar en el reino de Dios. 6Lo que es nacido de la carne, carne es; y lo que es nacido del Espíritu, espíritu es. 7No te maravilles de que te dije: Os es necesario nacer de nuevo. 8El viento sopla de donde quiere, y oyes su sonido; mas ni sabes de dónde viene, ni a dónde va; así es todo aquel que es nacido del Espíritu. 9Respondió Nicodemo y le dijo: ¿Cómo puede hacerse esto? 10Respondió Jesús y le dijo: ¿Eres tú maestro de Israel, y no sabes esto? 11De cierto, de cierto te digo, que lo que sabemos hablamos, y lo que hemos visto, testificamos; y no recibís nuestro testimonio. 12Si os he dicho cosas terrenales, y no creéis, ¿cómo creeréis si os dijere las celestiales? 13Nadie subió al cielo, sino el que descendió del cielo; el Hijo del Hombre, que está en el

cielo. [14]***Y como Moisés levantó la serpiente en el desierto, así es necesario que el Hijo del Hombre sea levantado,*** [15]***para que todo aquel que en él cree, no se pierda, mas tenga vida eterna*** (Juan 3:1-15).

Como un maestro tejedor, Juan elige con esmero los hilos que teje en su tapiz, que nos habla de la identidad de Jesús y exactamente lo que vino a hacer. Los temas que habían surgido de forma negativa en el encuentro con la muchedumbre en Jerusalén ahora se examinan de manera muy positiva y personal. Esto se hace a través de un estudio del caso de un hombre que encarnaba la clase de religión descarriada que Jesús había denunciado, pero cuya vida estaba a punto de verse transformada por Dios.

El hecho de que exista un claro vínculo entre el final de capítulo anterior y el principio del presente se ve claramente por la palabra "y" que figura en el texto original (la cual no se emplea en la RVA), la cual nos lleva a una serie de encuentros con distintas personas por medio de los cuales Jesús revela su perfecto conocimiento del corazón humano. Se nos muestra la forma en que este mismo Jesús sabe tratar con la gente en toda clase de circunstancias; su salvación es para todos.

El primero de estos encuentros que Juan relata es importante porque se produce con la última persona con la cual cabe esperar que Jesús empezara: Nicodemo, un líder espiritual de los judíos. No solamente era fariseo —esto es, miembro de un grupo religioso conocido por su ortodoxia teológica y rectitud moral— sino también miembro del consejo administrativo de los judíos. A simple vista, era un hombre de alto rango espiritual, pero al profundizar, Jesús descubrió una necesidad solapada que solo Él podía satisfacer. Es todo un aprendizaje estudiar la manera como Cristo trató a este hombre y su necesidad.

Cuestionó su seguridad

A menudo se da por sentado que Nicodemo acudió a Jesús con una pregunta, pero no es cierto. Fue con una declaración que revela la clase de confianza que a menudo vemos en las personas que son espiritualmente seguras de sí mismas. Nicodemo dice: "Rabí, sabemos que has venido de Dios como maestro [...]" (3:2). Inmediatamente, Jesús responde con palabras que sacuden los cimientos de su seguridad, y aun su posición ante Dios (cf. 3:3). ¡Un hombre que se considera un líder y autoridad espiritual en la Tierra se ve puesto a prueba por Aquel que viene con verdadera autoridad celestial!

Tal y como el apóstol Pablo indicó más tarde, llegar a la fe verdadera no es solamente cuestión de aferrarnos a Cristo, sino de que Él se aferre a nosotros (cf. Fil. 3:12). Nos frena en seco y pone a prueba los conceptos espirituales más básicos. ¿Acaso sabemos todo lo que creemos saber? ¿Acaso realmente podemos comprender los asuntos relacionados con Dios y la salvación? La Biblia dice que no, porque en nuestro estado espiritual natural no podemos comprender las cosas de Dios: "[...] porque se han de discernir espiritualmente" (1 Co. 2:14).

Nicodemo empezó mal. Pensaba que tenía sus propios recursos y que bastaban sus propias facultades para comprender estas realidades espirituales; pero no fue así, de manera que todo su concepto de la vida de fe estaba equivocado. Dependía de facultades espirituales que proporcionaban información falsa. Cuando Jesús empieza a tratar con las personas, lo hace cuestionando lo que ellas piensan que saben y les demuestra su necesidad de escucharlo a Él. El hecho de que Nicodemo acudiera a Jesús "de noche" (3:1) puede ser algo más que casualidad; tal vez indique las tinieblas morales y espirituales que reinaban en su alma.

Cuestionó su experiencia

Hay una profunda conexión entre el conocimiento y la experiencia. Bien declara la sabiduría del Antiguo Testamento: "Porque cual es su pensamiento en [el] corazón [de uno], tal es él" (Pr. 23:7). Nuestra mentalidad nos moldea como personas.

A medida que Jesús persiste en esta conversación con Nicodemo, pasa rápidamente del ámbito de su entendimiento hasta el de su experiencia personal de la vida. Al hacerlo, ¡le da un golpe que le llega al fondo de su alma! "[...] El que no naciere de nuevo, no puede ver el reino de Dios" (3:3); y también: "[...] el que no naciere de agua y del Espíritu, no puede entrar en el reino de Dios" (3:5). A pesar del aire tan impresionante de experiencia y madurez espirituales de Nicodemo, Jesús le hace ver que en realidad no las tiene.

Al revelar la necesidad particular de este hombre, Jesús también cambia el enfoque hacia todas las personas al usar una forma plural: "[…] *Os* es necesario nacer de nuevo" (3:7). Esta es una verdad bíblica universal: si queremos experimentar la vida en el Reino de Dios, tenemos que nacer de nuevo. Haciendo alusión a la profecía de Ezequiel que vislumbra la inauguración del Nuevo Pacto entre Dios y su pueblo (cf. Ez. 36:26), Jesús demuestra que la verdadera experiencia espiritual empieza con la gracia de Dios y no con la religión humana.

Cuestionó sus ideas

Jesús empieza a profundizar en las ideas de Nicodemo, y vemos claramente que todo su concepto de Dios y el Reino es discutible. La confianza inicial de este fariseo se transforma en confusión y su confianza propia empieza a tambalearse.

A medida que Nicodemo lucha con el concepto del nuevo nacimiento, está claro que no puede ir más allá de la idea literal de volver a entrar en el seno materno para volver a experimentar el proceso físico del nacimiento (cf. 3:4). Simplemente no era capaz de comprender las palabras de Jesús, de manera que Él se lo plantea de la manera más sencilla posible. Lo toma de la mano, por así decirlo, subrayando tres cosas que tiene que comprender si alguna vez quiere entrar en esta vida singular que solo Dios puede dar. Necesita comprender nuestro verdadero estado como seres humanos caídos: somos una raza con un problema que se propaga solo. "Lo que es nacido de la carne, carne es; y lo que es nacido del Espíritu, espíritu es" (3:6). Juan emplea la palabra "carne" principalmente para denotar la rebelión de la Humanidad contra Dios, y la palabra "espíritu" para denotar un corazón con nueva vida de parte de Dios. La idea es sencilla: por nuestros propios medios no podemos ir más allá de lo que somos por naturaleza como raza.

En segundo lugar, Nicodemo —y nosotros también— debe comprender nuestra doble necesidad delante de Dios: la necesidad de una nueva posición ante Él y la necesidad de nueva vida de parte de Él. Ya hemos notado que esto se respalda con la promesa de una nueva relación de pacto entre Dios y su pueblo: una relación que cubre ambas necesidades, tal y como profetizó Ezequiel (cf. Ez. 36:25-27). En otras palabras, necesitamos el perdón y el poder de Dios.

La tercera gran necesidad que Jesús indica a Nicodemo es la obra de la libre gracia de Dios en su vida. Usa la analogía del viento: algo que está allí pero que no podemos controlar (cf. 3:8). Un maestro bíblico tan experimentado no iba a pasar por alto la sutileza de esta imagen, ya que en su idioma la palabra para "viento" y "Espíritu" era la misma. Al igual que el viento es libre y soberano, también lo es el Espíritu de Dios al obrar por su gracia salvadora. La religión no puede manipular a Dios; solo puede responder a Él.

Cuando Dios empieza a obrar en nuestras vidas, profundiza en nuestro concepto de nosotros mismos y nos revela nuestra necesidad espiritual. Pone patas arriba todos nuestros conceptos naturales acerca del mundo.

Amplió sus horizontes

A estas alturas de la conversación, el hombre que acudió a Jesús de noche tiene otra actitud. Ahora sabe que no tiene nada que ofrecer, sino que necesita recibirlo todo. Ya no se porta como el igual de Cristo, sino como un alumno dispuesto a aprender de Él. Este es el comportamiento de un alma en el umbral de la salvación.

Mientras Nicodemo lo escucha, Jesús amplía sus horizontes espirituales para que pueda ver cosas que nunca antes había comprendido. Lo hace de dos maneras. Primero, le demuestra que la salvación no tiene nada que ver con lo que el hombre pueda hacer por Dios, sino con lo que Dios proporciona al hombre.

Nicodemo responde a Jesús con la pregunta: "¿Cómo puede hacerse esto?" (3:9). Es la pregunta de una persona sinceramente confusa ante unas verdades espirituales que nunca había alcanzado. Era una persona acostumbrada a pensar instintivamente en términos de sí mismo y sus propios recursos, pero Jesús lo llevó más allá de los límites de su propia capacidad. Es necesario que esto también ocurra cuando Dios lleva la obra redentora a un corazón. Tiene que hacerle ver que la respuesta a la necesidad más profunda de la vida no procede de nuestro interior, sino de fuera de nosotros.

Jesús, pues, lleva a Nicodemo mucho más allá de los límites de los recursos humanos y de todo lo que hay en este mundo finito y caído; lo lleva al ámbito del Cielo mismo (cf. 3:12-13). Usando un lenguaje algo críptico, habla del "Hijo del Hombre" como Aquel que ha venido del Cielo y, por tanto, puede revelar la Verdad celestial a los seres humanos. Pronto vemos que esta frase: "el Hijo del Hombre" era una referencia a Jesús mismo. Solo Él puede traer la Verdad celestial al mundo y a nuestras vidas. Las dudas de Nicodemo se encuentran con la certeza abrumadora que se halla en Jesús.

Exigió una respuesta

Al final de la conversación, el enfoque de las palabras de Jesús ha pasado de la necesidad personal de un solo hombre a la necesidad universal de todo el mundo: la necesidad de la redención verdadera. Ahora se centra en la provisión divina para cubrir esta necesidad y la respuesta necesaria para que se pueda recibir.

Jesús emplea un ejemplo familiar para Nicodemo como erudito del Antiguo Testamento. Se refiere a un incidente que ocurrió mientras el pueblo de Israel vagaba por el desierto bajo el liderazgo de Moisés, cuando Dios les envió una plaga de serpientes, proporcionando después una cura milagrosa para los que habían sido mordidos (cf. Nm. 21:4-9). Moisés tuvo que levantar una serpiente de bronce sobre un palo en medio del campamento, y todo aquel que simplemente mirara la serpiente, confiando en la promesa de Dios, sería sanado (cf. Jn. 3:14). Jesús dice que el Hijo del Hombre tenía que ser levantado de igual manera, y que todo aquel que lo mire con fe será igualmente sanado (cf. 3:14-15).

Jesús señala aquí el punto álgido de su ministerio terrenal, cuando sería literalmente "levantado" y clavado a la Cruz a manos de los romanos para ser inmolado. Alerta a Nicodemo (y a todos los lectores del Evangelio) del hecho de que la salvación de Dios se recibe al confiar en Él como el Salvador crucificado.

Es interesante que no sepamos casi nada más de Nicodemo hasta el día en que la predicción de Jesús acerca de su propia muerte se cumplió. En aquel día este fariseo estaba entre la muchedumbre y vio la ejecución del Hombre que había conocido de noche; entonces confesó abiertamente por primera vez su fe en Él. Todo comenzó a cobrar sentido solo al pie de la Cruz, y empezó a comprender de verdad que su necesidad era infinitamente más grande de lo que se había imaginado.

9

Enfrentados con la gracia

16 Porque de tal manera amó Dios al mundo, que ha dado
a su Hijo unigénito, para que todo aquel que en él cree, no
se pierda, mas tenga vida eterna. 17 Porque no envió Dios
a su Hijo al mundo para condenar al mundo, sino para
que el mundo sea salvo por él. 18 El que en él cree, no es
condenado; pero el que no cree, ya ha sido condenado, por-
que no ha creído en el nombre del unigénito Hijo de Dios.
19 Y esta es la condenación: que la luz vino al mundo, y los
hombres amaron más las tinieblas que la luz, porque sus
obras eran malas. 20 Porque todo aquel que hace lo malo,
aborrece la luz y no viene a la luz, para que sus obras no
sean reprendidas. 21 Mas el que practica la verdad viene a
la luz, para que sea manifiesto que sus obras son hechas
en Dios (Juan 3:16-21).

Aunque muchas versiones de la Biblia dan por sentado que estos versículos continúan las palabras de Jesús, parece más probable que formen parte del comentario evangelístico de Juan acerca de las enseñanzas de su Señor cuando dice que todo aquel que cree tendrá vida eterna. Ya que parte de su propósito al escribir el Evangelio es llevar a sus lectores a la fe en Jesucristo (cf. 20:31), Juan demuestra la forma en que las enseñanzas de Jesús se aplican no solamente a Nicodemo –el "tú" al que se dirige en los vv. 3, 5, 8, 11 y 12 del capítulo 3— sino a "todo aquel que cree" (3:16-18). Hasta cierto punto se asombra ante las maravillosas palabras de Jesús: he aquí una salvación que va mucho más allá de los sueños del judío más piadoso. Pero en otro sentido toma lo que Jesús le dijo a un hombre y demuestra su aplicación universal a todo el mundo. El Apóstol nos lleva a asombrarnos ante la gracia de Dios, y demuestra que todos —no solo Nicodemo— necesitamos enfrentarnos al significado de la vida y el destino. Plantea esto en una progresión lógica.

El motivo

De muchas maneras, la última palabra de Jesús a Nicodemo cuando dice que el Hijo del Hombre será "levantado" (3:15) debió de haberlo desconcertado en gran manera. La idea de que se tratara así al siervo especial de Dios estaba fuera de su comprensión. A lo largo de la historia de la Iglesia, el Calvario siempre ha sido un enigma. ¿Por qué el Hijo de Dios sin pecado tuvo que sufrir así? Juan nos da la respuesta, y es aún más asombrosa que la brutalidad de la Cruz. En el que debe de ser el pasaje más conocido de la Palabra, Juan dice: "Porque de tal manera amó Dios al mundo, que ha dado a su Hijo unigénito, para que todo aquel que en él cree, no se pierda, mas tenga vida eterna" (3:16). Este es el motivo del sufrimiento que tuvo que soportar Jesús: el amor inefable del Padre. Este versículo tiene como eje la pequeña palabra "tal": el hecho de que el amor de Dios es de tal índole que le llevó a hacer estas cosas. Con razón dice Martín Lutero: "¡Es la Biblia en miniatura!".

El amor de Dios es asombroso por su alcance: "Porque de tal manera amó Dios *al mundo*". El amor se mide en términos de a quiénes alcanza. Una cosa es amar a amigos y familiares, pero es muy distinto tender la mano a los desconocidos y marginados. Así es el amor de Dios. A los lectores judíos, la idea de que Dios amó "al mundo" les daría que pensar. Estaban muy cómodos con la idea del amor de Dios para con Israel, pero los gentiles y paganos eran otra cosa. Pero aquí Juan nos dice que Dios ama "al mundo" (una raza y creación que se rebela contra Él), y su amor es tan grande que envía a su propio Hijo para que muera y traiga la salvación.

A veces a los cristianos nos confunde el lenguaje que Juan

emplea en este versículo. Si Jesús murió por "el mundo", ¿acaso esto implica que "el mundo"—esto es, cada individuo— se salvará? Aquí Juan no está pensando en el mundo en su totalidad, sino en su diversidad y pecado. En otras palabras, se debe interpretar "el mundo" como "gente de toda tribu y nación, no solamente judíos". En contraste con esto, Nicodemo probablemente considerara a los gentiles como "perros", creyendo que la obra del Mesías venidero sería solamente para los judíos, y no para ellos.

Solo podemos empezar a apreciar la hermosura del amor de Dios al comprender en alguna medida la fealdad de nuestro pecado. El amor de Dios no solo abarca a sus amigos sino también a sus enemigos.

La maravilla del amor divino también se ve en su obra. El amor es más que un sentimiento o actitud; es un acto. Se mide por lo que hacemos por los demás. Cuando aplicamos este criterio al amor de Dios nos abruma su extravagancia. Dios entrega al Hijo con quien ha disfrutado una relación única y eterna por la salvación de los pecadores. Es "su único Hijo", o tal como dice la Reina Valera, "su Hijo unigénito". Juan solo quiere darnos a entender la singularidad de esta relación, que a su vez demuestra el precio del amor de Dios en acción. Entregó a Aquel que le era más precioso. ¡No solo lo entregó *al* mundo en la Encarnación, sino *por* el mundo en la crucifixión!

El resultado es una garantía de verdadera liberación. En las palabras de Frances Jane Van Alstyne:

El vil pecador que de veras creyó,
en ese momento perdón recibió.

Este acto amoroso de Dios Padre expresado a través de la obediencia amorosa de Dios Hijo logró la liberación prometida desde el principio del tiempo (cf. Gn. 3:15). El gran amor de Dios es el motivo de su gran salvación.

La promesa

La intención del amor de Dios se repite en los siguientes dos versículos con una declaración y una promesa. En la declaración

Juan dice: "Porque no envió Dios a su Hijo al mundo para condenar al mundo, sino para que el mundo sea salvo por él" (3:17). El motivo principal de la encarnación de Cristo fue traer redención a la Humanidad caída. Aunque es verdad que al final de los tiempos Jesús será el Juez del mundo entero (cf. 5:22 y 27), el motivo principal de su venida fue el ser la suprema expresión de la gracia redentora de Dios.

La promesa que fluye de esta declaración es la siguiente: "El que en él cree, no es condenado [...]" (3:17). Aquel que confía en Jesucristo, cualquiera que sea su raza, trasfondo, o pasado, está seguro del perdón de Dios. Aunque merezca ser condenado por su pecado y culpa, no se condena. En su lugar, Jesucristo, el Hijo del Hombre levantado, le promete salvación.

Este es el Evangelio en toda su sencillez: las buenas nuevas de que hay perdón de Dios para todo aquel que pone su fe en su Hijo. No se puede recibir noticia más preciosa.

La amenaza

En su trato con la raza humana en general, Dios siempre da la promesa de una bendición para los que creen en Él y la amenaza de una maldición para los que optan por rechazarlo. No nos sorprende, pues, el ver que la promesa de la bendición va acompañada de la amenaza de condenación para los que deciden no creer (cf. 3:18). Aunque a Dios no le place la muerte de nadie (cf. Ez. 18:32), no puede hacer otra cosa con los que se niegan a creer. El hecho de estar sujetos al juicio de Dios resulta aún más riguroso a la luz del rechazo de muchos de los ofrecimientos que hace la gracia de Dios al mundo.

Nadie puede permitirse permanecer impasible ante la realidad de la amenaza del juicio de Dios; esta amenaza no solamente abarca nuestra condición futura, sino la condición presente de todo aquel que aún no ha llegado a la fe en Cristo. Estar excluido de Cristo es estar bajo condenación. El único antídoto es volvernos a Él por la fe.

El veredicto

La lógica de Juan vuelve a fluir sin trabas de un paso al siguiente. Si es verdad que los que no han creído ya están bajo la condenación de Dios, entonces el veredicto que pesa sobre las personas en su estado natural en el mundo es: "culpable". La Venida de Cristo al mundo ha servido para acentuar ese veredicto sobre el estado actual de la raza humana. La Luz ha venido al mundo y ha revelado las obras oscuras y pecaminosas del hombre y su culpabilidad ante Dios. Los que se niegan a acudir a la Luz solo confirman su trágico estado de condenación ante Dios (cf. 3:19-20).

La esencia del mensaje de Juan, al incitar a sus lectores a reflexionar sobre el efecto de la Venida de Cristo al mundo, también se halla en una de las grandes conclusiones de la Epístola de Pablo a los Romanos: "[…] Todos pecaron, y están destituidos de la gloria de Dios" (Ro. 3:23). La esperanza para nuestra raza y nuestro mundo no puede proceder de nuestro interior, ni de la Tierra; ha de proceder de fuera de nosotros mismos, de lo alto. Jesucristo, "la Luz", es la encarnación de esta esperanza.

Las evidencias

Ahora bien: ¿cómo se puede saber que uno ya no está bajo la justa condenación de Dios? Este no solamente fue el problema de Nicodemo, como judío piadoso cuya fe estribaba en su religión, sino que también es el problema de un sinnúmero de personas cuya esperanza estriba en su religión en lugar de en Dios. Juan responde señalando las evidencias de una vida transformada. La respuesta se ve en su respuesta a "la Luz" (3:21). No se hallan las evidencias de una vida verdaderamente transformada en la clase de cirugía estética espiritual de la que los fariseos eran especialistas, sino en el hecho de acudir a Cristo, quien es la esperanza de salvación.

Por eso Juan dice: "[…] Para que sea manifiesto que sus obras son hechas en Dios". Reúne el misterio de los dos hilos de la conversación de Jesús con Nicodemo: la necesidad de los pecadores de confiar en el Salvador crucificado, y la necesidad de la obra de Dios en ellos para que puedan ejercer esta clase de fe. ¡La verdadera disposición de acudir a Jesús es tan antinatural para los seres humanos pecadores que odian la luz, que cuando ocurre, es prueba de la obra del Espíritu de Dios!

10

Otra confirmación

22Después de esto, vino Jesús con sus discípulos a la
tierra de Judea, y estuvo allí con ellos, y bautizaba. 23Juan
bautizaba también en Enón, junto a Salim, porque había
allí muchas aguas; y venían, y eran bautizados. 24Porque
Juan no había sido aún encarcelado.
25Entonces hubo discusión entre los discípulos de Juan y
los judíos acerca de la purificación. 26Y vinieron a Juan y
le dijeron: Rabí, mira que el que estaba contigo al otro
lado del Jordán, de quien tú diste testimonio, bautiza, y
todos vienen a él. 27Respondió Juan y dijo: No puede el
hombre recibir nada, si no le fuere dado del cielo.
28Vosotros mismos me sois testigos de que dije: Yo no soy
el Cristo, sino que soy enviado delante de él. 29El que tiene
la esposa, es el esposo; mas el amigo del esposo, que está
a su lado y le oye, se goza grandemente de la voz del espo-
so; así pues, este mi gozo está cumplido. 30Es necesario
que él crezca, pero que yo mengüe.

31El que de arriba viene, es sobre todos; el que es de la
tierra, es terrenal, y cosas terrenales habla; el que viene
del cielo, es sobre todos. 32Y lo que vio y oyó, esto testifi-
ca; y nadie recibe su testimonio. 33El que recibe su testi-
monio, éste atestigua que Dios es veraz. 34Porque el que
Dios envió, las palabras de Dios habla; pues Dios no da
el Espíritu por medida. 35El Padre ama al Hijo, y todas las
cosas ha entregado en su mano.

36El que cree en el Hijo tiene vida eterna; pero el que

rehúsa creer en el Hijo no verá la vida, sino que la ira de Dios está sobre él *(Juan 3:22-36).*

¡Más de lo mismo! ¡Otro testimonio acerca de Jesús! Ya se nos ha relatado el testimonio de distintas personas que avalan a Jesús; ¿por qué, entonces, tenemos que oír más de lo mismo? El Evangelio según Juan está lleno de repeticiones, pero no de manera que resulte aburrida ni vulgar. Más bien es la clase de repetición que un compositor dotado utiliza en una sinfonía, o un maestro tejedor en sus tapices. No se emplea para machacar la misma idea una y otra vez, sino para darle sustancia e importancia, de manera que crea el mayor de los cuadros y causa la más profunda impresión.

Por tanto, no debe sorprendernos que todos los testimonios posibles sobre Jesucristo, el eterno Hijo de Dios que tomó forma humana y entró en nuestro mundo, no basten para completar nuestro conocimiento y apreciación de su identidad y obra. Juan, en su calidad de Evangelista, nos lleva varios pasos adelante en este conocimiento y apreciación. Aún persigue la meta ya planteada de persuadirnos de la validez de las credenciales de Cristo, incitándonos a recibirlo y aferrarnos a Él por la fe como única fuente verdadera de esperanza y salvación.

En este capítulo se observa una clara corriente que nos lleva desde el encuentro entre Jesús y Nicodemo al principio, al incidente —que parece no guardar relación alguna— que implica a Juan el Bautista y su reacción a los bautismos que hacía Jesús. Lejos de ser un exabrupto que nos cuenta "qué hizo Jesús después", Juan resalta deliberadamente este episodio, que no consta en los otros Evangelios, para plantear una idea y reforzar lo que ya hemos aprendido de los relatos anteriores. Aquí observamos tres cosas en particular.

Un nuevo aviso de la gravedad del problema del pecado

Si a primera vista no vemos la conexión en el desarrollo de esta narrativa, encontraremos el vínculo en las referencias al bautismo y los lavados ceremoniales. Nicodemo formaba parte de un sistema religioso que daba gran importancia a la necesidad de estos lavados rituales, pero Jesús le dijo que necesitaba una purificación mucho más profunda que la que pudiera obtener a través de ningún rito. Necesitaba nacer "de agua y del Espíritu" si alguna vez quería ver el Reino de Dios, cuanto menos entrar allá (cf. 3:5). No dijo esto para quitar importancia a los lavados rituales, pero lo más necesario era la verdad detrás del símbolo. Por eso Juan nos lleva de vuelta al asunto de la purificación.

¿De qué servían las ceremonias de purificación religiosa, bien la práctica establecida del sistema judío, o bien la variante inconformista introducida por Juan en el desierto? De esta manera Dios recordaba al pueblo que Él es puro y ellos no. En esta sencilla y gráfica analogía Él revela su pureza esencial y la necesidad absoluta de la purificación espiritual para que podamos disfrutar de una comunión verdadera y redentora con Él. La predicación de Juan, que formaba una parte inseparable de su bautismo, dejaba una profunda impresión en los que acudían a él en el desierto. Empezaron a darse cuenta de la diferencia entre el rito y la realidad que representaba. Esto se observa en las transformaciones que se producían en las vidas de sus seguidores. Cuando Jesús, pues, establece lo que parece ser un bautismo rival (cf. 3:22), se plantean preguntas sinceras y Juan da las respuestas (cf. 3:23-36).

Juan no discute los méritos y defectos de las distintas clases de lavado que se podían emplear. Deja que la necesidad de tales ceremonias sea un recuerdo constante de la necesidad de purificación que señalan. Dan testimonio del pecado humano, la culpabilidad e impureza, y nos dicen que no podemos alcanzar la purificación de nuestras almas ante Dios por nuestros propios medios. Sin embargo, ¡gracias a Dios que no es todo lo que tienen que decir!

Una declaración impresionante del alcance de la respuesta de Dios en Cristo

Lo más significativo del último tercio de este capitulo es que Juan el Bautista no centra la atención en el bautismo sino en el Bautizador. Es más: aparta deliberadamente la atención de sus devotos discípulos de sí mismo como "el Bautista" al nuevo "Bautista" que ahora ha salido a escena. Dice con humildad: "No puede el hombre recibir nada, si no le fuere dado del cielo"

(3:27). Dios le había encomendado una tarea especial, pero no era la más importante. Juan solo podía resaltar la necesidad; no estaba capacitado para proporcionar la respuesta. De nuevo dice: "Yo no soy el Cristo [...]" (3:28).

La respuesta se halla en una persona tal que el mundo nunca había visto. La respuesta definitiva al problema del pecado del hombre proviene "de arriba" y se halla en Aquel "que viene del Cielo" (3:31).

Juan explica esta idea al hablar de la diferencia entre el esposo y el amigo del esposo que lo atiende en la boda (cf. 3:29). El amigo prepara el camino para el esposo, y su mayor gozo es oír la voz del esposo cuando llega, señalando la unión anhelada con su esposa. El lenguaje empleado aquí está cargado de referencias a la esperanza veterotestamentaria de la Venida del Mesías, el verdadero Esposo del pueblo de Dios. También está lleno de expectación neotestamentaria de que otros entren en el gozo experimentado por Juan; cuando oímos y reconocemos la voz del Salvador en la predicación del Evangelio, entramos también en el gozo de las bodas celestiales.

Juan ya se había ganado una alta reputación y respeto en Israel como "un hombre enviado de Dios" (1:6), pero se consideraba a sí mismo nada en comparación con Aquel que vendría después de él y que ahora se daba a conocer. Dada la identidad de Aquel que venía y su procedencia, esto era vital para Juan: "Es necesario que él crezca, pero que yo mengüe" (1:30). Esto es, que Juan se retirara entre bastidores y Jesús saliera adelante. Solo la Palabra hecha carne encarna la solución definitiva de Dios a la necesidad de nuestra raza.

Una aplicación precisa de estas verdades para todo el mundo

Sería perdonable pensar que el poder de lo revelado en la persona de Jesucristo debería haber sido suficiente en sí mismo para hacer que la gente acudiera en masa al Reino, pero ocurrió al revés. A pesar de las credenciales de Jesús y el testimonio que resaltaba su verdadera identidad, y a pesar del testimonio asombroso que le fue dado directamente del Cielo, aun así: "[...] Nadie recibe su testimonio" (3:32). Claramente, Juan no decía esto en el sentido de "nadie en el mundo entero" sino de "casi nadie". La importancia de la Persona resalta la vergüenza de la parquedad de respuesta.

Cuando consideramos el testimonio de Jesucristo que se ha dado a lo largo de los siglos, no solamente resulta trágico que tan pocos respondan, sino también digno de culpa. El bosquejo que hace Juan tanto del testimonio de otros acerca del Cristo como del testimonio propio de Cristo constituye un aviso solemne a aquellos que lo oyen pero deciden rechazarlo. Tales personas "[...] no [verán] la vida, sino que la ira de Dios está sobre [ellos]" (3:36).

En contraste total, también tenemos la seguridad que Juan ofrece a aquellos que sí reconocen y reciben a Jesús tal y como es. Juan el Bautista deja perfectamente claro que ocurre algo sumamente importante cuando aceptamos el testimonio de Jesús: "El que recibe su testimonio, éste atestigua que Dios es veraz" (3:33). Juan quiere decir que no solamente hemos aceptado la palabra de Jesús de Nazaret, sino que le hemos tomado la palabra a Dios y probado que Dios cumple su palabra. Los creyentes reconocemos que Jesús, el Mensajero de Dios, habla las mismas palabras de Dios. Además, descubrimos que es Aquel que imparte el Espíritu Santo sin límite a los que creen en Él (cf. 3:34).

El impacto de todo esto en términos de su aplicación y respuesta no puede ser mayor. En cuanto al testimonio acerca de Jesús, tiene el *imprimátur* divino y acarrea consecuencias que determinarán nuestro destino. Las opciones son claras: o rechazamos al Hijo y permanecemos bajo la ira de Dios, o creemos en Él y recibimos el don prometido de la vida eterna. Nada en el universo es más importante. Nada exige una respuesta más urgente.

11

Cara a cara con la salvación

*Cuando, pues, el Señor entendió que los fariseos habían
oído decir: Jesús hace y bautiza más discípulos que Juan
2(aunque Jesús no bautizaba, sino sus discípulos), 3salió
de Judea, y se fue otra vez a Galilea. 4Y le era necesario
pasar por Samaria. 5Vino, pues, a una ciudad de Samaria
llamada Sicar, junto a la heredad que Jacob dio a su hijo
José. 6Y estaba allí el pozo de Jacob. Entonces Jesús, can-
sado del camino, se sentó así junto al pozo. Era como la
hora sexta.*

*7Vino una mujer de Samaria a sacar agua; y Jesús le
dijo: Dame de beber. 8Pues sus discípulos habían ido a la
ciudad a comprar de comer. 9La mujer samaritana le dijo:
¿Cómo tú, siendo judío, me pides a mí de beber, que soy
mujer samaritana? Porque judíos y samaritanos no se
tratan entre sí. 10Respondió Jesús y le dijo: Si conocieras
el don de Dios, y quién es el que te dice: Dame de beber; tú
le pedirías, y él te daría agua viva. 11La mujer le dijo:
Señor, no tienes con qué sacarla, y el pozo es hondo. ¿De
dónde, pues, tienes el agua viva? 12¿Acaso eres tú mayor
que nuestro padre Jacob, que nos dio este pozo, del cual
bebieron él, sus hijos y sus ganados? 13Respondió Jesús y
le dijo: Cualquiera que bebiere de esta agua, volverá a
tener sed; 14mas el que bebiere del agua que yo le daré, no
tendrá sed jamás; sino que el agua que yo le daré será en
él una fuente de agua que salte para vida eterna. 15La*

mujer le dijo: Señor, dame esa agua, para que no tenga yo
sed, ni venga aquí a sacarla.

16Jesús le dijo: Ve, llama a tu marido, y ven acá.
17Respondió la mujer y dijo: No tengo marido. Jesús le
dijo: Bien has dicho: No tengo marido; 18porque cinco
maridos has tenido, y el que ahora tienes no es tu marido;
esto has dicho con verdad. 19Le dijo la mujer: Señor, me
parece que tú eres profeta. 20Nuestros padres adoraron en
este monte, y vosotros decís que en Jerusalén es el lugar
donde se debe adorar. 21Jesús le dijo: Mujer, créeme, que la
hora viene cuando ni en este monte ni en Jerusalén adora-
réis al Padre. 22Vosotros adoráis lo que no sabéis; nos-
otros adoramos lo que sabemos; porque la salvación
viene de los judíos. 23Mas la hora viene, y ahora es, cuan-
do los verdaderos adoradores adorarán al Padre en espí-
ritu y en verdad; porque también el Padre tales adorado-
res busca que le adoren. 24Dios es Espíritu; y los que le
adoran, en espíritu y en verdad es necesario que adoren.
25Le dijo la mujer: Sé que ha de venir el Mesías, llamado
el Cristo; cuando él venga nos declarará todas las cosas.
26Jesús le dijo: Yo soy, el que habla contigo.

27En esto vinieron sus discípulos, y se maravillaron de
que hablaba con una mujer; sin embargo, ninguno dijo:
¿Qué preguntas? o, ¿Qué hablas con ella? 28Entonces la
mujer dejó su cántaro, y fue a la ciudad, y dijo a los hom-
bres: 29Venid, ved a un hombre que me ha dicho todo cuan-
to he hecho. ¿No será éste el Cristo? 30Entonces salieron de
la ciudad, y vinieron a él.

31Entre tanto, los discípulos le rogaban, diciendo:
Rabí, come. 32El les dijo: Yo tengo una comida que comer,
que vosotros no sabéis. 33Entonces los discípulos decían
unos a otros: ¿Le habrá traído alguien de comer? 34Jesús
les dijo: Mi comida es que haga la voluntad del que me
envió, y que acabe su obra. 35¿No decís vosotros: Aún fal-
tan cuatro meses para que llegue la siega? He aquí os
digo: Alzad vuestros ojos y mirad los campos, porque ya
están blancos para la siega. 36Y el que siega recibe salario,
y recoge fruto para vida eterna, para que el que siembra

goce juntamente con el que siega.* [37]*Porque en esto es verdadero el dicho: Uno es el que siembra, y otro es el que siega.* [38]*Yo os he enviado a segar lo que vosotros no labrasteis; otros labraron, y vosotros habéis entrado en sus labores.
[39]*Y muchos de los samaritanos de aquella ciudad creyeron en él por la palabra de la mujer, que daba testimonio diciendo: Me dijo todo lo que he hecho.* [40]*Entonces vinieron los samaritanos a él y le rogaron que se quedase con ellos; y se quedó allí dos días.* [41]*Y creyeron muchos más por la palabra de él,* [42]*y decían a la mujer: Ya no creemos solamente por tu dicho, porque nosotros mismos hemos oído, y sabemos que verdaderamente éste es el Salvador del mundo, el Cristo* (Juan 4:1-42).

Desgraciadamente, muchos acusan a la mayoría de iglesias hoy día de haberse convertido en instituciones de clase media; se exigen ciertas capacidades sociales e intelectuales si queremos sentirnos aceptados y participar plenamente. Esto constituye un marcado contraste con la clase de personas entre las cuales Jesús se movía tan libremente y con las cuales trabajó con tanta efectividad. No le costaba salvar todas las barreras socioculturales imaginables.

Juan llama nuestra atención a este maravilloso aspecto de Jesús y su ministerio al mostrarnos el desarrollo de la obra del Maestro. Después de consagrar un espacio considerable al encuentro de Jesús con uno de los pilares de la sociedad judía y gigantes intelectuales de la época, Juan relata el encuentro de Jesús con una marginada social anónima en una aldea de Samaria. No se trata de una casualidad, sino de un encuentro con una importancia capital dentro de la misión divinamente ordenada de Jesús. Cuando el número creciente de discípulos que se presentaban para el bautismo llegó a llamar una inconveniente atención hacia Jesús y sus seguidores, Él se marchó sin alboroto para evitar más confusión (cf. 4:1-3). Al describir los eventos que siguieron, Juan dice: "Y *le era necesario* pasar por Samaria" (4:4). ¡Lo curioso de esta declaración es que no existe restricción geográfica ni lógica alguna que le obligara a ello! La necesidad de pasar por Samaria solo pudo ser una necesidad divina: Dios tenía un propósito para Él. Este propósito se vio claramente en la conversación "casual" que empezó a raíz de la sed de Jesús.

Jesús vivía con un profundo sentido de destino. Sin tener nada de extraño, era constantemente consciente de las posibilidades y propósitos que encontraba a cada paso en su tránsito por este mundo. Este mismo reconocimiento de la unión de nuestras vidas con el plan de Dios debe ser el distintivo de cada verdadero hijo de Dios. Es una mentalidad que potencialmente puede abrir paso a una dimensión de vida asombrosa, como veremos en el desarrollo de este encuentro.

Cara a cara con nosotros mismos

Jesús y sus seguidores habían hecho un viaje largo, y Él estaba cansado, de manera que se sentó a descansar en las afueras de una aldea samaritana llamada Sicar. Su única importancia procedía de hallarse cerca del terreno que Jacob había dado a José muchos siglos antes. En ese terreno había un pozo. Jesús se sentó cerca del pozo mientras los discípulos se acercaron a la aldea en busca de comida. Era mediodía y mientras Jesús esperaba, una mujer salió de la aldea con una jarra.

Para los occidentales, la conversación siguiente puede parecer totalmente normal y sin importancia, pero en la cultura oriental de la época distaba mucho de serlo. El mismo hecho de que conversaran era doblemente sorprendente. En primer lugar, un *judío* iniciaba una conversación con un *samaritano*, y en segundo lugar, un *hombre* judío se atrevía a hablar públicamente con una *mujer* samaritana. No resulta asombroso, entonces, que la mujer pasara por alto la sencilla petición de Jesús para centrarse en la sorpresa por el hecho de que le hubiera dirigido la palabra (cf. 4:9). Lo sorprendente es que Jesús la trata primeramente como una persona y no solamente como una representante de cierto grupo o clase. Esta actitud debe ser nuestro punto de partida en cualquier ocasión de compartir el Evangelio con otros.

El motivo inicial de la conversación fue la petición de agua (cf. 4:7), pero la conversación siguiente se aleja del pozo polvoriento en Samaria para acercarse al Cielo mismo (cf. 4:9-18). Cuando la mujer cuestiona la conveniencia de darle algo a Jesús, Él responde sugiriendo que tal vez Él tenga algo para ella: el don del "agua viva". Las ideas de la mujer siguen firmemente arraigadas en el mundo físico de pozos y cubos, pero Jesús la guía con gentileza hacia los asuntos más profundos de su necesidad espiritual y la manera de cubrirla. Habla del "agua" que Él le dará y que será "[…] una fuente de agua que salte para vida eterna" (4:14). ¡Y ella aún no comprende! Sigue pensando solo en términos de verse libre de la tarea diaria de sacar agua. Entonces, Jesús pone el dedo en la llaga de su alma: "Ve, llama a tu marido, y ven acá" (4:16). De repente la mujer se encuentra cara a cara consigo misma. Intenta evadir la cuestión negando tener marido, pero Jesús sigue revelando la plena verdad de su ruina moral.

Mientras limitemos nuestras ideas acerca de la vida al mundo físico y material, podemos huir de Dios, y aun de nosotros mismos, sin dificultad. Solo al vernos enfrentados con el hecho de nuestro aspecto moral y espiritual, además del físico, nos encontramos cara a cara con nosotros mismos.

Cara a cara con Dios

El combate verbal que daba vueltas en torno a la diferencia entre las necesidades espirituales y físicas para la vida continúa, pero pasa ahora a otro nivel. La mujer admite su necesidad espiritual, pero empieza a discutir los medios de cubrirla (cf. 4:19-26). Se centra en la divergencia histórica entre la religión de los judíos y la de los samaritanos: una diferencia que para muchos dependía del lugar de culto y los ritos empleados.

Jesús señala la llegada de una nueva era espiritual (cf. 4:23). En esta etapa, las distorsiones y la confusión en cuanto a las prácticas religiosas quedarían eliminadas y la verdad acerca de Dios se revelaría de manera totalmente nueva. Le recuerda que "Dios es Espíritu […]" (4:24). Está más allá de toda ubicación o rito físico que alguna vez pudiera haber señalado hacia Él. Aquellos, pues, que desean verdaderamente adorar a Dios deben hacerlo "en espíritu y en verdad". Aquí Jesús no destaca nuestra necesidad del Espíritu Santo y la verdad de la Escritura para ayudarnos a adorar —aunque es una necesidad muy real— sino la necesidad de un corazón y una mente sinceros para acudir ante Dios. Al igual que esta mujer estaba espiritualmente desnuda en la presencia de Jesús, todo pecador lo está a los ojos de Dios. Ninguna cantidad de religiosidad podrá ocultar la fea verdad acerca de nuestro estado espiritual.

La mujer empieza a derrumbarse por el poder penetrante del argumento de Jesús. En un último esfuerzo desesperado se aferra a la esperanza común de samaritanos y judíos de la Venida del Mesías. Jesús, entonces, declara con franca sencillez: "Yo soy, el que habla contigo" (4:26).

Cara a cara con Jesús

La emoción que percibimos en esta revelación de Jesús a esta mujer surge del uso del antiguo y reverenciado nombre de Dios. Literalmente, el texto dice: "Yo mismo soy [...]". Son las mismas palabras que se emplean una y otra vez en la traducción griega del Antiguo Testamento, en los capítulos 2 y 6 de Éxodo, cuando Dios reveló su nombre, el Señor, a Moisés. Los lectores del Evangelio según Juan que conocían bien la Biblia no hubieran pasado por alto la conexión que él hacía para ellos. Jesús, que se reveló así a esta mujer, había venido para completar la revelación del nombre y el carácter de Dios dada hace tanto tiempo a Moisés cuando Dios desarrolló su pacto con Abraham, Isaac y Jacob, en cuyo pozo estaban sentados Cristo y la mujer.

El Dios invisible de quien Él acababa de hablar y el Mesías que la mujer había estado esperando, ambos se encarnan en la Persona en cuya presencia ella se encuentra ahora. El silencio que seguramente siguió a este anuncio se vio turbado por la vuelta de los discípulos. La mujer se marchó calladamente, dejando allí su cántaro vacío, símbolo de su vida vacía. Mientras ella corre a la aldea para dar la noticia de su encuentro con este hombre extraordinario, los discípulos intentan ocultar su asombro al ver a Jesús conversando con una samaritana, y le animan a comer lo que han traído de la aldea.

Esta interrupción del encuentro nos da la oportunidad de considerar la situación desde la perspectiva de la Iglesia y sus fallas. Los discípulos ya estaban cayendo en la trampa de permitir que su concepto de "la Iglesia" se viera condicionado por el bagaje cultural y étnico de la época. Jesús, por tanto, les hace volver a pensar. La sorpresa de ellos ante la conversación que observaron era síntoma del prejuicio que abrigaban sus corazones y la incomprensión del alcance de la misión de Jesús.

Jesús ignora la comida que se han molestado en traerle diciendo, para asombro de ellos, que su comida consiste en hacer la voluntad de su Padre (cf. 4:34). Si se ocuparan menos de sus estómagos y más de las almas perdidas, ellos podrían compartir la obra. Con una leve reprensión les dice: "[...] Alzad vuestros ojos y mirad los campos, porque ya están blancos para la siega" (4:35). Esta reprensión a la Iglesia profesante resuena hasta nuestros días. También nosotros debemos ocuparnos menos de nosotros mismos y nuestras necesidades físicas, y más de las necesidades eternas de una Humanidad perdida.

Bien puede ser que haya algún significado en el hecho de que Jesús hable de los campos que "están blancos para la siega". ¡Ninguna de las cosechas de Medio Oriente se ve blanca cuando está lista para la siega! Sin embargo, lo primero que vieron los discípulos al alzar la vista fue una muchedumbre —probablemente vestida en su mayoría de blanco— que se les acercaba (cf. 4:30). Esto les ayudó a apreciar inmediatamente lo que Jesús les decía. Debían participar en una cosecha humana ¡que incluía también a sus enemigos tradicionales! La asombrosa conversión de casi una aldea entera de samaritanos a Cristo y su testimonio aún más sorprendente: "[...] Nosotros mismos hemos oído, y sabemos que verdaderamente éste es el Salvador del mundo, el Cristo" (4:42), es un testimonio sin precedentes de la identidad de Jesús como el Cristo. El propósito final de esta diversión en el itinerario de Jesús fue enfrentar a ambos grupos —los residentes de Sicar y los discípulos— consigo mismos, con Dios, y definitivamente con Jesús y su verdadera identidad mesiánica. Esa es también la finalidad del Evangelio.

12

Reconocer a Jesús

> *Dos días después, salió de allí y fue a Galilea. 44Porque Jesús mismo dio testimonio de que el profeta no tiene honra en su propia tierra. 45Cuando vino a Galilea, los galileos le recibieron, habiendo visto todas las cosas que había hecho en Jerusalén, en la fiesta; porque también ellos habían ido a la fiesta.*
>
> *46Vino, pues, Jesús otra vez a Caná de Galilea, donde había convertido el agua en vino. Y había en Capernaum un oficial del rey, cuyo hijo estaba enfermo. 47Este, cuando oyó que Jesús había llegado de Judea a Galilea, vino a él y le rogó que descendiese y sanase a su hijo, que estaba a punto de morir. 48Entonces Jesús le dijo: Si no viereis señales y prodigios, no creeréis. 49El oficial del rey le dijo: Señor, desciende antes que mi hijo muera. 50Jesús le dijo: Ve, tu hijo vive. Y el hombre creyó la palabra que Jesús le dijo, y se fue. 51Cuando ya él descendía, sus siervos salieron a recibirle, y le dieron nuevas, diciendo: Tu hijo vive. 52Entonces él les preguntó a qué hora había comenzado a estar mejor. Y le dijeron: Ayer a las siete le dejó la fiebre. 53El padre entonces entendió que aquella era la hora en que Jesús le había dicho: Tu hijo vive; y creyó él con toda su casa. 54Esta segunda señal hizo Jesús, cuando fue de Judea a Galilea* (Juan 4:43-54).

No es tan malo mirar la última página de un libro de vez en cuando para acordarnos del tema. Esto se puede decir del

Evangelio según Juan. Al final de su libro, tal y como observamos en la *Introducción*, Juan plasma claramente el propósito básico de escribir su Evangelio. Todo lo que anota lo hace con la idea de llevar a la gente a reconocer verdaderamente quién es Jesús, comprender por qué vino, y creer en Él (cf. 20:31). Debemos tener presente este motivo al leer. Juan indicó en su Prólogo que nunca hubo otro personaje histórico tan mal comprendido y representado como Jesús de Nazaret. La consecuencia trágica de esta incomprensión es que se recibirá mal a Jesús, y no se hallará la promesa esperada de la vida eterna. Por eso los Evangelios deben ser siempre la fuente vital y principal que nos revelan, no un Jesús de fantasía ni de capricho, sino el verdadero Jesús de la Historia.

Tener esto presente nos ayuda a seguir el curso de los eventos constatados en esta sección del Evangelio, particularmente los matices que influyen en la transición de una escena a otra. También nos ayuda a comprender algunos de los comentarios de Jesús que pueden resultar difíciles de entender si se juzgan por las apariencias.

Juan describe el milagro de sanidad en este pasaje como la "segunda señal" que hizo Jesús (cf. 4:54). Lo documenta para llevarnos un paso más allá en el reconocimiento de Jesús, la comprensión del motivo de su venida, y la apreciación del verdadero significado de la fe en Él. Juan lo consigue contrastando los que realmente ven y creen con aquellos que creen hacerlo sin lograrlo en realidad.

El discernimiento de la autosuficiencia espiritual

Después de una pausa de dos días en su viaje hacia el Norte debido a su pequeña misión en Sicar, Jesús sigue camino a Galilea (cf. 4:43). Casi inmediatamente Juan hace un comentario algo enigmático: "Porque Jesús mismo dio testimonio de que el profeta no tiene honra en su propia tierra" (4:44). Reitera aquí un comentario que Jesús había hecho anteriormente (cf. Mt. 13:57). Los eruditos y comentaristas ofrecen muchas sugerencias diferentes sobre lo que Jesús quería decir con "su propia tierra". La solución más obvia es simplemente leer este comentario dentro del contexto y considerarlo una referencia a Galilea, la región donde Jesús pasó la mayor parte de su vida terrenal. La reacción general de esta región judía a su hijo más famoso es un contraste marcado con la de la región samaritana que Jesús acaba de dejar. En efecto, Juan está diciendo: "Al pasar a la siguiente etapa del ministerio de Jesús, ¡ten presente su propio comentario sobre su propia tierra!". Llama la atención deliberadamente a la gran diferencia entre la reacción de los samaritanos ante Jesús y la de sus propios vecinos. Aun cuando esta diferencia bien puede asombrar al lector, no le sorprendió a Jesús.

Aunque a primera vista la reacción judía parece acogedora, entusiasta y loable —"[...] los galileos le recibieron [...]" (4:45)—, el motivo de esta acogida era menos alentador. El contingente galileo en la última celebración de la Pascua en Jerusalén había sido testigo de sus actos allá y ahora esperaban ver más de lo mismo en casa. Lo que parecía superficialmente algo espiritualmente loable pronto se reveló como una mera fachada de curiosidad equívoca. Esta curiosidad aumentó con la petición urgente de sanidad de parte de un oficial del rey residente en Capernaum (cf. 4:46-47). Jesús responde con una reprensión dirigida no tanto al oficial como a la muchedumbre que los observa. Esto es evidente porque utiliza un lenguaje plural (cf. 4:48). Habían errado totalmente la verdad de la identidad de Jesús y lo que había venido a hacer.

Poco ha cambiado con el paso del tiempo. Siempre ha habido y siempre habrá este mismo espíritu de curiosidad superficial, interés académico y fisgoneo espiritual malsano en la percepción que muchos tienen de Jesús. Esta clase de respuesta deja de tocar los asuntos esenciales de lo que significa venir a Cristo. Jesús sigue amonestando este interés tan poco acertado en los términos más severos.

Estas reacciones en Galilea distaban mucho de los eventos en Sicar solo cuarenta y ocho horas antes. Cuando Jesús "vino a lo suyo"—a la misma gente que debería haberlo reconocido— se encontró con la ignorancia y confusión espirituales.

Vislumbrar la verdadera necesidad

Si esto hubiera sido lo único importante de la visita a Galilea, todo el episodio habría sido extremadamente desafortunado, y tal vez no habría valido la pena anotarlo, pero este pasaje no se centra en los galileos sino en el oficial del rey. Este hombre de Capernaum, con un hijo gravemente enfermo, había oído que Jesús estaba en su región y había viajado unos 40 km hasta Caná, donde estaba Jesús. Estaba desesperado y muy consciente de su necesidad. Todo él es un contraste con los galileos y su actitud ante Jesús.

Acudió a Jesús porque su hijo estaba enfermo; sus ruegos persistentes son la prueba de la medida de su desesperación. Sabía que le quedaba poco tiempo a su hijo (cf. 4:47). Aunque era un hombre importante y adinerado, no podía proteger ni guardar lo más precioso que tenía: la vida de su hijo. No había otro capaz de ayudarle. Bien puede ser que hubiera escuchado algún vago rumor de alguien que sanaba a los enfermos, pero fue tenaz en su empeño. Pidió la ayuda de Jesús (cf. 4:47), y aun cuando Jesús reprochó a la muchedumbre su obsesión con las señales y maravillas, él no se echó atrás (cf. 4:49). Se aferró a Cristo porque estaba convencido de que nadie más podría ayudarlo. Sin embargo, aun en su desesperación, no había apreciado la gravedad de su necesidad.

El oficial no se daba cuenta de que Dios utilizaba esta crisis familiar para exponer la necesidad más profunda de su alma. No acudió a Jesús diciendo: "Soy pecador y necesito ser salvo", sino: "Soy padre y mi hijo necesita sanidad". Sin embargo, cuando Jesús trata la necesidad superficial, también revela la más profunda y la manera de cubrirla. Como el cirujano amputa la carne dolorida y desgarrada para exponer la herida más grave que se encuentra debajo, Jesús elimina los síntomas superficiales de nuestras vidas caídas para revelar la enfermedad más profunda. Dios a menudo utiliza estos síntomas superficiales para que la gente se vuelva a Jesús de manera que puedan ver su necesidad verdadera. El tacto de este "cirujano espiritual de las almas" hizo que el Salmista dijera: "Bueno es para mí haber sido afligido, para que aprenda tus estatutos" (Sal. 119:71, LBLA).

Una demostración de la verdadera fe salvadora

Una de las conversiones más conmovedoras que yo haya visto en casi veinte años de ministerio fue la de un anciano de ochenta años. Había nacido en un hogar cristiano, pero desde su adolescencia había huido de Dios. Después comentó que a lo largo de sesenta años huyendo de Dios, siempre estaba consciente de que Dios lo perseguía. Llegó a un punto en el que, durante un período de dos años, se hizo cada vez más consciente de su pecado y culpa delante de Dios. Dijo que por fin no pudo más: "¡Me puse de rodillas y le rogué al Señor que me salvara!".

Este hombre acudió a Jesús *in extremis,* al igual que el oficial de Capernaum, que se aferró a Jesús por fe y no lo soltó hasta que le concedió su petición. Estaba totalmente convencido de que Jesús tenía la clave del problema de su vida. Aun cuando Jesús no respondió con una demostración espectacular de poder, sino con una sencilla palabra (cf. 4:50), su fe no se tambaleó. Se dirigió a su casa creyendo que lo que Jesús le había prometido se cumpliría.

No tuvo que recorrer todo el camino para ver recompensada su fe. Sus criados salieron de la casa para saludarlo e informarlo de la recuperación de su hijo. Cuando preguntó a qué hora había empezado a mejorar, se dio cuenta que fue en el momento preciso de hablar Jesús (cf. 4:51-53). Esto dio paso a un milagro aún más grande: el milagro de la gracia que transforma las vidas que llevó al hombre y a toda su casa a la fe en Jesús (cf. 4:53). El momento clave en ambos casos fue el mismo: "[…] Y el hombre creyó la palabra que Jesús le dijo […]" (4:50). Tomó la palabra de Jesús y actuó en consecuencia.

Por eso Juan describe este evento como "[la] segunda señal [que] hizo Jesús" (4:54). Según las apariencias externas —por lo menos en opinión de la muchedumbre ansiosa de señales— no había sucedido nada aparte de unas pocas palabras. Pero en realidad había ocurrido un milagro. No le interesa a Jesús entretener a las muchedumbres. Le interesan aquellos pecadores que sienten su necesidad y están preparados para tomarle la palabra. Estas son las personas que realmente reconocen a Jesús tal y como es.

13

¿Qué es lo que realmente quieres?

*Después de estas cosas había una fiesta de los judíos, y
subió Jesús a Jerusalén.*

*2Y hay en Jerusalén, cerca de la puerta de las ovejas,
un estanque, llamado en hebreo Betesda, el cual tiene
cinco pórticos. 3En éstos yacía una multitud de enfermos,
ciegos, cojos y paralíticos, que esperaban el movimiento
del agua. 4Porque un ángel descendía de tiempo en tiempo
al estanque, y agitaba el agua; y el que primero descendía
al estanque después del movimiento del agua, quedaba
sano de cualquier enfermedad que tuviese. 5Y había allí un
hombre que hacía treinta y ocho años que estaba enfermo.
6Cuando Jesús lo vio acostado, y supo que llevaba ya
mucho tiempo así, le dijo: ¿Quieres ser sano? 7Señor, le
respondió el enfermo, no tengo quien me meta en el estan-
que cuando se agita el agua; y entre tanto que yo voy, otro
desciende antes que yo. 8Jesús le dijo: Levántate, toma tu
lecho, y anda. 9Y al instante aquel hombre fue sanado, y
tomó su lecho, y anduvo. Y era día de reposo aquel día.*

*10Entonces los judíos dijeron a aquel que había sido
sanado: Es día de reposo; no te es lícito llevar tu lecho.
11El les respondió: El que me sanó, él mismo me dijo: Toma
tu lecho y anda. 12Entonces le preguntaron: ¿Quién es el
que te dijo: Toma tu lecho y anda? 13Y el que había sido
sanado no sabía quién fuese, porque Jesús se había apar-
tado de la gente que estaba en aquel lugar. 14Después le*

halló Jesús en el templo, y le dijo: Mira, has sido sanado; no peques más, para que no te venga alguna cosa peor. [15]***El hombre se fue, y dio aviso a los judíos, que Jesús era el que le había sanado*** (Juan 5:1-15).

El calvinismo —aquella interpretación de la enseñanza bíblica que se centra en la soberanía de Dios— es bastante curioso. Puede resultar altamente peligroso en lo espiritual cuando pierde el equilibrio bíblico. Un instrumento musical de alta calidad suena estupendamente cuando está bien afinado, pero produce disonancia cuando no lo está; así es el enfoque teológico del calvinismo. La distorsión más común del calvinismo es la tendencia a hacer tanto hincapié en la soberanía de Dios que se disminuye la importancia, igualmente bíblica, de la responsabilidad humana.

Un calvinista desequilibrado podría leer este pasaje y enfocarse instintivamente en la intervención soberana de Jesús en esta situación (cf. 5:8-9). Al hacerlo, pasaría por alto otros detalles del incidente que obviamente se incluyeron por una razón. El papel soberano de Cristo está fuera de toda duda, pero la manera de ejercer esta soberanía es muy significativa, no solamente para el hombre que fue sanado sino para todos.

En muchos sentidos, todo el incidente gira en torno a la pregunta que Jesús le plantea al hombre: "¿Quieres ser sano?" (5:6). Esta pregunta profundiza mucho más de lo que podríamos imaginar a primera vista. Al hacerle esta pregunta al paralítico, Jesús está haciendo dos cosas. En primer lugar, le hace enfrentar la verdad sobre sí mismo de manera que tal vez hiciera años que él no había hecho, dado sus muchos años de incapacidad. En segundo lugar, lo lleva a descubrir la verdad transformadora acerca de Jesucristo.

Esta pregunta también resalta la importancia universal de lo ocurrido aquel día en el estanque de Betesda. El paralítico necesitaba llegar a un momento crítico de la vida en el cual se revelaban las necesidades y los anhelos más profundos de su alma, y así es para todos nosotros, mutilados como estamos por nuestro propio pecado y rebelión contra Dios. Esto ocurre de manera vital cuando nos encontramos cara a cara con nuestra necesidad de responder personalmente a Cristo y al llamamiento del Evangelio. Sin embargo, también ocurre a lo largo de la vida cristiana. Diariamente, los cristianos tenemos que alinear nuestros deseos más profundos con la voluntad perfecta de Dios para nosotros. Mientras más luchamos con estos asuntos, más aprendemos las verdades más profundas acerca de nosotros mismos y de nuestro Señor.

Por tanto, en cierto sentido, la pregunta que Jesús plantea a este hombre es como una granada espiritual: un arma de una sola pieza que se fragmenta al estallar. El impacto de esta pregunta de Jesús realza por lo menos cuatro verdades principales para este hombre y para todos nosotros.

La verdad acerca de nuestra vida

Cuando Jesús pregunta: "¿Quieres ser sano?", parece ridículo a primera vista. Seguramente la vida de este hombre es tan obviamente trágica que la pregunta resulta casi un insulto. ¿Acaso podría tener otro deseo en la vida? Pero al considerar a estos minusválidos en los pórticos del estanque, bien podríamos reaccionar como un grupo de estudiantes de primer curso de Medicina que acompañan a un profesor a una sala de hospital donde se alojan los enfermos graves. Enseguida los estudiantes se quedan horrorizados por lo que observan, mientras el veterano conserva la calma, sabiendo que en estas situaciones siempre hay más de lo que resulta evidente.

Los que estaban alrededor del estanque de Jerusalén hacía tiempo que se habían hecho a su situación. Ya era parte de la normalidad de su vida. ¡El hombre con quien se encontró Jesús llevaba así treinta y ocho años! Había sido paralítico casi toda la vida. Se había acostumbrado a su estado y tal vez había superado la fase inicial de frustración. A lo mejor hasta se había acostumbrado a estar rodeado de sus compañeros diarios, todos con necesidades parecidas. Simplemente se había convertido en su forma de vida. De hecho, resulta posible que su manera de vivir tuviera su lado positivo. A pesar de la ausencia de un sistema de bienestar social, la generosidad de los fieles que visitaban Jerusalén, capital espiritual del país, podía proporcionar a los pedigüeños unos ingresos más que suficientes. En este contexto, la pregunta de Jesús fue perfectamente válida; ¿acaso el hombre quería ver su vida alterada?

Es así para la gran mayoría de personas sanas en el mundo. Se han hecho a un estilo de vida en particular, sabiendo que no es perfecto, pero lo aceptan como su realidad. Cuando se les pregunta por ello, se encogen de hombros y dicen: "¡Yo soy así!". Esta clase de excusa a menudo se esgrime para escurrir el bulto ante el Evangelio y su desafío de cambio. Desgraciadamente, esta misma mentalidad se encuentra con demasiada frecuencia entre los cristianos profesos que se han acomodado a una expresión menos que satisfactoria de la vida cristiana. Entran en una especie de fatalismo calvinista, abdicando toda responsabilidad de seguir adelante. Cuando Jesús se encuentra con nosotros y nos interroga a través de su Palabra (nos consideremos cristianos o no), lo primero que ocurre es que nos vemos obligados a enfrentar la verdad acerca de nosotros mismos y de nuestros anhelos más profundos.

La verdad acerca de nuestra incapacidad

La respuesta de este hombre a la pregunta de Jesús es contundente, y tal vez la hubiera repetido en otras ocasiones cuando se le preguntaba por su estado y sus anhelos. Pero al volver a pronunciar esas palabras, se vio obligado a enfrentar la profundidad de su necesidad personal. ¡Era paralítico!

Al leer estas palabras lastimeras: "Señor […] no tengo quien me meta en el estanque […]" (5:7), ¡de hecho estamos oyendo nuestro propio testimonio de la vida! No es solamente que tengamos alguna idea de cuáles son nuestras necesidades en la vida, por muy confusa y vaga que sea esa idea, sino que también somos dolorosamente conscientes de nuestra incapacidad. Todos padecemos una especie de parálisis espiritual que nos deja sin fuerzas ante las cosas más importantes de la vida. El estado físico de este hombre es un símbolo dolorosamente claro del estado espiritual de todo ser humano caído.

El paralítico responde a Jesús con un tono de triste resignación. La verdad desnuda es que era incapaz de hacer nada respecto a su estado. En lo que a él se refería, esa era su vida. Otra vez su desamparo se ve reflejado en todos nosotros. Por muy sanos y fuertes que nos sintamos, la verdad es que nos vemos débiles y desamparados cuando intentamos hacer cambios vitales en la vida. No solamente los marginados adictos a la bebida o la droga son esclavos, sino que el individuo más respetable está preso de un poder oscuro que no puede vencer. Jesús demostró esta verdad aun para los respetados líderes religiosos de su época al decir: "[…] Todo aquel que hace pecado, esclavo es del pecado" (8:34). Nadie puede transformar su vida por sus propios medios.

El paralítico debió de haberse quedado atónito por lo que siguió. ¡Recibió un milagro no solicitado! Sin calidad de vida, sin poder para cambiar y sin verdadera esperanza para el futuro, se le ordenó levantarse, recoger su lecho y andar. En ese mismo instante de recibir la orden, ¡fue sanado (cf. 5:8-9)! No hay ejemplo más impresionante de la respuesta ante el Evangelio y el mandamiento de creer en el Señor Jesucristo para la salvación. Un sinnúmero de vidas se han visto milagrosamente transformadas al oír y responder a este llamamiento. Nuestro desamparo natural se ve vencido por el poder invencible e irresistible de Cristo, y nuestras vidas se ven cambiadas para siempre.

La causa de todos nuestros problemas

Sigue un encuentro extraordinario entre el paralítico ya sanado y los judíos (cf. 5:10-15). Juan nos dice que el milagro se había hecho en sábado, el día de reposo judío, y los judíos no estaban contentos en absoluto por lo ocurrido. Parecían más preocupados por la transgresión de sus reglas que por la demostración del poder de Dios. (Aquella "ley" que prohibía transportar el lecho en el día de reposo no formaba parte de la Ley de Dios, sino que era una adición de los judíos).

La disputa verbal que tuvo lugar, junto al espectáculo algo ridículo de estos supuestos religiosos que se preocupaban más por las reglas que por la sanidad, resalta la siguiente pregunta: "¿Quién es el que te dijo […]?" (5:12). ¡Verdaderamente, el paralítico sanado no lo sabía! Había recibido una sanidad milagrosa, ¡pero no sabía de manos de quién!

Esto tampoco es casualidad. Jesús actuó así deliberadamente.

Permitió que el evento y la conversación calaran hondo en la mente del hombre antes de encajar la última pieza del rompecabezas en su entendimiento. Jesús lo buscó más tarde en el Templo y le dijo: "Mira, has sido sanado; no peques más, para que no te venga alguna cosa peor" (5:14).

Jesús no estaba diciendo necesariamente que el estado del paralítico había sido consecuencia de algún pecado en particular en su vida. Puede que así fuera, pero no estamos obligados a considerarlo así. En cambio, Jesús establece la conexión entre la enfermedad en general y el pecado en particular. Vivimos en un mundo en el que las cosas van mal y el sufrimiento abunda porque hay pecado en el mundo. Estaba dejando claro para este hombre —y todos los que leen el relato de este acontecimiento— que la necesidad más grande en la vida no es solamente tener un cuerpo sano y robusto, sino un alma en paz con Dios. La "cosa peor" que Jesús menciona es la eterna consecuencia del pecado: el juicio irreversible de Dios.

El mensaje es sencillo, pero es muy fácil pasarlo por alto. Pasamos mucho tiempo en nuestra vida intentando frenéticamente arreglar todas las cosillas que nos van mal, además de las cosas importantes que podrían aplastarnos, de manera que no descubrimos la raíz y causa de todo nuestro mal: el pecado. Solo cuando tratamos el pecado con el milagro de la gracia salvadora de Cristo podemos experimentar de modo verdadero y duradero la sanidad que más necesitamos: la del alma.

La esperanza que encontramos en Jesús

Hay una sencillez hermosa y casi ingenua al final del incidente. El hombre que Jesús había sanado, y que se había visto acosado con las preguntas de los judíos, volvió con los que le habían insultado y les contó quién le había sanado (cf. 5:15). Seguía sin entender muchas cosas, pero una cosa sí que la tenía clara: ¡fue Jesús el que le había sanado!

El poder de un testimonio así es indiscutible. Aquel hombre que había tenido que permanecer inválido al borde del estanque durante décadas estaba libre por primera vez en su vida.

Quería que todos supieran quién lo hizo. Sus propias palabras explican el significado de la "señal" que Jesús había hecho. Ha sido sanado. La necesidad más profunda de su vida ha sido suplida por una persona: Jesús de Nazaret. ¡Esto es el Evangelio!

14

Las credenciales de Jesús

*Y por esta causa los judíos perseguían a Jesús, y pro-
curaban matarle, porque hacía estas cosas en el día de
reposo. 17Y Jesús les respondió: Mi Padre hasta ahora tra-
baja, y yo trabajo. 18Por esto los judíos aún más procura-
ban matarle, porque no sólo quebrantaba el día de reposo,
sino que también decía que Dios era su propio Padre,
haciéndose igual a Dios. 19Respondió entonces Jesús, y les
dijo: De cierto, de cierto os digo: No puede el Hijo hacer
nada por sí mismo, sino lo que ve hacer al Padre; porque
todo lo que el Padre hace, también lo hace el Hijo igual-
mente. 20Porque el Padre ama al Hijo, y le muestra todas
las cosas que él hace; y mayores obras que estas le mos-
trará, de modo que vosotros os maravilléis. 21Porque
como el Padre levanta a los muertos, y les da vida, así
también el Hijo a los que quiere da vida. 22Porque el Padre
a nadie juzga, sino que todo el juicio dio al Hijo, 23para
que todos honren al Hijo como honran al Padre. El que no
honra al Hijo, no honra al Padre que le envió.*

*24De cierto, de cierto os digo: El que oye mi palabra,
y cree al que me envió, tiene vida eterna; y no vendrá a
condenación, mas ha pasado de muerte a vida. 25De cier-
to, de cierto os digo: Viene la hora, y ahora es, cuando los
muertos oirán la voz del Hijo de Dios; y los que la oyeren
vivirán. 26Porque como el Padre tiene vida en sí mismo,
así también ha dado al Hijo el tener vida en sí mismo; 27y*

también le dio autoridad de hacer juicio, por cuanto es el
Hijo del Hombre. 28*No os maravilléis de esto; porque ven-*
drá hora cuando todos los que están en los sepulcros
oirán su voz; 29*y los que hicieron lo bueno, saldrán a resu-*
rrección de vida; mas los que hicieron lo malo, a resurrec-
ción de condenación.

No puedo yo hacer nada por mí mismo; según oigo, así
juzgo; y mi juicio es justo, porque no busco mi voluntad,
sino la voluntad del que me envió, la del Padre. 31*Si yo*
doy testimonio acerca de mí mismo, mi testimonio no es
verdadero. 32*Otro es el que da testimonio acerca de mí, y*
sé que el testimonio que da de mí es verdadero. 33*Vosotros*
enviasteis mensajeros a Juan, y él dio testimonio de la
verdad. 34*Pero yo no recibo testimonio de hombre alguno;*
mas digo esto, para que vosotros seáis salvos. 35*El era*
antorcha que ardía y alumbraba; y vosotros quisisteis
regocijaros por un tiempo en su luz. 36*Mas yo tengo mayor*
testimonio que el de Juan; porque las obras que el Padre
me dio para que cumpliese, las mismas obras que yo hago,
dan testimonio de mí, que el Padre me ha enviado.
37*También el Padre que me envió ha dado testimonio de*
mí. Nunca habéis oído su voz, ni habéis visto su aspecto,
38*ni tenéis su palabra morando en vosotros; porque a*
quien él envió, vosotros no creéis. 39*Escudriñad las*
Escrituras; porque a vosotros os parece que en ellas tenéis
la vida eterna; y ellas son las que dan testimonio de mí;
40*y no queréis venir a mí para que tengáis vida.* 41*Gloria*
de los hombres no recibo. 42*Mas yo os conozco, que no*
tenéis amor de Dios en vosotros. 43*Yo he venido en nombre*
de mi Padre, y no me recibís; si otro viniere en su propio
nombre, a ése recibiréis. 44*¿Cómo podéis vosotros creer,*
pues recibís gloria los unos de los otros, y no buscáis la
gloria que viene del Dios único? 45*No penséis que yo voy*
a acusaros delante del Padre; hay quien os acusa, Moisés,
en quien tenéis vuestra esperanza. 46*Porque si creyeseis a*
Moisés, me creeríais a mí, porque de mí escribió él. 47*Pero*
si no creéis a sus escritos, ¿cómo creeréis a mis palabras?
(Juan 5:16-47).

¡La controversia no siempre es mala! A menudo es necesaria para borrar la confusión y darnos comprensión. El proceso de desafío, negación y afirmación aguza el conocimiento. La prueba de ello, en términos de la comprensión de las verdades cristianas, se observa a lo largo de la historia de la Iglesia. A menudo ha sido necesario plasmar una clara formulación de la enseñanza bíblica a través del debate y la controversia; cada doctrina ha de volver a la piedra de toque de la Palabra para su verificación definitiva.

Por tanto, no resulta asombroso que la controversia sea un aspecto prominente en la vida y el ministerio de Jesús al revelar la verdad acerca de sí mismo. Lo más intrigante de la controversia que rodeaba a Jesús durante su ministerio público en la Tierra es que no se disputaban tanto sus enseñanzas e ideas como las afirmaciones que hizo sobre sí mismo. Este hecho impulsó a C.S. Lewis a hacer su comentario tantas veces citado:

> O este hombre era, y es, el Hijo de Dios, o era un loco o algo mucho peor. Puedes hacerle callar por necio, puedes escupirle y matarle como si fuese un demonio, o puedes caer a sus pies y llamarlo Dios y Señor. Pero no salgamos ahora con insensateces paternalistas acerca de que fue un gran maestro moral. Él no nos dejó abierta esa posibilidad. No quiso hacerlo[1].

A lo largo de la Historia la gente ha respondido así a Jesús; no hay lugar para la neutralidad.

La próxima sección trata el área de controversia tal vez más significativa acerca de Jesús. Tiene que ver con la asombrosa afirmación que hizo acerca de sí mismo y que suscitó tanta furia entre sus oyentes judíos. Pero esta afirmación nos lleva al mismo eje del Evangelio, la Verdad sobre la cual su mensaje se mantiene o se destruye: la afirmación de Jesús de ser Dios. Lo que empezó como un debate en cuanto a la relación de Jesús con el día de reposo se convierte en un sermón acerca de la relación entre Jesús y Dios.

Aquí Juan presenta el caso que declara que Jesús es el Cristo. Establece las credenciales singulares de Jesús como Aquel que "[…] Dios ha marcado con su sello" (Jn. 6:27, LBLA). Al hacerlo, nos presenta el reto acerca de lo que debemos creer acerca de Jesús y cómo responder a Él. En esta conversación entre Jesús y los judíos, cuatro cosas se hacen evidentes:

Las afirmaciones que hace Jesús

En el acontecimiento anterior de la sanidad del paralítico, para los judíos el milagro se vio ensombrecido por el hecho de que Jesús mandara al hombre recoger su lecho en el día de reposo. Esto dio lugar a un brote de persecución contra Jesús (cf. 5:16).

La respuesta de Jesús es compleja, pero sus oyentes judíos no podían menos que comprender la esencia de sus comentarios. Dice: "Mi Padre hasta ahora trabaja [...]" (5:17). El día de reposo, que imita el descanso de Dios después de la obra de la Creación (cf. Gn. 2:2-3), se enfoca inmediatamente de manera muy distinta a la percepción judía tradicional de ello. Pero lo que enojó sobre todo a sus oyentes fue cuando llamó a Dios "mi Padre" (5:17). Los judíos sabían exactamente lo que quería implicar con esas palabras. Se dieron cuenta de que se estaba haciendo "[...] igual a Dios" (5:18), y esto los enfureció hasta el punto de intentar matarlo.

Jesús no se echó atrás al ver su reacción. Lejos de negar sus sospechas, procedió a reforzar y esclarecer sus palabras para no dejar lugar a dudas. Hizo esto afirmando ser igual al Padre, no como un dios rival sino por virtud de la unión mística entre el Padre y el Hijo (cf. 5:19-20). Para sus oyentes judíos, esto era pura blasfemia. Se les había enseñado a lo largo de su historia esta verdad central: "[...] Jehová uno es" (Dt. 6:4). En cierto sentido, tenían razón al reaccionar así ante la afirmación de Jesús. Pero Jesús les abría una ventana para ver a Dios y su naturaleza de una manera antes desconocida. Lo que se revelaba parcialmente en el Antiguo Testamento acerca del Dios trino ahora se presentaba en la carne en la revelación de Jesucristo como el Dios encarnado.

Una cosa es hacer afirmaciones de este tipo —los hospitales psiquiátricos están llenos de personas que las han hecho— y otra muy distinta probarlas. Pero Jesús proporciona precisamente estas pruebas. Afirma públicamente dos prerrogativas exclusivas de Dios: la capacidad de resucitar a los muertos (cf.

5:21; también cf. Dt. 32:39) y la autoridad para juzgar (cf. 5:22; también cf. Gn. 18:25). En otras palabras, Jesús pone a prueba sus propias afirmaciones. Invita al mundo escéptico que lo observa a esperar y ver si se cumplirán. Arroja el guante al pronunciar un manifiesto público que definitivamente lo establecerá o arruinará.

Las pruebas que respaldan estas afirmaciones no se ven solamente en las enseñanzas y los milagros de Jesús, aunque son contundentes, sino singularmente en su muerte, resurrección y ascensión. Sus afirmaciones se han vindicado más allá de lo imaginable.

La respuesta que exige Jesús

Las grandes afirmaciones naturalmente exigen una gran respuesta. A diferencia de los sabios del mundo moderno, Jesús no dejó que sus oyentes sacaran sus propias conclusiones y formaran su propia respuesta, sino que les dijo lo que esperaba de ellos. (Esto en sí respalda su afirmación de ser Dios, ya que solo Dios tiene el derecho de exigir tanto de la gente).

La respuesta suprema que exige Jesús es la adoración: "[…] Para que todos honren al Hijo como honran al Padre […]" (5:23). Ya que comparten la misma naturaleza divina, tanto el Padre como el Hijo merecen una misma adoración, la reservada para la Deidad. Bien podemos imaginar que los discípulos se sintieran inquietos al oír esto. Aún no estaban preparados para hacer frente a una reclamación tan asombrosa de parte de su Maestro. Pero más tarde vemos esta misma respuesta a Jesús entre ellos, aun en el caso del escéptico Tomás (cf. 20:28). Esta misma respuesta se ve en todos aquellos que han estado cara a cara con Jesús. El escepticismo da paso al asombro, y el asombro a la adoración.

La segunda respuesta exigida por Jesús es que le escuchemos realmente. Si queremos recibir los beneficios de la salvación que Él nos trae, debemos oír y aceptar sus palabras (cf. 5:24). Puede parecer algo pedante, pero hay que dejarlo claro. No debemos responder a un Cristo imaginado, sino únicamente al Cristo de la Historia, Aquel que habla auténticamente por su Palabra. Es la clave de este encuentro. Los judíos han escuchado a Jesús, saben exactamente lo que está diciendo, pero se niegan a aceptar lo que dice de sí mismo. Esto explica la intensidad del odio que alimenta su persecución.

Esta segunda respuesta está inextricablemente vinculada a la tercera: el llamamiento a la fe. Resulta interesante que Jesús no solamente exige la fe en Él mismo, sino también en "[...] [Aquel] que me envió [...]" (5:24). Si los judíos respondían a Jesús creyendo en Él y aceptando la verdad de sus palabras, no estarían traicionando su lealtad al Dios de sus padres. Sin embargo, el no creer en lo que Jesús decía no solamente constituía dicha traición, sino que también les excluía de las bendiciones de la salvación de Dios.

La necesidad de esta triple respuesta a Jesús no ha variado. No podemos tener a Dios sin Jesús y tampoco podemos tener a Jesús aparte de sus palabras.

Las promesas que Jesús nos da

Solo al considerar las promesas que Jesús hace, empezamos a darnos cuenta de la vital importancia de sus afirmaciones. Si Jesús no es Dios, no puede darnos la clase de salvación que describe. En sus promesas a los que creen en Él hallamos dos elementos maravillosos.

En primer lugar, vemos la promesa de las bendiciones presentes. Jesús dice: "De cierto, de cierto os digo: El que oye mi palabra, y cree al que me envió, tiene vida eterna; y no vendrá a condenación, mas ha pasado de muerte a vida" (5:24). En esta declaración, junto con el comentario anterior acerca de la capacidad singular de Dios de dar vida a los muertos (cf. 5:22), Jesús hace hincapié en que todos aquellos que están espiritualmente muertos y aislados de Dios en sus pecados pueden experimentarlo. Promete una nueva vida y una nueva relación con Dios. Describe una salvación que no solo se ocupa del pecado y sus consecuencias judiciales, sino también del dominio de la muerte sobre las almas de los vivos. El recibir o no estas bendiciones depende de oír y responder a las palabras de Jesús, no solamente como provenientes de uno que habla de parte de Dios, sino también de Aquel que *es* Dios.

Amanece una nueva era en la que la voz de Jesús, el Hijo de

Dios, se oye y todo aquel que oye y responde recibe la bendición de la nueva vida en Él (cf. 5:25-26). A su vez, esto abre el camino para la otra gran faceta de su responsabilidad divina: la autoridad de juzgar (cf. 5:27).

En segundo lugar, Jesús ofrece una promesa extraordinaria para el futuro. Al hablar del futuro Día del Juicio, resalta el destino de los que serán juzgados. Señala aquel día futuro en el cual todos los muertos de la Historia serán resucitados, algunos para vida eterna y otros para la condenación sin fin. Todo esto ocurrirá cuando se oiga la voz del Hijo del Hombre (cf. 5:28-29). Estas palabras deben hacernos temblar; aún más, debemos darnos cuenta de que el destino humano depende definitivamente de Jesús y nuestra respuesta ante Él. Jesús refuerza estos comentarios al repetir que no son palabras de un loco furioso, sino de Aquel que lo envió; son palabras de Dios mismo (cf. 5:30).

Las pruebas que Jesús proporciona

Después de oír estas asombrosas afirmaciones de Jesús en su discurso ante los judíos, casi podemos oírlos clamar: "¡Queremos pruebas!". Jesús responde a esta petición silenciosa ofreciendo un testimonio en seis partes que respalda todo lo que ha dicho acerca de sí mismo y la obra que Dios lo ha autorizado para llevar a cabo.

La primera parte es su propio testimonio personal (cf. 5:31-32). Dado lo que ya ha dicho acerca de sí mismo y su verdadera identidad como el Dios encarnado, Jesús tendría pleno derecho de declarar sin más la verdad de su identidad y exigir el reconocimiento de sus oyentes. Sin embargo, deja de lado este derecho.

Aunque vendrá el día en que exigirá el reconocimiento universal (cf. Fil. 2:9-11), opta por no hacerlo en estas circunstancias. En su lugar, elige jugar según las reglas terrenales, no las celestiales. Admite el hecho de que en la Ley que los judíos recibieron de Dios el testimonio individual no bastaba para probar un asunto. Se necesitaban dos testigos independientes (cf. Dt. 17:6; Mt. 18:6). Jesús nota de paso que bien podría testificar de sí mismo, pero opta por no hacerlo.

El segundo testigo llamado por Jesús es Juan el Bautista (cf. Jn. 5:33-35). Ya ha indicado la existencia de otro testimonio inexpugnable (cf. 5:32) y tal vez por instinto la gente pensara de inmediato en Juan. Jesús, pues, recurre primero a Juan. Deja muy claro que el testimonio de un mero hombre no es el factor decisivo que establece su aval divino; sin embargo, resalta la importancia del testimonio de Juan diciendo: "[…] Mas digo esto, para que vosotros seáis salvos" (5:34). La respuesta de la muchedumbre a la predicación del Bautista tendría consecuencias eternas. Esta verdad solemne se ha comprobado a lo largo de la Historia en todo lugar y momento en el que un ministerio fiel de predicación ha testificado de Jesucristo.

Jesús acumula las pruebas. Ahora señala el testimonio de los milagros que ha hecho (cf. 5:36). Van más allá de las palabras de Juan acerca de Jesús. La función de los milagros, maravillas y señales a lo largo de la Palabra ha sido de testificar de la verdad de la revelación de Dios y, particularmente en el Nuevo Testamento, de Jesucristo como el Salvador (cf. He. 2:4). El hecho de que Jesús hiciera grandes obras en presencia de los judíos era muy significativo para ellos, que sabían interpretar las señales de Dios al igual que su Palabra hablada. Jesús lleva estas pruebas a un nuevo nivel, al hablar de "[…] las obras que el Padre me dio para que cumpliese […]" (5:36). ¡Son palabras cargadas de significado! Estaba en el proceso de hacer un milagro a instancias del Padre que sobrepasaba todos los demás: el milagro de la Redención. Cuando Jesús clamó en los últimos instantes de su vida en la Cruz: "¡Consumado es!" (19:30), daba la mayor prueba de todas de ser en realidad lo que había afirmado ser: el Salvador del mundo.

Jesús continua indicando otra prueba: el testimonio de Dios mismo (cf. 5:37-38). Bien puede ser una referencia al testimonio verbal del Padre que vino del Cielo cuando Jesús fue bautizado (cf. Mt. 3:17), o posiblemente se refiera a la reafirmación personal recibida del Padre por el Hijo en el transcurso de su ministerio terrenal. De todas formas, aunque los judíos no reconocieron el testimonio de Dios, su peso legal como prueba de las afirmaciones de Jesús permanece.

Escogiendo bien sus palabras, Jesús pasa de la falta de reconocimiento por parte de los judíos de la voz audible y el testimonio de Dios a la falta de reconocimiento de ese testimonio escrito en su Biblia hebrea (cf. 5:39-40). Como un abogado maestro que da vueltas al fiscal usando las pruebas de este en su contra, Jesús emplea el testimonio de las Escrituras para revelar la culpa y el fracaso de los judíos. Su rechazo de Jesús provino definitivamente del rechazo de la Verdad y el testimonio de la Palabra escrita de Dios: "Ni tenéis su palabra morando en vosotros [...]" (5:38). La verdadera comprensión de las Escrituras nos llevará a los brazos de Jesús.

La sexta y última prueba que ofrece Cristo se halla en un elemento clave del testimonio del Antiguo Testamento: el testimonio de Moisés (cf. 5:45-47). El rechazo por parte de los judíos a reconocer a Jesús como el Mesías solo demuestra su rechazo a reconocer a Moisés. En el último Día él los acusará. Dará testimonio de que su rechazo de Jesús fue la causa de su derrota.

El elemento más doloroso de las palabras de Jesús en este encuentro es la manera de revelar los corazones de sus oponentes. Les dice: "[...] No tenéis amor de Dios en vosotros" (5:42). A fin de cuentas, los motivos de rechazar a Jesús no tienen que ver con las pruebas externas, sino con la dureza interior del corazón. Esta es la triste verdad de la incredulidad en todos los tiempos.

[1]Lewis, C.S.: *Mero cristianismo*, p. 69 (Ediciones Rialp, 2001).

15

El pan nuestro de cada día dánoslo hoy

*Después de esto, Jesús fue al otro lado del mar de Galilea,
el de Tiberias. 2Y le seguía gran multitud, porque veían las
señales que hacía en los enfermos. 3Entonces subió Jesús a
un monte, y se sentó allí con sus discípulos. 4Y estaba
cerca la pascua, la fiesta de los judíos. 5Cuando alzó Jesús
los ojos, y vio que había venido a él gran multitud, dijo a
Felipe: ¿De dónde compraremos pan para que coman
éstos? 6Pero esto decía para probarle; porque él sabía lo
que había de hacer. 7Felipe le respondió: Doscientos dena-
rios de pan no bastarían para que cada uno de ellos toma-
se un poco. 8Uno de sus discípulos, Andrés, hermano de
Simón Pedro, le dijo: 9Aquí está un muchacho, que tiene
cinco panes de cebada y dos pececillos; mas ¿qué es esto
para tantos? 10Entonces Jesús dijo: Haced recostar la
gente. Y había mucha hierba en aquel lugar; y se recosta-
ron como en número de cinco mil varones. 11Y tomó Jesús
aquellos panes, y habiendo dado gracias, los repartió
entre los discípulos, y los discípulos entre los que estaban
recostados; asimismo de los peces, cuanto querían. 12Y
cuando se hubieron saciado, dijo a sus discípulos:
Recoged los pedazos que sobraron, para que no se pierda
nada. 13Recogieron, pues, y llenaron doce cestas de peda-
zos, que de los cinco panes de cebada sobraron a los que*

habían comido. 14Aquellos hombres entonces, viendo la
señal que Jesús había hecho, dijeron: Este verdaderamen-
te es el profeta que había de venir al mundo.
15Pero entendiendo Jesús que iban a venir para apoderar-
se de él y hacerle rey, volvió a retirarse al monte él solo.

16Al anochecer, descendieron sus discípulos al mar,
17y entrando en una barca, iban cruzando el mar hacia
Capernaum. Estaba ya oscuro, y Jesús no había venido a
ellos. 18Y se levantaba el mar con un gran viento que
soplaba. 19Cuando habían remado como veinticinco o
treinta estadios, vieron a Jesús que andaba sobre el mar y
se acercaba a la barca; y tuvieron miedo. 20Mas él les dijo:
Yo soy; no temáis. 21Ellos entonces con gusto le recibieron
en la barca, la cual llegó en seguida a la tierra adonde
iban.

22El día siguiente, la gente que estaba al otro lado del
mar vio que no había habido allí más que una sola barca,
y que Jesús no había entrado en ella con sus discípulos,
sino que éstos se habían ido solos. 23Pero otras barcas
habían arribado de Tiberias junto al lugar donde habían
comido el pan después de haber dado gracias el Señor.
24Cuando vio, pues, la gente que Jesús no estaba allí, ni
sus discípulos, entraron en las barcas y fueron a
Capernaum, buscando a Jesús (Juan 6:1-24).

La alimentación de los cinco mil es uno de los milagros más conocidos de Jesús, no menos porque lo mencionen los cuatro Evangelios. El hincapié que hacen en ello nos indica su importancia vital para comprender la identidad de Jesús y lo que vino a hacer. A la vez, es uno de los milagros de Jesús peor comprendidos. Una de las explicaciones más extravagantes que han ofrecido aquellos a quienes les disgusta el elemento sobrenatural de la Biblia es que la muchedumbre estaba tan absorta en las enseñanzas de Jesús que olvidaron el hambre. Solo cuando un niño sacó el almuerzo que su madre le había preparado, recordaron de repente que ellos también habían traído comida, ¡y todos se sentaron a comer!

Tales "explicaciones" no solamente son un insulto para el

texto, sino que también insultan la inteligencia del lector. Basta el sentido común para saber que hay cosas más profundas en este episodio, hilos que, a su vez, formarán parte del tapiz general de la Verdad que Juan ha tejido a lo largo de su Evangelio.

No debemos pasar por alto las conexiones más amplias que sobrepasan la división del texto en capítulos. Juan no dividió su texto en capítulos y versículos; estos se añadieron durante la Edad Media para ayudar a los estudiantes de la Biblia a orientarse. El capítulo anterior acaba cuando Jesús señala a Moisés como aquel cuyo testimonio en el Día del Juicio condenará a los judíos por su incredulidad (cf. 5:45-47). Ahora, Juan relata este incidente importante del ministerio de Jesús que, aunque ocurrió "algún tiempo después" (6:1, NVI), armoniza perfectamente con el testimonio de Moisés acerca de Jesús como el Mesías prometido por Dios.

Todo el capítulo está lleno de vínculos con Moisés, y no menos el hecho de que todo esto ocurrió cuando "[...] estaba cerca la pascua, la fiesta de los judíos" (6:4). La provisión milagrosa de comida tiene una clara conexión con la provisión diaria de maná en el desierto. Además, la semejanza era tan marcada que la muchedumbre pensó inmediatamente que la profecía de Moisés acerca de la llegada del último Profeta (cf. Dt. 18:15, 18) se estaba cumpliendo delante de ellos (cf. 6:15). Estas conexiones se hacen más evidentes en la segunda mitad del capítulo 6 cuando Jesús explica el significado de esta señal milagrosa en el discurso acerca del "pan de vida" (6:26-59). Lo más importante es esto: al igual que Moisés y el Éxodo fueron el enfoque del entendimiento y la esperanza veterotestamentarias de la liberación del pueblo de Dios, así también el cumplimiento de esta esperanza se desarrolla a lo largo del Nuevo Testamento por la revelación de Jesús como el Cristo.

Si tenemos presente este trasfondo al estudiar este pasaje, nuestro entendimiento de muchos aspectos de la salvación prometida por Dios en su Hijo mejorará.

Cómo provee Dios para su pueblo

Una muchedumbre masiva seguía a Jesús por los milagros que hacía (cf. 6:1-2). Siguiendo su costumbre, Jesús había subido al monte con sus discípulos buscando un poco de tranquilidad para enseñarles. Se acercaba la Fiesta de la Pascua, y suponemos que Jesús quería aprovechar la ocasión y ayudar a estos hombres a comprender su significado más plenamente (cf. 6:3-4). La tranquila escena se ve interrumpida por la llegada de la muchedumbre que busca a Jesús, ansiosa de otro milagro. La respuesta de Jesús fue pensada para reforzar la Verdad tanto para el pueblo como para sus propios seguidores más cercanos.

Jesús plantea la cuestión con respecto a quién proporciona las cosas básicas y esenciales para la vida. Este era un tema candente para los israelitas durante su peregrinaje en el desierto: ¿Quién iba a alimentar a casi dos millones de personas? Jesús pone el asunto al día para los discípulos al mirar la muchedumbre y preguntarle a Felipe: "¿De dónde compraremos pan para que coman éstos?" (6:5). Juan deja claro que la pregunta era planteada deliberadamente para probar a los discípulos, ya que Jesús sabía perfectamente cómo cubrir la necesidad de la gente (cf. 6:6). La respuesta de Felipe en el versículo siguiente revela su desánimo: "Doscientos denarios de pan no bastarían para que cada uno de ellos tomase un poco". (Doscientos denarios eran unos ocho meses de sueldo para un obrero de la época). Aun Andrés, al mostrar la comida del niño, hace esa sugerencia de manera bastante consternada (cf. 6:8-9). Los recursos propios de los discípulos son bastante parcos. Entonces Jesús entra en acción; no solamente comen todos bien, sino que sobran cestas llenas de comida (cf. 6:10-13).

Jesús nos enseña por lo menos tres lecciones con esto. Primero, que Dios provee para su pueblo de una manera que desafía la lógica. No había solución factible ni racional para el problema de la muchedumbre hambrienta; la respuesta tenía que ser sobrenatural. Esto no tiene que ver solamente con nuestras necesidades físicas, sino también con nuestra necesidad de salvación. ¡No vale el conocido refrán: "A Dios rogando y con el mazo dando"! La salvación prometida en el Evangelio es tan milagrosa como el milagro de la alimentación de los cinco mil.

Otra dimensión de este milagro es el hecho de que Dios provee de una manera que exige fe por parte del que lo recibe. La muchedumbre esperaba con fe ser alimentada. Los discípulos necesitaban fe al recibir algo de Jesús para distribuir entre la gente. Jesús mismo expresó su fe al empezar el milagro con una oración (cf. 6:11). Por muy débil y tenue que fuera la fe de la muchedumbre y de los discípulos, se vio honrada cuando Dios cubrió su necesidad.

La tercera lección sea tal vez la más significativa. Cuando la gente se hubo saciado, sobró comida suficiente para llenar doce cestas (cf. 6:12-13). La doxología de Pablo a mitad de la Epístola a los Efesios hace eco de esta misma verdad: "Y a Aquel que es poderoso para hacer todas las cosas mucho más abundantemente de lo que pedimos o entendemos [...]" (Ef. 3:30-21). Dios provee para su pueblo, tanto sus necesidades físicas como espirituales, de manera sobrenatural, que exige la fe y excede toda esperanza humana. Todo esto dirige nuestra atención a Jesús como intermediario de la provisión de Dios. Esta obra de provisión no solamente ocurrió en un monte verde a orillas del mar de Galilea, sino de manera preeminente en un collado yermo a las afueras de Jerusalén.

Cómo dirige Dios a su pueblo

No resulta asombroso que este milagro que tocó directamente las vidas de unos 5 000 hombres y posiblemente otras 15 000 mujeres y niños provocara una reacción extraordinaria entre la muchedumbre. Leyendo la descripción de Juan, casi podemos ver cómo la gente empieza a atar cabos en la mente y relacionar a Jesús con el Profeta al que Moisés les había dicho que esperaran (cf. 6:14). Sin embargo, aunque percibieron correctamente que Jesús era el gran Profeta prometido por Dios, erraron en su reacción. Pretendían apoderarse de Él y hacerle rey a la fuerza. Sin embargo, Jesús los evitó y se retiró (cf. 6:15).

Lo hizo porque la gente tenía un concepto equivocado en cuanto a la manera como Dios dirige a su pueblo. Ellos se imaginaban un líder popular que reuniría fuerzas militares o políticas, pero esto iba muy en contra del propósito de Dios para su Hijo. No se dieron cuenta de que Dios no dirige con la fuerza, la coacción, ni tampoco por el consenso popular, sino por su Palabra. Moisés había guiado a la generación del desierto con la Palabra profética de Dios. Dios había guiado a su pueblo a lo largo del Antiguo Testamento por su Palabra.

Ahora bien, ya había llegado el verdadero Líder y Libertador definitivo que Dios había prometido al mundo. Sí, iba a guiarlos, pero lo haría como la Encarnación de la Palabra de Dios en toda su plenitud. Es una Palabra digna de confianza que no se puede torcer ni manipular con fines políticos. Esta gran verdad ha sido la clave de la capacidad del Evangelio para derribar toda barrera étnica y cultural y ser el mensaje para todas las naciones. La Palabra de Dios no revela a Jesús sirviendo a ninguna nación ni potencia en particular, sino que atrae a todas las naciones a Jesús y las lleva a la salvación a través de Él.

Cómo libera Dios a su pueblo

Es muy fácil pasar a la siguiente sección de este capítulo de Juan y hallarla chocante. Parece más una interrupción en el contexto del relato de Juan que en los relatos paralelos de los demás Evangelios. Está claro que este episodio fue el acontecimiento siguiente al milagro, pero resulta evidente a partir de la conversación que viene a continuación (cf. 6:25-59) que el significado de la comida milagrosa no se había agotado. La pregunta, pues, es esta: "¿Por qué Juan incluyó este episodio en el lago a mitad de su discurso acerca de la provisión divina?".

De nuevo la respuesta tiene que ver con la referencia a la Pascua (cf. 6:4). A medida que se acercaba esta fiesta principal del año judío, naturalmente todos pensaban en los eventos en torno al éxodo de Egipto. La comida conmemorativa que pronto compartirían los judíos era un recuerdo conmovedor de aquella liberación milagrosa, que incorporaba de manera significativa dos ocasiones en las que cruzaron el agua: el paso del mar Rojo (cf. Éx. 13:17-14:31) y el paso del río Jordán (cf. Jos. 3:1-4:14).

Dios utilizó a Moisés para llevar a su pueblo a través de las aguas. Dios hizo que su Hijo anduviera sobre las aguas para llevar a su pequeño grupo de seguidores al otro lado, sanos y salvos. El vínculo es a la vez profundo e impresionante. Dios libera a su pueblo de aquello que de otra manera los destruiría por medio de una figura poderosa elegida por Él mismo. Moisés y Josué eran hombres fuertes de propio derecho, pero hombres al fin. Ambos murieron y ninguno de los dos pudo liberar a Israel en el sentido más profundo de la palabra. Jesús era diferente. No era un mero hombre; era Dios y hombre a la vez. Por eso en la Cruz, cuando se sumergió en las aguas de la muerte, no le vencieron sino que pudo elevarse por encima de ellas en el triunfo de su resurrección.

Ese acontecimiento decisivo y esa hazaña trascendental a favor del pueblo de Dios y en cumplimiento de su plan de redención se presagiaron en esta noche oscura a orillas del mar de Galilea (cf. 6:16-21). Al igual que a partir de ese momento los discípulos considerarían a Jesús el intermediario de esta liberación en alta mar, se estaban preparando para verlo como el intermediario de una liberación infinitamente más maravillosa que llevaría a termino el plan de toda la Historia. Esto es lo que Dios quiere que todos comprendamos: que la salvación se halla solo en Jesús, y únicamente en Él.

16

El Pan de vida

Y hallándole al otro lado del mar, le dijeron: Rabí, ¿cuán-
do llegaste acá? 26*Respondió Jesús y les dijo: De cierto, de*
cierto os digo que me buscáis, no porque habéis visto las
señales, sino porque comisteis el pan y os saciasteis.
27*Trabajad, no por la comida que perece, sino por la comi-*
da que a vida eterna permanece, la cual el Hijo del
Hombre os dará; porque a éste señaló Dios el Padre.
28*Entonces le dijeron: ¿Qué debemos hacer para poner en*
práctica las obras de Dios? 29*Respondió Jesús y les dijo:*
Esta es la obra de Dios, que creáis en el que él ha enviado.
30*Le dijeron entonces: ¿Qué señal, pues, haces tú, para que*
veamos, y te creamos? ¿Qué obra haces? 31*Nuestros*
padres comieron el maná en el desierto, como está escrito:
Pan del cielo les dio a comer. 32*Y Jesús les dijo: De cierto,*
de cierto os digo: No os dio Moisés el pan del cielo, mas
mi Padre os da el verdadero pan del cielo. 33*Porque el pan*
de Dios es aquel que descendió del cielo y da vida al
mundo. 34*Le dijeron: Señor, danos siempre este pan.*

35*Jesús les dijo: Yo soy el pan de vida; el que a mí*
viene, nunca tendrá hambre; y el que en mí cree, no tendrá
sed jamás. 36*Mas os he dicho, que aunque me habéis visto,*
no creéis. 37*Todo lo que el Padre me da, vendrá a mí; y al*
que a mí viene, no le echo fuera. 38*Porque he descendido*
del cielo, no para hacer mi voluntad, sino la voluntad del
que me envió. 39*Y esta es la voluntad del Padre, el que me*

> ***envió: Que de todo lo que me diere, no pierda yo nada, sino que lo resucite en el día postrero.*** [40]***Y esta es la voluntad del que me ha enviado: Que todo aquél que ve al Hijo, y cree en él, tenga vida eterna; y yo le resucitaré en el día postrero*** (Juan 6:25-40).

El milagro memorable en torno al pan da paso a uno de los sermones más famosos que predicó Jesús. También se centraba en el pan. En ambos casos, el "pan" fue símbolo de Jesús mismo y de todo lo que había venido a hacer. El poder de tales símbolos es universal. Si uno "no tiene ni pan para comer", es pobre de solemnidad. En todo el mundo, el pan se considera un artículo de primera necesidad. Jesús emplea esta imagen, llevándola al ámbito espiritual para sondear las profundidades de la necesidad humana.

¡Qué espectáculo! Jesús había esquivado la muchedumbre que Él mismo había alimentado porque querían hacerle rey, pero volvieron a dar con Él. Inmediatamente empezaron a interrogarle para saber cómo había llegado al otro lado del lago (cf. 6:25). Jesús pasó por alto esa pregunta y les habló de su verdadera necesidad. El milagro que habían presenciado y disfrutado se convirtió en la ocasión del sermón que contiene algunas de las aplicaciones más acertadas de todo el ministerio de Jesús.

El centro del mensaje es una declaración que empieza con las palabras: "Yo soy". Esta es la primera de siete declaraciones que hizo Jesús y que empiezan con las palabras: "Yo soy", y que solo se encuentran en el Evangelio según Juan. Jesús dice: "Yo soy el pan de vida [...]" (6:35). El pleno impacto de esta y las demás declaraciones "Yo soy" se halla en el parecido entre este verbo, en apariencia tan inocuo, y el nombre divino especial con el cual Dios se reveló a Moisés en la zarza ardiente: "YO SOY EL QUE SOY" (Éx. 3:14). Los judíos no tardaron en empezar a comprender la alusión que hacía Jesús en estas declaraciones —un reclamo poco velado a la Deidad— y pronto lo emplearían para reclamar su muerte. En este pasaje Jesús emplea las palabras: "Yo soy el pan de vida [...]" como herramienta eficaz para revelar la necesidad humana y demostrar que solo Él puede cubrirla.

La necesidad humana más profunda

En medio de su discurso, Jesús habla de hambre y sed (cf. 6:35). Es el lenguaje del anhelo. Nos recuerda que todo ser humano sufre anhelos de uno u otro tipo. Sean deseos de comida, el instinto sexual innato, el anhelo del éxito, o simplemente las ganas de diversión, todos tenemos deseos que satisfacer.

Sin embargo, Jesús mira más allá de los apetitos meramente físicos o emocionales. Se centra en la necesidad más profunda y el anhelo más poderoso que comparte todo ser humano: el profundo anhelo de paz y plenitud espirituales. Es una necesidad tan profunda y complicada que muchos no llegan a comprenderla y se distraen, pensando saciar su alma al cubrir otras necesidades. Casi por un proceso de eliminación, Jesús revela los anhelos superficiales que preocupaban a muchos entre la muchedumbre y que distaban tanto de saciar su verdadera necesidad.

Primero, reprende a aquellos que simplemente buscan la gratificación inmediata: los que le siguieron porque habían comido el pan hasta saciar su hambre (cf. 6:26). Dice a estos: "Trabajad, no por la comida que perece, sino por la comida que a vida eterna permanece [...]" (6:27). Aquí la palabra "comida" se emplea como símbolo de todo aquello que satisface un deseo. Muchas cosas en esta vida, como por ejemplo los placeres que proporcionan el dinero, el sexo o el éxito laboral, nos proporcionan una satisfacción temporal, como la fecha de caducidad que lleva la comida que compramos. Jesús nos da un consejo sencillo: No esperes más de estas cosas de lo que pueden dar.

La gente asiente a sus palabras y plantea otra pregunta que parece muy loable: "¿Qué debemos hacer para poner en práctica las obras de Dios?" (6:28). La "obra" —en el sentido de una acción necesaria— que les indica Jesús es esta: "[...] Que creáis en el que él ha enviado" (6:29), esto es, Aquel que viene con el aval de Dios (cf. 6:27). Quiere que nos demos cuenta de que nuestra necesidad es mucho más profunda de lo que podamos pensar, y el único que puede satisfacer verdaderamente esa necesidad es mucho mayor de lo que podamos imaginar.

La mayor provisión de Dios

A estas alturas ha captado el interés de los oyentes. Se dan cuenta de que Jesús se ha descrito a sí mismo como el enviado de Dios y, de acuerdo con su herencia judía, quieren saber qué "señal" dará para validar esta afirmación (cf. 6:30-31). Jesús responde que los judíos no han comprendido el significado del maná que recibieron sus padres en el desierto. Aquel "pan" no era el verdadero "pan del Cielo" que Dios pensaba dar a su pueblo de acuerdo con su propósito eterno. Jesús los reprende por preocuparse más por la señal que por su significado. El significado definitivo del maná estribaba en el hecho de que Dios proveería de manera eterna y perfecta para la necesidad de su pueblo. Esta provisión se hallaría en "[…] aquel que descendió del cielo y da vida al mundo" (6:33).

Al igual que la mujer en el pozo de Sicar había quedado cautivada ante la idea del agua viva, como vimos en el capítulo 4, aquí los judíos se quedan fascinados por la idea del pan del Cielo, de manera que dicen: "Señor, danos siempre este pan" (6:34). Como respuesta a esto, Jesús dice: "Yo soy el pan de vida […]" (6:35). En otras palabras, la respuesta de Dios ante nuestra necesidad no es simplemente cuestión de lo que podamos poseer ni del grado de esfuerzo que podamos hacer, sino de a quién conozcamos. La necesidad humana más profunda no se verá cubierta por las cosas, sino por una Persona: Jesucristo.

Jesús había dicho: "[…] La comida que a vida eterna permanece [es] la [que] el Hijo del Hombre os dará […]" (6:27), y que la provisión que hallamos en Él es suficiente para el mundo entero (cf. 6:33). ¿Cómo pudo el hijo de un carpintero de Nazaret justificar afirmaciones tan extravagantes? La respuesta es sencilla: "[…] A éste señaló Dios el Padre […]" (6:27). Tenía el aval divino, demostrado no por una única señal sino por toda una serie de aprobaciones divinas a lo largo de su vida. Desde su concepción singular y los inusitados eventos en torno a su nacimiento, a lo largo de los acontecimientos de su bautismo al principio de su ministerio, y las señales que dieron fe de sus palabras, todas las circunstancias indicaban que era Aquel que Dios había prometido.

En nuestro mundo tan preocupado por la seguridad, ninguna persona en su sano juicio permitiría que un desconocido entrase en su casa sin identificarlo primero. ¡Cuánto más importa hacerlo antes de darle entrada a las profundidades sagradas de tu alma! Por su misericordia, Dios nos ha proporcionado un Salvador que ha sido avalado públicamente a lo largo de su permanencia en la Tierra. Como resultado, no solamente la gente de su propia época sino todo el mundo a lo largo de la Historia puede verlo tal y como es. En los 2 000 años que han transcurrido desde entonces, ese sello de aprobación divina no se ha borrado.

La respuesta más sencilla

Cuando los judíos reconocieron la importancia de las palabras de Jesús y le pidieron el pan del que hablaba, Él respondió diciéndoles cuál era la respuesta que ellos debían dar y los obstáculos que se interponen.

Con palabras que reflejan la riqueza del Evangelio, Jesús dice: "[…] El que a mí viene, nunca tendrá hambre; y el que en mí cree, no tendrá sed jamás" (6:35). Es una invitación abierta: se ofrece un regalo verdaderamente gratis, sin compromiso. Esta clase de invitación iba totalmente en contra del sistema religioso de los judíos. El judaísmo se había convertido en un sistema de méritos; al hablar de "las obras de Dios" (6:28), daban por sentado que había que congraciarse de alguna manera con Dios. Sin embargo, el problema era mucho más profundo de lo que se imaginaban. Después que Jesús les explicara la sencilla solución, añadió: "Mas os he dicho, que aunque me habéis visto, no creéis" (6:36). Jesús reveló claramente la verdadera profundidad de la necesidad espiritual, no solamente de sus oyentes judíos sino de toda la raza humana. Aun cuando la gente se encuentra cara a cara con la verdad de Dios y el ofrecimiento de su gracia, ni la reconocen ni pueden responder por sus propios medios. Es la repetición del problema de Nicodemo (cf. 3:3 y 5).

Este comentario negativo no es una muestra de cinismo por parte de Jesús. Con ello resalta el hecho de que el amor de Dios es aún más grande de lo que parece a primera vista. Dios no solo proporciona la respuesta a nuestra necesidad más profunda; también nos capacita para responder a ella. Jesús asegura a sus oyentes que todo aquel que su Padre le da vendrá a Él, y que ninguno que verdaderamente viene a Él se verá rechazado (cf. 6:37-40). Dios no solamente viene a los pecadores por medio de su Hijo ofreciendo salvación, ¡sino que también viene a ellos por su Espíritu para llevarlos a su Hijo! Todo aquel que oye las palabras de Jesús en el Evangelio y empieza a apreciar la profundidad de su necesidad podrá tender la mano de la fe con la seguridad de que Él le dará lo que pide, porque su promesa es verdad.

Una profunda satisfacción

Vale la pena resaltar el hecho de que Jesús también hace hincapié en el alcance de la bendición que disfrutará todo aquel que le toma la palabra. Su satisfacción será eterna en el sentido más pleno de la palabra; no solamente sin fin, sino plena.

Al emplear el lenguaje de hambre y sed como metáfora espiritual, asegura a todo aquel que cree en Él que a pesar de sus circunstancias físicas en esta vida, disfrutará de una paz y contentamiento que penetrarán en lo más profundo de su ser. Esta verdad se ve maravillosamente demostrada por la calidad de vida espiritual que a menudo se halla aun en los lugares más empobrecidos de la Tierra. Los cristianos a menudo poseen, en esas condiciones extremas, un contentamiento que el dinero nunca podría comprar. Disfrutan de una comunión con Dios que no está atestada de las muchas cosas que pueden estorbar nuestra relación con Él.

Todo verdadero creyente también tiene paz al saber que nunca será echado fuera (cf. 6:37). Nunca será rechazado por Dios por la sencilla razón de que somos aceptos en el Amado: Cristo. Dios nos da promesas inalienables a este efecto en el Evangelio, y está obligado a cumplir esas promesas.

Tal vez lo más asombroso que leemos aquí es que aquel que confía en Jesús nunca será abandonado al sepulcro. La muerte misma no le quitará lo que le pertenece en Cristo. Ninguno de los que Dios Padre da a Cristo el Hijo se perderá; todo aquel que muere como creyente será resucitado por el Hijo en aquel día postrero (cf. 6:39-40).

Jesús, el pan de vida, es nuestro alimento espiritual que nos sostendrá por toda la eternidad. ¡Nada se puede comparar con Él!

17

Encrucijadas

Murmuraban entonces de él los judíos, porque había
dicho: Yo soy el pan que descendió del cielo. 42 Y decían:
¿No es éste Jesús, el hijo de José, cuyo padre y madre nos-
otros conocemos? ¿Cómo, pues, dice éste: Del cielo he des-
cendido? 43 Jesús respondió y les dijo: No murmuréis entre
vosotros. 44 Ninguno puede venir a mí, si el Padre que me
envió no le trajere; y yo le resucitaré en el día postrero.
45 Escrito está en los profetas: Y serán todos enseñados por
Dios. Así que, todo aquel que oyó al Padre, y aprendió de
él, viene a mí. 46 No que alguno haya visto al Padre, sino
aquel que vino de Dios; éste ha visto al Padre. 47 De cierto,
de cierto os digo: El que cree en mí, tiene vida eterna. 48 Yo
soy el pan de vida. 49 Vuestros padres comieron el maná en
el desierto, y murieron. 50 Este es el pan que desciende del
cielo, para que el que de él come, no muera. 51 Yo soy el pan
vivo que descendió del cielo; si alguno comiere de este
pan, vivirá para siempre; y el pan que yo daré es mi carne,
la cual yo daré por la vida del mundo.

52 Entonces los judíos contendían entre sí, diciendo:
¿Cómo puede éste darnos a comer su carne? 53 Jesús les
dijo: De cierto, de cierto os digo: Si no coméis la carne del
Hijo del Hombre, y bebéis su sangre, no tenéis vida en
vosotros. 54 El que come mi carne y bebe mi sangre, tiene
vida eterna; y yo le resucitaré en el día postrero. 55 Porque
mi carne es verdadera comida, y mi sangre es verdadera

bebida. 56El que come mi carne y bebe mi sangre, en mí permanece, y yo en él. 57Como me envió el Padre viviente, y yo vivo por el Padre, asimismo el que me come, él también vivirá por mí. 58Este es el pan que descendió del cielo; no como vuestros padres comieron el maná, y murieron; el que come de este pan, vivirá eternamente. 59Estas cosas dijo en la sinagoga, enseñando en Capernaum. Al oírlas, muchos de sus discípulos dijeron: Dura es esta palabra; ¿quién la puede oír? 61Sabiendo Jesús en sí mismo que sus discípulos murmuraban de esto, les dijo: ¿Esto os ofende? 62¿Pues qué, si viereis al Hijo del Hombre subir adonde estaba primero? 63El espíritu es el que da vida; la carne para nada aprovecha; las palabras que yo os he hablado son espíritu y son vida. 64Pero hay algunos de vosotros que no creen. Porque Jesús sabía desde el principio quiénes eran los que no creían, y quién le había de entregar. 65Y dijo: Por eso os he dicho que ninguno puede venir a mí, si no le fuere dado del Padre.

66Desde entonces muchos de sus discípulos volvieron atrás, y ya no andaban con él. 67Dijo entonces Jesús a los doce: ¿Queréis acaso iros también vosotros? 68Le respondió Simón Pedro: Señor, ¿a quién iremos? Tú tienes palabras de vida eterna. 69Y nosotros hemos creído y conocemos que tú eres el Cristo, el Hijo del Dios viviente. 70Jesús les respondió: ¿No os he escogido yo a vosotros los doce, y uno de vosotros es diablo? 71Hablaba de Judas Iscariote, hijo de Simón; porque éste era el que le iba a entregar, y era uno de los doce (Juan 6:41-71).

En la vida, en general, las relaciones nunca son estáticas sino que siempre crecen y se desarrollan, para bien o para mal. Desde una amistad de colegio hasta un noviazgo que pueda terminar en boda, nos llevan adelante inexorablemente hacia la entrega o el derrumbe. Nuestra relación con Dios es así. Todos tenemos alguna relación con Dios, y en ocasiones estamos más cerca de Él que en otras (cf. Is. 55:6-7). Pero llega un momento en que hay que responder de alguna manera a Dios y su Evangelio. Para emplear las palabras de Josué en el Antiguo

Testamento: "[…] Escogeos hoy a quién sirváis […]" (Jos. 24:15). En estos versículos, Jesús dirige a sus oyentes hacia este momento vital en su relación con Dios.

Este pasaje contiene el final del discurso del "pan de vida" que empezamos a examinar en el capítulo anterior. Juan menciona que ocurrió en la sinagoga de Capernaum (cf. 6:59), y demuestra que todo el episodio se convirtió en un momento decisivo en la relación entre Jesús y la inmensa mayoría de sus seguidores. Vemos un marcado contraste entre el principio del capítulo, cuando Jesús estaba rodeado posiblemente por más de 20 000 personas, y el final, cuando se encuentra a solas con los doce; y de aquellos doce, revela que uno es traidor.

La pregunta crítica que puede revelar nuestra respuesta genuina ante Jesús se halla en este pasaje: "¿Esto os ofende?" (6:61). En estos versículos, el relato de Juan, por tanto, no es solamente la documentación histórica de un incidente clave que ocurrió en el transcurso del segundo año del ministerio público de Jesús, sino que es un paradigma para toda experiencia espiritual. Definitivamente, todos tenemos que llegar a este momento crucial, y nuestra respuesta a la pregunta definirá nuestra relación con Dios.

Las afirmaciones

Hasta este punto en su ministerio, Jesús se había esforzado mucho para velar su identidad. No había hecho afirmaciones osadas ni asombrosas acerca de sí mismo ni su razón por venir al mundo. Esto no resulta sorprendente, ya que hacerlo no habría sido conforme a su carácter. Pero por supuesto que sabía que la verdad acerca de sí mismo no se podía ocultar; inevitablemente se manifestaría ante todo el mundo en su momento.

Sin embargo, a estas alturas había terminado dos tercios de su ministerio público: la obra que Dios le había enviado a hacer. Su identidad se había revelado lo suficientemente, por palabra y obra, como para permitirle hablar de ello de manera más abierta y directa. ¡Lo sorprendente es que sus afirmaciones empezaron entonces a irritar seriamente a muchos de sus supuestos seguidores!

Aquí vemos que los judíos "murmuraban" porque afirmaba

haber descendido "del cielo" (6:41). Estaban convencidos que sabían exactamente quién era: solo el hijo de María y José de Nazaret (cf. 6:42). Estaban bastante contentos de aceptarlo y respetarlo como un joven y sabio rabino de Galilea, pero para ellos cualquier otra afirmación que fuera más allá de eso rayaba en la blasfemia. Las afirmaciones indirectas que hacía Jesús acerca de su Deidad les fueron fuente de inquietud y ofensa.

Es precisamente en torno a esta idea que muchos otros, tanto en el pasado como hasta el momento presente, se han resistido a confiar en Jesús. Para muchas religiones del mundo, incluyendo muchos supuestos grupos "cristianos", y para la filosofía religiosa de muchos individuos, Jesús resulta perfectamente aceptable como un gran maestro o ejemplo a seguir, ¡pero no como Dios!

Pero no podemos evadir la fuerza de las afirmaciones de Jesús. Lejos de echarse atrás cuando Él se da cuenta de que ha molestado a sus oyentes, repite su mensaje: la forma en que las personas responden a Él es el indicio supremo de la obra de Dios en sus vidas (cf. 6:44-46). Una experiencia genuina con Dios se refleja en una respuesta sincera a Jesús. Esta declaración no solo creó problemas para su público judío de aquel momento, sino que ha sido el foco de controversia para todo tipo de personas desde entonces. El problema estriba casi siempre en el hecho de que la gente se hace un lío con el asunto de la obra en secreto de los propósitos de Dios: esto es, los temas de la elección y la predestinación. El instinto de la mayoría al abordar estos temas es reducirlos al mero determinismo: consideran a Dios como un impersonal jugador de ajedrez cósmico.

Jesús no nos permite tratar estas verdades de forma tan ciega y estrecha. En Juan 6:45, cita estas palabras de Isaías 54:13: "Y serán todos enseñados por Dios [...]", demostrando el mecanismo por el cual los propósitos divinos de elección obran en las vidas. En las palabras de Don Carson: "Dios nos incita a creer [...] no por la coacción feroz, sino con el cariño maravilloso de un amante".

Una y otra vez en el relato de Juan, Jesús entreteje el hincapié en la necesidad de la actividad redentora soberana de Dios (¿acaso de otra manera los que están espiritualmente muertos podrán oír, ver y entrar al Reino (cf. 3:3,5)?) y la afirmación de la necesidad de responder con fe (cf. 3:16). Nunca menoscaba uno a favor del otro, como solemos hacer nosotros (cf. 10:26; 12:37-41).

La ofensa que causan estas declaraciones se ve aumentada por tres nuevas afirmaciones de Jesús. En la primera, hablando abiertamente de sí mismo, dice: "No que alguno haya visto al Padre, sino aquel que vino de Dios; éste ha visto al Padre" (6:46). La segunda afirma que: "[...] El que cree en mí [y en mis palabras], tiene vida eterna" (6:47). La tercera: "[...] El pan que yo daré es mi carne, la cual yo daré por la vida del mundo" (6:51). En todas estas declaraciones Jesús extiende las afirmaciones sobre sí mismo mucho más allá de las fronteras de la Palestina de la época, aún más allá de los límites de este mundo y su historia.

Esta última afirmación tuvo también un aspecto particular que los judíos presentes en la sinagoga no podían pasar por alto. Al decir que entregaría su carne "por la vida del mundo" (6:51), empleaba el lenguaje del sacrificio. Al hacerlo se enfrentaba a todo el sistema de sacrificios del Templo, que era el centro de la comprensión judía de la redención y la liberación. El escándalo de esta afirmación se intensificaba cada vez más para los judíos hasta llegar al clímax, cuando Jesús reveló que la culminación del sacrificio sería su muerte en la Cruz. Esta fue la piedra de tropiezo definitiva para los judíos (cf. 1 Co. 1:23), y lo sigue siendo para muchos que se resisten a confiar para su salvación espiritual en uno que ha sido crucificado como un criminal.

A pesar del elemento de asombro y sorpresa en las palabras de Jesús, su Evangelio resalta que si queremos comprender cuál es nuestra relación con Dios, necesitamos estar seguros de comprender las afirmaciones de Cristo.

El desafío

La naturaleza de las afirmaciones de Jesús no se puede dejar en suspenso, por así decirlo. Él las hace llegar a los corazones de sus oyentes de manera que no les cabe duda en cuanto al desafío del Evangelio. La Biblia nunca nos permite quedar indecisos ante Dios; ¡no deja que los agnósticos miren los toros desde la barrera! El desafío de Jesús es este: "De cierto, de cierto os digo: Si no coméis la carne del Hijo del Hombre, y bebéis su sangre, no tenéis vida en vosotros" (6:53).

A primera vista, esta declaración parece una barbaridad. No resulta asombroso que el uso de esta y otras frases parecidas en conexión con la celebración de la Cena del Señor llevara en años posteriores a algunos nobles romanos a acusar a la antigua Iglesia de canibalismo. El lenguaje que emplea aquí Jesús resulta extremadamente enigmático.

Hay fuertes semejanzas entre las palabras aquí empleadas y las que Jesús emplea en la institución del sacramento de la Cena del Señor un año después en el Aposento Alto (cf. Mt. 26:26-28). Esto ha llevado a algunos, notablemente entre las tradiciones católica romana y anglicana alta, a argumentar a favor de la doctrina de la transustanciación en su concepto de este sacramento. La transustanciación es la creencia en que el pan y vino se transforman realmente en el cuerpo y la sangre de Cristo después de ser consagrados. Algunos, forzando aún más la lógica y el lenguaje de este pasaje, llegan a un concepto sacramentalista de la salvación: esto es, que la gracia redentora literalmente se transmite a través de los elementos del pan y el vino.

Aunque Jesús emplea un lenguaje fuerte en este pasaje, no hay que forzar sus palabras a una interpretación tan grotesca. Solo hay que comprender que Jesús emplea palabras que señalan la comunión íntima. Al igual que la vida compartida por las personas de la Deidad está vinculada a la comunión íntima y eterna que disfrutan, la vida nueva del cristiano está vinculada a la comunión y unión profundas que disfruta con Cristo (cf. 6:57).

La vida de fe, entonces, es la vida de reconocimiento deliberado de la identidad de Cristo como Hijo de Dios y Salvador del mundo, y de dependencia voluntaria de Él para la nueva vida en comunión con Dios. El Evangelio no nos permite acudir a Dios sin acercarnos primero a Cristo y su muerte en la Cruz.

La respuesta

Empezamos este capítulo diciendo que a medida que las relaciones crecen y se desarrollan, tarde o temprano llegan a una encrucijada que las mejora o las destruye. Ahora Juan nos llama la atención a una encrucijada importante en la relación entre Jesús y los que decían ser sus seguidores. Hace un contraste entre los "discípulos" en general (cf. 6:60) y los Doce en particular (cf. 6:67).

Obviamente había muchos en el entorno más amplio de Jesús que se molestaron por sus palabras, particularmente por las implicaciones que tenían para ellos y su concepto del discipulado. Murmuraban y se quejaban por las "palabras duras" que les costaba aceptar (cf. 6:60-61). La razón no era porque fuera tan difícil comprenderlas —aunque sin duda lo eran en cierta medida— sino que eran difíciles de aceptar.

Esto se confirma cuando Jesús añade: "El espíritu es el que da vida; la carne para nada aprovecha [...]" (6:63). Para un público que valoraba la capacidad natural de contribuir a la propia salvación, este comentario fue devastador, dejándolos sin nada que ofrecer a Dios. Esta fue exactamente la intención de Jesús: nos quita toda idea errónea de poder aportar algo de valor hacia nuestra propia liberación.

Este mensaje era demasiado para gran parte de los que se habían propuesto seguir a Jesús (cf. 6:66). Habían empezado a seguirle en sus propios términos y dentro de los límites de su propio entendimiento. Cuando, entonces, Él los enfrentó con la verdad acerca de sí mismo y el verdadero significado de seguirle, decidieron dejarlo. Jesús se volvió entonces al pequeño grupo de hombres que había llamado al principio. Les dijo, para su bien y no el suyo propio: "¿Queréis acaso iros también vosotros?" (6:67). Simón Pedro, siempre el portavoz de sus hermanos discípulos, respondió: "Señor, ¿a quién iremos? Tú tienes palabras de vida eterna. Y nosotros hemos creído y conocemos que tú eres el Cristo, el Hijo del Dios viviente" (6:68-69).

Difícilmente podemos encontrar otra declaración más elocuente y exquisita de la verdadera fe salvadora, de aquella devoción candorosa que no varía en su confianza y entrega, a pesar de lo que puedan hacer los demás. Al darnos cuenta de la gravedad de la verdad acerca de nosotros mismos y la gloriosa singularidad del Cristo del Evangelio, nos negamos a buscar la paz con Dios ni la seguridad de la vida eterna en otra cosa ni persona.

Sin embargo, este capítulo termina con una nota trágica. A

pesar de la hermosura de la confesión de Pedro, Jesús dice: "¿No os he escogido yo a vosotros los doce, y uno de vosotros es diablo?" (6:70). Pone al descubierto a uno de su círculo más íntimo para vergüenza suya. ¿Por qué? ¡Alguien ha dicho que es porque este "diablo" intentaba esconderse en la iglesia! No importa quiénes seamos ni dónde estemos; no podemos evitar la responsabilidad de enfrentarnos con la identidad de Jesús y responder a sus afirmaciones. Todos tenemos que llegar a esta encrucijada, tal y como lo hizo incluso Judas, y tomar una postura a favor o en contra de Jesús.

18

¿Quién es este Jesús?

*Después de estas cosas, andaba Jesús en Galilea; pues no
quería andar en Judea, porque los judíos procuraban
matarle. 2Estaba cerca la fiesta de los judíos, la de los
tabernáculos; 3y le dijeron sus hermanos: Sal de aquí, y
vete a Judea, para que también tus discípulos vean las
obras que haces. 4Porque ninguno que procura darse a
conocer hace algo en secreto. Si estas cosas haces, mani-
fiéstate al mundo. 5Porque ni aun sus hermanos creían en
él. 6Entonces Jesús les dijo: Mi tiempo aún no ha llegado,
mas vuestro tiempo siempre está presto. 7No puede el
mundo aborreceros a vosotros; mas a mí me aborrece, por-
que yo testifico de él, que sus obras son malas. 8Subid vos-
otros a la fiesta; yo no subo todavía a esa fiesta, porque
mi tiempo aún no se ha cumplido. 9Y habiéndoles dicho
esto, se quedó en Galilea.*

*10Pero después que sus hermanos habían subido,
entonces él también subió a la fiesta, no abiertamente,
sino como en secreto. 11Y le buscaban los judíos en la fies-
ta, y decían: ¿Dónde está aquél? 12Y había gran murmullo
acerca de él entre la multitud, pues unos decían: Es bueno;
pero otros decían: No, sino que engaña al pueblo. 13Pero
ninguno hablaba abiertamente de él, por miedo a los judí-
os.*

*14Mas a la mitad de la fiesta subió Jesús al templo, y
enseñaba. 15Y se maravillaban los judíos, diciendo:*

¿Cómo sabe éste letras, sin haber estudiado? [16]*Jesús les*
respondió y dijo: Mi doctrina no es mía, sino de aquel que
me envió. [17]*El que quiera hacer la voluntad de Dios, cono-*
cerá si la doctrina es de Dios, o si yo hablo por mi propia
cuenta. [18]*El que habla por su propia cuenta, su propia glo-*
ria busca; pero el que busca la gloria del que le envió, éste
es verdadero, y no hay en él injusticia. [19]*¿No os dio*
Moisés la ley, y ninguno de vosotros cumple la ley? ¿Por
qué procuráis matarme? [20]*Respondió la multitud y dijo:*
Demonio tienes; ¿quién procura matarte? [21]*Jesús respon-*
dió y les dijo: Una obra hice, y todos os maravilláis. [22]*Por*
cierto, Moisés os dio la circuncisión (no porque sea de
Moisés, sino de los padres); y en el día de reposo circunci-
dáis al hombre. [23]*Si recibe el hombre la circuncisión en el*
día de reposo, para que la ley de Moisés no sea quebran-
tada, ¿os enojáis conmigo porque en el día de reposo sané
completamente a un hombre? [24]*No juzguéis según las apa-*
riencias, sino juzgad con justo juicio (Juan 7:1-24).

"¿Quién es este Jesús?". Es la clase de pregunta que podrían hacer un sinfín de personas: no solamente los que nunca han oído el nombre, sino los que sí lo han oído sin tener la menor idea de quién era Él ni qué hizo. Al examinar la siguiente sección del Evangelio según Juan, observamos inmediatamente que sus contemporáneos se hacían la misma clase de preguntas. Aunque podríamos pensar que el problema de comprender a Jesús estriba en la distancia histórica y cultural entre su época y la nuestra, realmente no es así. La confusión acerca de Jesús surge del corazón humano. Algunos años después, el apóstol Pablo puso su dedo en la llaga al decir: "Pero el hombre natural no percibe las cosas que son del Espíritu de Dios [...] porque se han de discernir espiritualmente" (1 Co. 2:14).

Juan aborda ahora este asunto. Al leer el pasaje desde la conversación entre Jesús y sus hermanos carnales acerca de su visita a la Fiesta de los Tabernáculos (cf. 7:1-5), hasta la descripción de las ideas que se expresaban acerca de Él en Jerusalén (cf. 7:11-14), nos sorprende la amplia gama de opiniones. Algunos lo tenían por bueno, mientras otros lo consideraban un engañador (cf. 7:13). Varios llegaron hasta el extremo de llamarlo endemoniado (cf. 7:20). La mayoría eran abiertamente agnósticos (cf. 7:13).

La gente tenía dificultad para comprender a Jesús particularmente porque sus enseñanzas y declaraciones estaban muy estrechamente vinculadas a su persona. A diferencia de otros maestros, no había una forma certera de separar su identidad y sus actos de sus enseñanzas. Era imposible aceptar su mensaje sin aceptarlo a Él. Este es el quid del problema, tanto para los judíos de la época como hoy día. Jesús mismo deja claro que nadie puede sacar provecho de sus enseñanzas sin recibir su persona y su obra. Juan elabora esta idea resaltando tres verdades acerca de Jesús y su ministerio.

Su motivación

Todos conocemos documentales y biografías que explican las motivaciones de los famosos. A menudo el impacto de tales personas está estrechamente vinculado a la clase de personas que son. ¡Los espectadores ansían descubrir su faceta privada! Esto era así especialmente para Jesús. Juan emplea las muchas ideas erróneas sobre Él para resaltar su naturaleza verdadera. Nos muestra las reacciones de Jesús ante distintas personas, y las varias opiniones que ellos representan.

Empieza con los propios hermanos de Jesús y su cinismo mal velado. Ya que este episodio ocurre justo después de la constatación de la nutrida deserción del capítulo anterior y a la vez que las amenazas de muerte mencionadas al principio de éste (cf. 7:1), se demuestra el grado de oposición de muchos grupos que Jesús tuvo que enfrentar. La Fiesta anual de los Tabernáculos se acercaba (cf. 7:2), y judíos de todo el país hacían peregrinaje a la ciudad. Los hermanos de Jesús pensaban ir, y le animaron a asistir también. Su motivo para hacerlo era algo más que irónico: "Porque ninguno que procura darse a conocer hace algo en secreto. Si estas cosas haces, manifiéstate al mundo" (7:4). La opinión que ellos tenían de su hermano mayor no podía ser más equivocada.

No se daban cuenta de que Jesús no tenía intención de "crear un movimiento". No era simplemente otra figura carismática dispuesta a aprovechar el apoyo popular, ni quería intentar crear una revolución. El caso era muy distinto. Jesús deliberadamente rehuía esta clase de adulación pública. Su misión era mucho más profunda que la apelación al instinto y las emociones humanas. En cambio, vino sabiendo que era enviado para cumplir una misión de Dios. Por eso no operaba según su propia intención y horario —y cuánto menos los de otros— sino según los de Dios.

Esto se observa en su respuesta a la sugerencia de sus hermanos: "Mi tiempo aún no ha llegado [...]" (7:6). Emplea la misma palabra para "tiempo" que empleó en un comentario durante las bodas de Caná (cf. 2:4). Esta palabra a menudo se asocia a la hora elegida para su crucifixión. Sin embargo, aquí solo se refiere a su vida cotidiana. Cada momento, palabra y acción se desarrolla según un plan invisible. Al igual que Dios eligió un momento especial para el nacimiento de Jesús (cf. Gá. 4:4) y para su muerte (cf. Jn. 17:1), Dios también tenía un itinerario específico para su vida. Jesús dejó claro para sus hermanos que aunque fuera a la Fiesta, no sería a instancias suyas ni en sus términos, sino de acuerdo con el horario de Dios (cf. 7:8).

Por tanto, la motivación más profunda y central del ministerio de Jesús no estribaba en los hombres, ni tampoco en sí mismo, sino en su profundo sentido del propósito eterno de Dios Padre. Esto tiene implicaciones enormes para nuestro concepto de Jesús y de los medios por los cuales nos beneficiamos de su obra. No podemos encajarlo en nuestras vidas y horarios a nuestro gusto. La realidad es muy distinta. Él ha venido para que nos veamos asidos y encajados en la vida y propósitos de Dios.

Sus enseñanzas

Juan vuelve a hacer hincapié en las enseñanzas de Jesús y la manera de recibirlas. Las palabras de Jesús no dejan lugar a la neutralidad. Esto se observa claramente en este pasaje, a medida que Juan nos permite, de cierta manera, mezclarnos con la muchedumbre en Jerusalén y escuchar lo que dicen acerca de Jesús y sus enseñanzas (cf. 7:10-13). Cuando, más adelante, Jesús salió del anonimato durante la Fiesta y empezó a enseñar públicamente en el patio del Templo, su ministerio tuvo un impacto profundo en todo el mundo (cf. 7:14-15).

Los judíos se asombraron particularmente porque Jesús era un maestro hábil, a pesar de no haber recibido una educación formal. Como no había pasado por su "sistema" ni tampoco por sus escuelas de formación, estaba fuera del ámbito de su control. Al hallarse frustrados, su reacción fue parecida a la de otros que intentaron reducir a Jesús a un asunto manejable. Al considerarlo un maestro o modelo más, intentaban definirlo en sus propios términos. Las enseñanzas de Jesús, tanto su contenido como su presentación, no nos permiten responder así. Sus enseñanzas declaran abiertamente proceder de otro mundo y otra esfera completamente distintos.

Jesús no nos deja ignorantes con respecto a qué mundo o esfera. Dice claramente: "Mi doctrina no es mía, sino de aquel que me envió" (7:16). Por si este comentario resultara algo enigmático, enseguida lo aclara: "El que quiera hacer la voluntad de Dios, conocerá si la doctrina es de Dios, o si yo hablo por mi propia cuenta" (7:17). Solo hay dos posibilidades con respecto a la autoridad de las palabras de Jesús. O dependen únicamente de su propia autoridad, o se derivan de Dios. Las implicaciones de esto son impresionantes. Si su ministerio solo descansa sobre su propia autoridad, sería posible darlo de lado como las doctrinas de cualquier otra figura religiosa. Si proviene de Dios, ese no puede ser el caso.

Jesús desarrolla este contraste al resaltar las distintas motivaciones posibles de estas alternativas. Aquel que promueve una doctrina "por su propia cuenta" simplemente busca su propia gloria, pero aquel que realmente trabaja para honrar a aquel que le envió, "[…] Éste es verdadero […]" (7:18). Jesús funda su integridad en la coherencia evidente entre todo lo que Él dice y todo lo que Dios ha dicho. Tal declaración o validará su ministerio o lo invalidará.

El doble impacto de estas palabras estriba en el hecho de que Jesús no solamente proporciona un punto fijo de referencia para validar su propio ministerio, sino que también emplea ese mismo punto para revelar la duplicidad dentro del ministerio de los maestros judíos. Luego se refiere a Moisés y sus doctrinas divinamente inspiradas para revelar la incoherencia entre la supuesta sujeción de los judíos a Moisés y sus planes secretos para matar a Jesús (cf. 7:19). A pesar de las protestas de ellos en su defensa, Jesús recalca el argumento contrastando la aceptación de la costumbre de circuncidar a los niños en el día de reposo de acuerdo —según pensaban los judíos— con las enseñanzas de Moisés, y su protesta por haber sanado Jesús a un hombre en el día de reposo (cf. 7:20-24). Ellos eran los hipócritas, y no Jesús; ¡ellos eran quienes negaban el mensaje de Dios!

¿Quién es este Jesús? Al comparar las enseñanzas de Dios en el Antiguo Testamento con las de Cristo en los Evangelios, observamos una armonía y coherencia perfectas. Solo podemos inferir que Jesús es el mensajero de Dios y es digno de confianza.

Sus criterios

Todo esto se confirma al examinar más de cerca la breve conversación que leemos en los últimos versículos del pasaje. Jesús revela la duplicidad de los líderes judíos. Conocía perfectamente sus intenciones secretas; planeaban asesinarlo. También estaba al tanto de sus intentos de disimularlo. Al referirlos de nuevo a la Ley mosaica que decían seguir fielmente, les demuestra su propia incoherencia. El broche de oro viene al final: "No juzguéis según las apariencias, sino juzgad con justo juicio" (7:24). Si comparamos los criterios de Jesús con los suyos, hay un abismo entre ellos. Solo Jesús refleja no solamente las exigencias externas de la Ley de Dios, sino su realidad interior.

La obsesión judía con el comportamiento externo y la apariencia de santidad da paso a una sola cosa: ¡una conciencia intranquila ante Dios! Solo en Jesús hallamos la unidad perfecta de un corazón para Dios junto con un mensaje de parte de Dios. Esto no es solamente porque Jesús es un mensajero del Cielo, sino principalmente porque es la Palabra de Dios que ha descendido del Cielo. Esto le autoriza para lograr lo que ningún otro maestro religioso, judío o gentil, puede hacer: la reconciliación con Dios. Jesús es único. Ningún otro ha traído la salvación diseñada en el Cielo al mundo de los hombres.

19

Las reacciones a Jesús

*Decían entonces unos de Jerusalén: ¿No es éste a quien
buscan para matarle? 26Pues mirad, habla públicamente,
y no le dicen nada. ¿Habrán reconocido en verdad los
gobernantes que éste es el Cristo? 27Pero éste, sabemos de
dónde es; mas cuando venga el Cristo, nadie sabrá de
dónde sea. 28Jesús entonces, enseñando en el templo, alzó
la voz y dijo: A mí me conocéis, y sabéis de dónde soy; y
no he venido de mí mismo, pero el que me envió es verda-
dero, a quien vosotros no conocéis. 29Pero yo le conozco,
porque de él procedo, y él me envió. 30Entonces procuraban
prenderle; pero ninguno le echó mano, porque aún no
había llegado su hora. 31Y muchos de la multitud creyeron
en él, y decían: El Cristo, cuando venga, ¿hará más seña-
les que las que éste hace?*

*32Los fariseos oyeron a la gente que murmuraba de él
estas cosas; y los principales sacerdotes y los fariseos
enviaron alguaciles para que le prendiesen. 33Entonces
Jesús dijo: Todavía un poco de tiempo estaré con vosotros,
e iré al que me envió. 34Me buscaréis, y no me hallaréis; y
a donde yo estaré, vosotros no podréis venir. 35Entonces
los judíos dijeron entre sí: ¿Adónde se irá éste, que no le
hallemos? ¿Se irá a los dispersos entre los griegos, y ense-
ñará a los griegos? 36¿Qué significa esto que dijo: Me bus-
caréis, y no me hallaréis; y a donde yo estaré, vosotros no
podréis venir?"*

37En el último y gran día de la fiesta, Jesús se puso en pie y alzó la voz, diciendo: Si alguno tiene sed, venga a mí y beba. 38El que cree en mí, como dice la Escritura, de su interior correrán ríos de agua viva. 39Esto dijo del Espíritu que habían de recibir los que creyesen en él; pues aún no había venido el Espíritu Santo, porque Jesús no había sido aún glorificado.

40Entonces algunos de la multitud, oyendo estas palabras, decían: Verdaderamente éste es el profeta. 41Otros decían: Este es el Cristo. Pero algunos decían: ¿De Galilea ha de venir el Cristo? 42¿No dice la Escritura que del linaje de David, y de la aldea de Belén, de donde era David, ha de venir el Cristo? 43Hubo entonces disensión entre la gente a causa de él. 44Y algunos de ellos querían prenderle; pero ninguno le echó mano.

45Los alguaciles vinieron a los principales sacerdotes y a los fariseos; y éstos les dijeron: ¿Por qué no le habéis traído? 46Los alguaciles respondieron: ¡Jamás hombre alguno ha hablado como este hombre! 47Entonces los fariseos les respondieron: ¿También vosotros habéis sido engañados? 48¿Acaso ha creído en él alguno de los gobernantes, o de los fariseos? 49Mas esta gente que no sabe la ley, maldita es. 50Les dijo Nicodemo, el que vino a él de noche, el cual era uno de ellos: 51¿Juzga acaso nuestra ley a un hombre si primero no le oye, y sabe lo que ha hecho? 52Respondieron y le dijeron: ¿Eres tú también galileo? Escudriña y ve que de Galilea nunca se ha levantado profeta.

53Cada uno se fue a su casa (Juan 7:25-53).

A lo largo de esta porción del Evangelio, Juan no solamente nos muestra las reacciones cada vez más polarizadas ante Jesús durante su ministerio terrenal, sino que también resalta los motivos que estaban detrás de dichas reacciones. Todo esto confirma las palabras de Jesús en Mateo 10:34: "No penséis que he venido para traer paz a la tierra; no he venido para traer paz, sino espada".

De nuevo, todo esto tiene un peso perdurable. Estas verdades acerca de Jesús, resaltadas por Juan, destruyen el concepto empalagoso de un Cristo al gusto de todos que está encantado de tolerar toda religión alternativa. Estas ideas simplemente resultan insostenibles.

Juan resalta cuatro aspectos distintos del carácter y ministerio de Jesús; cada uno suscita una respuesta diferente.

La autoridad de su doctrina

Una y otra vez a lo largo de su ministerio público observamos que la gente se asombraba por la autoridad de la doctrina de Jesús. Esto se ve claramente, por ejemplo, en el desconcierto de sus seguidores ante el Sermón del Monte (cf. Mt. 7:28-29). La autoridad de las palabras de Jesús no se podía pasar por alto ni negar.

Al salir Jesús a la vista pública hacia el final de la Fiesta, Juan primero contrasta la reacción de la muchedumbre: "¿No es éste a quien buscan para matarle [...]?" (7:25) con el anterior rechazo por parte de los líderes religiosos (cf. 7:20). El seguro conocimiento de los planes de ellos por parte de Jesús demuestra su superioridad ante ambos grupos.

Pero hay algo más. La gente pregunta acertadamente: "[...] ¿Habrán reconocido en verdad los gobernantes que éste es el Cristo? [...]" (7:26). ¿Acaso los guardianes oficiales de la doctrina judía habían dictado sentencia por fin en cuanto a la identidad de Jesús? Aunque la muchedumbre reconocía la autoridad de la doctrina de Jesús, instintivamente cedía ante el órgano oficial de la fe judía. A primera vista, la negativa por parte de los líderes religiosos a tomar una acción decisiva contra Jesús parecía hablar a su favor. Sin embargo, se expresa cierta reserva ya que nadie debía saber la procedencia del Mesías, mientras que todos conocían la de Jesús (cf. 7:27).

Jesús responde a sus dudas con una audaz declaración pública. Jesús, entonces, "alzó la voz" en el patio del Templo y proclamó: "A mí me conocéis, y sabéis de dónde soy; y no he venido de mí mismo, pero el que me envió es verdadero, a quien vosotros no conocéis. Pero yo le conozco, porque de él procedo, y él me envió" (7:28-29). Declaró su identidad, su procedencia y el motivo de su venida con convicción y tranquilidad. Su autoridad resultaba indiscutible. Resultó tan evidente para todos que cuando interrogaron a los alguaciles del Templo —los mismos que debían defender la autoridad del régimen del Templo— para saber por qué no lo habían arrestado, respondieron: "¡Jamás hombre alguno ha hablado como este hombre!" (7:46). La absoluta autoridad de las palabras de Jesús, tanto en los Evangelios como en toda la Biblia, tiene un peso que no se puede dar de lado.

El poder de su presencia

La impresión de autoridad no resulta sorprendente. Jesús tenía una presencia asombrosa que alcanzaba un grado único.

Esto resulta evidente de la manera más dramática en el intento fallido de los alguaciles del Templo de arrestarle (cf. 7:30), y de nuevo en el intento por parte de algunos de los espectadores de prenderlo. Se ve, por el contexto más amplio, que aquí hay algo más que un mero enfrentamiento de temperamentos fuertes. El hecho de que se asocie el fracaso de prender a Jesús directamente a la idea de que "[...] Aún no había llegado su hora" (7:30) parece indicar un conflicto entre los deseos humanos y la voluntad de Dios. El poder del propósito de Dios se veía en la presencia de su Hijo. Su humanidad sencilla revestía el poder de la Deidad.

Este fue un rasgo destacado de su vida encarnada en la Tierra, pero sigue existiendo después de su ascensión, en su ministerio continuo a través de su Espíritu y a través de su Palabra. Vemos su efecto dramático en las palabras de Pablo a los cristianos en Éfeso en cuanto al establecimiento de la obra de Dios entre ellos. Habla del momento en que Cristo "[...] Vino y anunció las buenas nuevas de paz a vosotros que estabais lejos, y a los que estaban cerca" (Ef. 2:17). Aunque la presencia física de Cristo nunca se manifestó en Éfeso, sin embargo su presencia real se sintió al proclamarse su Palabra y al obrar su Espíritu. De la misma manera que su presencia tuvo un impacto importante en todos los que lo escucharon en Jerusalén, Judea y Galilea, a medida que su Evangelio se ha escuchado en el mundo entero a lo largo de la Historia, el poder de su presencia nunca ha perdido su impacto.

El atractivo de lo que ofrece

Los que se oponían a Jesús se retiraron de su presencia a causa de la autoridad y el poder que tan obviamente ostentaba. Sin embargo, a los que lo contemplaron con fe Jesús ofreció algo hermoso. De la manera más dramática posible, Jesús eligió el último día de la Fiesta de los Tabernáculos para proclamar: "Si alguno tiene sed, venga a mí y beba. El que cree en mí, como dice la Escritura, de su interior correrán ríos de agua viva" (Jn. 7:37-38). Se declara la provisión de Dios para la necesidad del hombre. ¡La gracia y misericordia de Cristo son tan evidentes como su autoridad y poder!

Por una parte, habla del dolor sempiterno del alma humana: aquel anhelo que ni las riquezas, ni la sabiduría, ni los amigos y familiares pueden saciar debidamente. A todo aquel que padece este anhelo, Jesús dice: "¡Ven a mí y saciaré tu sed para siempre!". No solo promete satisfacer los anhelos más profundos del alma individual, sino hacerlo de tal manera que la bendición derramada en ella sobreabundará para tocar las vidas de muchas otras.

El dramatismo de la situación estriba en la asociación entre las palabras e ideas que Jesús emplea y uno de los ritos diarios asociados a esta fiesta. En este rito, sumamente significativo, se llenaba ceremoniosamente un jarrón para llevarlo en procesión y luego derramarlo como ofrenda a Dios. Esto simbolizaba tanto el derramamiento de agua en el desierto por parte de Dios como el derramamiento del Espíritu en los días postreros. Jesús añade un tercer elemento al predecir el derramamiento del Espíritu en la salvación (cf. 7:39).

No tenemos por qué temer a este Cristo, aunque ostenta todo el poder y autoridad del Cielo. Él ofrece a todos aquellos que escuchan y responden a su invitación misericordiosa en el Evangelio la promesa de una salvación plena que satisface.

La penetración de su verdad

El capítulo termina con la identificación de aquellas personas en la sombra que han respaldado toda la oposición a Jesús. Aunque los alguaciles del Templo habían participado activamente en los distintos intentos de frenar la influencia de Jesús, sus amos (los principales sacerdotes y fariseos) eran los responsables de todo. Los alguaciles volvieron a ellos (cf. 7:45). Estos hombres principales del sistema religioso no intentaron ocultar su odio vitriólico hacia Jesús (cf. 7:45-49). La verdad del comentario de Juan acerca de la reunión entre Jesús y Nicodemo se estaba haciendo patente de manera turbadora: "[...] La luz vino al mundo, y los hombres amaron más las tinieblas que la luz, porque sus obras eran malas" (3:19). La verdad de las afirmaciones de Jesús empezaba a penetrar el manto de religiosidad hipócrita que cubría a estos judíos respetados. Su animosidad hacia Él iba mucho más allá de la razón. Fue el resultado del pecado en lo más profundo del alma que los impulsaba desde dentro.

Entonces el enfoque cambia totalmente y se centra en Nicodemo. Ya no es una figura solitaria bajo el manto de la noche, sino una voz solitaria en medio del clamor de la oposición. Interviene debido a su sincera preocupación por la justicia, diciendo que Jesús merece que se le escuche bien antes de ser condenado (cf. 7:50-51). ¿Acaso en este momento aquel destacado fariseo declaró públicamente su fe en Jesús? Ciertamente, de aquí en adelante aparece como seguidor de Jesús, y se prepara para distanciarse del Sanedrín.

La verdad acerca de Jesús lo había penetrado hasta el punto de no poder resistirla más. Ya no intentó esconderse. Asintió a la verdad y reconoció públicamente a Cristo. Así se revela siempre la fe verdadera y redentora.

20

Luz y Verdad

*Y Jesús se fue al monte de los Olivos. 2Y por la mañana
volvió al templo, y todo el pueblo vino a él; y sentado él,
les enseñaba. 3Entonces los escribas y los fariseos le tra-
jeron una mujer sorprendida en adulterio; y poniéndola en
medio, 4le dijeron: Maestro, esta mujer ha sido sorprendi-
da en el acto mismo de adulterio. 5Y en la ley nos mandó
Moisés apedrear a tales mujeres. Tú, pues, ¿qué dices?
6Mas esto decían tentándole, para poder acusarle. Pero
Jesús, inclinado hacia el suelo, escribía en tierra con el
dedo. 7Y como insistieran en preguntarle, se enderezó y les
dijo: El que de vosotros esté sin pecado sea el primero en
arrojar la piedra contra ella. 8E inclinándose de nuevo
hacia el suelo, siguió escribiendo en tierra. 9Pero ellos, al
oír esto, acusados por su conciencia, salían uno a uno,
comenzando desde los más viejos hasta los postreros; y
quedó solo Jesús, y la mujer que estaba en medio.
10Enderezándose Jesús, y no viendo a nadie sino a la
mujer, le dijo: Mujer, ¿dónde están los que te acusaban?
¿Ninguno te condenó? 11Ella dijo: Ninguno, Señor.
Entonces Jesús le dijo: Ni yo te condeno; vete, y no peques
más.*

*Otra vez Jesús les habló, diciendo: Yo soy la luz del
mundo; el que me sigue, no andará en tinieblas, sino que
tendrá la luz de la vida. 13Entonces los fariseos le dijeron:
Tú das testimonio acerca de ti mismo; tu testimonio no es*

verdadero. 14*Respondió Jesús y les dijo: Aunque yo doy*
testimonio acerca de mí mismo, mi testimonio es verda-
dero, porque sé de dónde he venido y a dónde voy; pero
vosotros no sabéis de dónde vengo, ni a dónde voy.
15*Vosotros juzgáis según la carne; yo no juzgo a nadie.* 16*Y*
si yo juzgo, mi juicio es verdadero; porque no soy yo solo,
sino yo y el que me envió, el Padre. 17*Y en vuestra ley está*
escrito que el testimonio de dos hombres es verdadero.
18*Yo soy el que doy testimonio de mí mismo, y el Padre*
que me envió da testimonio de mí. 19*Ellos le dijeron:*
¿Dónde está tu Padre? Respondió Jesús: Ni a mí me cono-
céis, ni a mi Padre; si a mí me conocieseis, también a mi
Padre conoceríais. 20*Estas palabras habló Jesús en el*
lugar de las ofrendas, enseñando en el templo; y nadie le
prendió, porque aún no había llegado su hora.

Otra vez les dijo Jesús: Yo me voy, y me buscaréis,
pero en vuestro pecado moriréis; a donde yo voy, vosotros
no podéis venir. 22*Decían entonces los judíos: ¿Acaso se*
matará a sí mismo, que dice: A donde yo voy, vosotros no
podéis venir? 23*Y les dijo: Vosotros sois de abajo, yo soy*
de arriba; vosotros sois de este mundo, yo no soy de este
mundo. 24*Por eso os dije que moriréis en vuestros pecados;*
porque si no creéis que yo soy, en vuestros pecados mori-
réis. 25*Entonces le dijeron: ¿Tú quién eres? Entonces Jesús*
les dijo: Lo que desde el principio os he dicho. 26*Muchas*
cosas tengo que decir y juzgar de vosotros; pero el que me
envió es verdadero; y yo, lo que he oído de él, esto hablo
al mundo. 27*Pero no entendieron que les hablaba del*
Padre. 28*Les dijo, pues, Jesús: Cuando hayáis levantado al*
Hijo del Hombre, entonces conoceréis que yo soy, y que
nada hago por mí mismo, sino que según me enseñó el
Padre, así hablo. 29*Porque el que me envió, conmigo está;*
no me ha dejado solo el Padre, porque yo hago siempre lo
que le agrada. 30*Hablando él estas cosas, muchos creyeron*
en él (Juan 8:1-30).

Muchas versiones de la Biblia señalan de alguna manera la siguiente sección del Evangelio según Juan (cf. 7:53-8:11) con una nota que indica que este pasaje no aparece en los primeros manuscritos del Nuevo Testamento. La discusión de este tema es más adecuada para comentarios más técnicos que el presente. Ciertamente hay una larga tradición de aceptación del pasaje dentro de la Iglesia cristiana, y al examinarlo apreciamos el motivo. Proporciona un vínculo útil entre la revelación por parte de Jesús de la hipocresía de los fariseos (cf. 7:45-53) y la expresión de la integridad de su persona y sus afirmaciones (cf. 8:12-30).

Al seguir el transcurso de los acontecimientos observamos, por una parte, las profundidades insidiosas del pecado humano y, por otra, la perfección absoluta del Salvador enviado de Dios sin pecado. Observamos varios hechos importantes.

La fealdad del pecado humano

Si preguntáramos respecto a este relato de la mujer adúltera: "¿Cuál es la expresión más fea del pecado en estos versículos?", la respuesta bien podría ser: "El comportamiento sexual de la mujer". Ciertamente este fue el juicio de los espectadores judíos. Era una ofensa que conllevaba la pena capital según la Ley veterotestamentaria. Pero a medida que los eventos se desarrollan, Jesús proporciona una perspectiva totalmente nueva de la situación. No revela el comportamiento de la mujer como lo más reprensible, sino el de los líderes judíos. A ellos no les interesaba que la mujer recibiera justicia, ni que Dios fuera honrado por su pueblo. Solo les interesaba intentar tenderle una trampa a Jesús (cf. 8:6).

En su exposición del Evangelio según Juan, James Montgomery Boice argumenta de manera convincente que todo este acontecimiento fue un montaje deliberado en un intento de atrapar a Jesús y desacreditarlo. Señala varios detalles altamente sospechosos. Por ejemplo, el hombre que también debió de haber sido sorprendido en el acto (cf. 8:4) está curiosamente ausente del incidente, aunque bajo la Ley judía sería igualmente culpable. Esta misma Ley exigía la presencia de por lo menos dos testigos oculares para que cualquier acusación tuviera efecto. Eso era muy poco probable, dada la naturaleza del delito. Si, de hecho, todo fue un montaje, la perversa hipocresía de estos supuestos líderes espirituales es mucho más flagrante que los actos de la mujer.

Todo pecado es maligno y ofende a Dios, pero algunos son más severos que otros. Los peores pecados no son los de la carne, sino los de la hipocresía voluntaria (cf. Mt. 11:20-24).

La hermosura de la sabiduría divina

¿Qué clase de trampa intentaban tender los fariseos a Jesús? Está claro que, en parte, querían ver si respaldaría los requisitos de la Ley de Moisés. (En otras fuentes descubrimos que, de haberlo hecho, su veredicto habría sido inusitado para la Palestina del siglo I, donde rara vez se imponía la pena capital en tales casos). Bien podría tener otro aspecto adjunto. Dada la tensión entre los requisitos de la Ley mosaica y los del imperio romano, si Jesús hubiera exigido la pena capital probablemente se habría visto enfrentado a las autoridades romanas. ¡Bien podemos imaginar a estos hombres cruzándose de brazos satisfechos de sí mismos, como jugadores de ajedrez religioso, esperando ver las consecuencias de sus movimientos!

La realidad del problema era mucho más grave de lo que se imaginaban. No solamente porque Jesús estaba arrinconado entre las exigencias de la Ley mosaica y las imposiciones del sistema romano; además necesitaba demostrar las exigencias de la justicia divina junto con la compulsión del amor divino. Era un dilema de proporciones inauditas, y Pablo puso su dedo en la llaga en su Epístola a los Romanos: ¿cómo puede Dios justificar a los pecadores y mantener a la vez su integridad? (cf. Ro. 3:26). De la respuesta a esta pregunta depende no solo el destino de esta mujer, sino el de todo ser humano.

Jesús vuelve las tornas contra sus torcidos oponentes con un sencillo ultimátum: "El que de vosotros esté sin pecado sea el primero en arrojar la piedra contra ella" (Jn. 8:6). La perversidad y el engaño de la "sabiduría" humana se revelan con la sencilla hermosura de la sabiduría divina encarnada en Cristo (cf. 1 Co. 1:30). Ella resalta el vacío de las soluciones humanas para el problema del mal, a la vez que demuestra que Dios ha provisto la respuesta perfecta en Jesús.

El milagro del amor encarnado

El milagro de esta respuesta se demuestra en el trato de Jesús a esta mujer después que todos los hombres se hubieron marchado, temiendo empeorar su propia hipocresía. Se observa en la manera en que Aquel que es la encarnación de la Verdad, la Santidad, la Rectitud y la Justicia puede decir a un pecador cuya culpabilidad queda fuera de toda duda: "Ni yo te condeno [...]" (8:11). Por primera vez en su vida, esta mujer empezó a darse cuenta que la perfección y la justicia divinas no pueden comprenderse plenamente aparte de la misericordia y el amor divinos. Por primera vez en su vida, pudo oír a alguien decir: "No peques más", y sentir ganas de obedecer.

Obviamente habría muchas cosas que la mujer no comprendió en ese momento, y no menos el fundamento legal sobre el cual Dios pudo tratarla así. Sin embargo, los hechos de la vida de Jesús que se desarrollaron en los meses siguientes lo esclarecieron. Poco después de este incidente, Jesús mismo se vería en el banquillo, donde enfrentaría acusaciones falsas. El tribunal recibiría pruebas perjuras y manipuladas. El acusado sería condenado y muerto en lugar de perdonado. El Hijo de Dios tomaría el lugar de pecadores culpables, como esta mujer. ¡Por eso tiene derecho de darles libertad!

La luz de la verdad del Evangelio

Las tinieblas que cercan los primeros once versículos de este capítulo a causa del fracaso moral de esta mujer y las mentiras de los que se suponían heraldos de luz espiritual para el pueblo de Dios, se despejan por el próximo pronunciamiento público de Jesús. Probablemente se dirigía a la gente que había llegado a Jerusalén para la Fiesta de los Tabernáculos cuando dijo: "Yo soy la luz del mundo [...]" (8:12). Jesús dirigió la luz de su propia persona y doctrina contra el manto de tinieblas espirituales que tan obviamente rodeaba a esta nación supuestamente iluminada espiritualmente.

Esta es la segunda de las siete grandes declaraciones "Yo soy" que Juan documentó. Constituyen lo que se puede considerar una especie de *Bosquejo para comprender a Jesús.* En una serie de afirmaciones escuetas, nos hallamos cara a cara con verdades monumentales acerca de Él. De nuevo, el hecho de que Jesús hiciera esta declaración durante la Fiesta de los Tabernáculos o justo después de ella es altamente significativo. La Fiesta se asociaba en gran manera con el gozo del pueblo judío, y se destacaba por cuatro enormes lámparas que servían para iluminar de noche el patio del Templo. Cuando Jesús, pues, se describe como la luz del mundo, resulta sumamente dramático. Se proclamó a sí mismo como las buenas y gozosas nuevas de Dios, no solo para los judíos sino para el mundo entero.

A medida que las tinieblas de la desesperación se cernían sobre un pueblo que empezaba a darse cuenta que no podía confiar en sus propios líderes espirituales, Jesús llegó como la luz verdadera que quitaría las tinieblas de ellos para siempre.

La perfección de la respuesta de Dios

Sigue otra conversación acalorada entre Jesús y los fariseos (cf. 8:13-26). Los líderes judíos vuelven a cuestionar sus credenciales, reclamando testigos que corroboraran las afirmaciones de Él (cf. 8:13). Jesús responde afirmando abiertamente que aunque su testimonio se viera sin respaldo, seguiría siendo válido. (Claramente es una referencia a su absoluta singularidad). Sin embargo, señala el otro aval que recibió: el testimonio de su Padre (cf. 8:14-18). Los judíos lo presionan aún más preguntando dónde está ese Padre, pero Jesús responde resaltando la verdad irrefutable: ellos no conocen a su Padre. Por supuesto que esta respuesta conllevaba la implicación de que ellos no conocían a Dios (cf. 8:19).

Esta es la esencia de lo que Jesús les dice: "Vosotros sois de abajo, yo soy de arriba; vosotros sois de este mundo, yo no soy de este mundo" (8:23). Les avisa en los términos más severos posibles: "Por eso os dije que moriréis en vuestros pecados; porque si no creéis que yo soy, en vuestros pecados moriréis" (8:24). En el original, el uso del verbo resulta aún más contundente. Jesús no dice: "Si no creéis que yo soy Él", sino: "Si no creéis que yo soy". De nuevo se apropia del nombre especial de Dios, su "tarjeta de visita" por así decirlo: "YO SOY EL QUE SOY" (Éx. 3:14); ¡se identifica no solamente con Dios sino como Dios mismo! Es decir, que la perfecta salvación que Dios prometió en el Evangelio vendría de arriba, en la persona de Jesucristo, que es Dios mismo.

Estas afirmaciones son fáciles de hacer, pero no tanto de verificar. Sin embargo, Jesús también trata este asunto. Señalando la Cruz que tiene por delante, y empleando un lenguaje sumamente significativo, dice: "Cuando hayáis levantado al Hijo del Hombre, entonces conoceréis que yo soy, y que nada hago por mí mismo, sino que según me enseñó el Padre, así hablo" (8:28). En las tinieblas que cubrirían el mundo en aquel día de la crucifixión, la luz de la perfecta salvación de Dios brillaría en todo su esplendor.

21

Volver a empezar

31Dijo entonces Jesús a los judíos que habían creído en él:
Si vosotros permaneciereis en mi palabra, seréis verdade-
ramente mis discípulos; 32y conoceréis la verdad, y la ver-
dad os hará libres. 33Le respondieron: Linaje de Abraham
somos, y jamás hemos sido esclavos de nadie. ¿Cómo
dices tú: Seréis libres?
34Jesús les respondió: De cierto, de cierto os digo, que todo
aquel que hace pecado, esclavo es del pecado. 35Y el escla-
vo no queda en la casa para siempre; el hijo sí queda para
siempre. 36Así que, si el Hijo os libertare, seréis verdade-
ramente libres. 37Sé que sois descendientes de Abraham;
pero procuráis matarme, porque mi palabra no halla cabi-
da en vosotros. 38Yo hablo lo que he visto cerca del Padre;
y vosotros hacéis lo que habéis oído cerca de vuestro
padre.

Respondieron y le dijeron: Nuestro padre es
Abraham. Jesús les dijo: Si fueseis hijos de Abraham, las
obras de Abraham haríais. 40Pero ahora procuráis matar-
me a mí, hombre que os he hablado la verdad, la cual he
oído de Dios; no hizo esto Abraham. 41Vosotros hacéis las
obras de vuestro padre. Entonces le dijeron: Nosotros no
somos nacidos de fornicación; un padre tenemos, que es
Dios. 42Jesús entonces les dijo: Si vuestro padre fuese
Dios, ciertamente me amaríais; porque yo de Dios he sali-
do, y he venido; pues no he venido de mí mismo, sino que

él me envió. 43¿Por qué no entendéis mi lenguaje? Porque no podéis escuchar mi palabra. 44Vosotros sois de vuestro padre el diablo, y los deseos de vuestro padre queréis hacer. El ha sido homicida desde el principio, y no ha permanecido en la verdad, porque no hay verdad en él. Cuando habla mentira, de suyo habla; porque es mentiroso, y padre de mentira. 45Y a mí, porque digo la verdad, no me creéis. 46¿Quién de vosotros me redarguye de pecado? Pues si digo la verdad, ¿por qué vosotros no me creéis? 47El que es de Dios, las palabras de Dios oye; por esto no las oís vosotros, porque no sois de Dios.

Respondieron entonces los judíos, y le dijeron: ¿No decimos bien nosotros, que tú eres samaritano, y que tienes demonio? 49Respondió Jesús: Yo no tengo demonio, antes honro a mi Padre; y vosotros me deshonráis. 50Pero yo no busco mi gloria; hay quien la busca, y juzga. 51De cierto, de cierto os digo, que el que guarda mi palabra, nunca verá muerte. 52Entonces los judíos le dijeron: Ahora conocemos que tienes demonio. Abraham murió, y los profetas; y tú dices: El que guarda mi palabra, nunca sufrirá muerte. 53¿Eres tú acaso mayor que nuestro padre Abraham, el cual murió? ¡Y los profetas murieron! ¿Quién te haces a ti mismo? 54Respondió Jesús: Si yo me glorifico a mí mismo, mi gloria nada es; mi Padre es el que me glorifica, el que vosotros decís que es vuestro Dios. 55Pero vosotros no le conocéis; mas yo le conozco, y si dijere que no le conozco, sería mentiroso como vosotros; pero le conozco, y guardo su palabra. 56Abraham vuestro padre se gozó de que había de ver mi día; y lo vio, y se gozó. 57Entonces le dijeron los judíos: Aún no tienes cincuenta años, ¿y has visto a Abraham? 58Jesús les dijo: De cierto, de cierto os digo: Antes que Abraham fuese, yo soy. 59Tomaron entonces piedras para arrojárselas; pero Jesús se escondió y salió del templo; y atravesando por en medio de ellos, se fue (Juan 8:31-59).

El encuentro entre Jesús y los fariseos en la primera mitad de este capítulo, que por lo visto tuvo lugar en público, parece haber tenido una consecuencia positiva. Juan dice: "Hablando él estas cosas, muchos creyeron en él" (8:30). Jesús se dirige ahora a estos nuevos "creyentes", con resultados asombrosos.

Me acuerdo de haber observado en una ocasión unas obras en un salón de actos parroquial. Uno de los ingenieros que participó en la primera fase de las obras propuso unas soluciones estructurales para un muro que estaba causando problemas. Sin embargo, cuando llegaron los albañiles descubrieron que el problema era más grave de lo que parecía. Descubrieron que varias capas viejas de revestimiento que el ingeniero no había notado tapaban un defecto más fundamental de la estructura.

En este caso, cuando Jesús empieza a tantear la fe de los judíos que lo habían seguido, también descubre un problema mucho más profundo de lo que aquella gente había imaginado. Dice de la manera más inofensiva: "Si vosotros permaneciereis en mi palabra, seréis verdaderamente mis discípulos; y conoceréis la verdad, y la verdad os hará libres" (8:31-32). La gente empieza a enojarse casi inmediatamente, y para el final del capítulo los mismos que habían profesado creer en Jesús estaban a punto de lapidarlo (cf. 8:59). Aunque es un episodio deplorable, fue un paso necesario para revelar la gravedad de la necesidad humana y resaltar la verdadera naturaleza de la liberación de Dios. La salvación no es nada menos que volver a empezar.

El poder aterrador del pecado

Cuando Jesús empieza a tantear los pensamientos ocultos de los judíos que habían creído en Él, salen a la luz algunas cosas inquietantes. El resultado de todo esto es que Jesús los describe abiertamente como hijos del diablo (cf. 8:44). O Jesús los estaba provocando innecesariamente, o el problema del pecado es bastante más grave de lo que a veces nos damos cuenta.

Lo que molestó a estos nuevos seguidores fue la idea de que necesitaban liberación, y que esto solo podría ocurrir cuando llegaran a conocer la Verdad (cf. 8:32). Indignados, dijeron que nunca habían sido esclavos; ¿de dónde, entonces, la necesidad de ser liberados (cf. 8:33)? La respuesta de Jesús es contundente. Dice que todo aquel que peca es esclavo del pecado, y lo que es peor: si son esclavos, entonces —según la Ley antigua— no tienen lugar dentro de la familia (cf. 8:34-35). Solo un miembro de la familia, esto es, "el Hijo", podrá liberarlos (cf. 8:36). Jesús les hace comprender esta idea al reconocer la relación de los judíos con Abraham en virtud de su nacionalidad, pero destaca el hecho de que su actitud hacía Él mismo revela otra cosa. Su disposición a matar a Jesús indica otra paternidad bien distinta (cf. 8:37-38).

De nuevo los judíos protestan, reafirmando su vínculo con Abraham. De nuevo Jesús declara que sus actos niegan esa afirmación (cf. 8:39). La prueba definitiva se halla en su respuesta ante esas palabras de verdad: están dispuestos a matar a Aquel que la proclama (cf. 8:40). Esta clase de conducta no es coherente en absoluto con la actitud de Abraham, padre de la nación, pero sí con la de un padre bien distinto (cf. 8:41). Los judíos responden: "[…] Un padre tenemos, que es Dios" (8:41).

Aquí Jesús revela el poder aterrador que ejerce el pecado sobre las vidas de la gente. La vida no solamente se ve mancillada por algún que otro "pecado suelto" aquí y allá, sino que la vida humana está literalmente bajo el dominio de un poder ajeno: el diablo mismo. Todo el horror de esto se observa en la manera como estas personas dominadas por el pecado reaccionan ante Jesús y su mensaje: intentan matarlo. Pablo dice exactamente lo mismo acerca de la Humanidad en su estado natural: "[…] Los hombres […] detienen con injusticia la verdad […]" (Ro. 1:18). Antes de poder ser libres, tenemos que reconocer que somos esclavos.

El poder irreprimible de la Verdad

Resulta interesante que los judíos se hallan enfrentados a la Verdad, no como concepto abstracto, sino encarnada en la persona de Jesús. Él ya ha dejado claro que hay una conexión vital entre la Verdad que libera y el Hijo que libera (cf. 8:32, 36). Al recalcar su argumento en este encuentro, no permite a sus oyentes escurrir el bulto ni evadir la cuestión de su respuesta personal a Él.

Los que realmente conocen a Dios como Padre lo prueban con su amor a Jesús, el Hijo de Dios (cf. 8:42). La unión entre los dos es tal, que una verdadera relación con uno implica inevitablemente una relación correspondiente con el otro. El hecho de que los judíos se resistan a aceptar plenamente a Jesús y su Palabra solo indica que el vínculo más profundo de su vida es con un padre infernal y no con el verdadero Padre del Cielo. La huella diabólica en la vida del ser humano lo engaña acerca de Dios y su verdad. Al igual que el engaño de Satanás señaló el principio de la Caída en el huerto de Edén (cf. Gn. 3:1-5), se ha convertido en la cadena que ha alejado a la gente de Dios a lo largo de la Historia (cf. Ro. 1:25).

Jesús es la respuesta irreprimible de Dios a este engaño. Aunque no sea reconocido ni admitido, sigue siendo la Verdad encarnada de Dios. Jesús pone su dedo en la llaga de la conciencia de sus oyentes al decir: "Y a mí, porque digo la verdad, no me creéis" (8:45). De hecho, la Verdad en Cristo —a la cual se oponen deliberadamente en esta etapa de su ministerio— se verá reivindicada definitivamente en el apogeo de su ministerio, en el juicio formal donde se demuestran su inocencia e integridad sin lugar a dudas.

Esta es, pues, la prueba definitiva de nuestra relación con Dios. Los que le pertenecen escuchan las palabras de Jesús. Los que oyen las palabras de Dios escuchan a su Hijo.

El poder liberador de la gracia

Hay dos hilos que recorren estos versículos, uno negativo y el otro positivo. El hilo negativo es trágicamente evidente: la resistencia empedernida a Jesús y su verdad. En última instancia, esta actitud nunca consigue mantener la neutralidad respetable o fachada religiosa tras las cuales suele refugiarse. Mientras más se ve enfrentada con la verdad de Cristo en el Evangelio, más antagónica se vuelve. En este caso, los judíos llegan al extremo de la irracionalidad, tildando a Jesús de endemoniado (cf. 8:48); de haber podido, lo habrían matado (cf. 8:59). Esta actitud no es exclusiva de este grupo en particular de judíos confrontados por Jesús, sino que la han compartido millones de personas a lo largo de la Historia. Es la prueba definitiva de su paternidad infernal.

En contraste con esto, no solo se observa el aspecto positivo de estos versículos en la promesa de Jesús de liberar a la gente por la verdad de su Palabra, sino en la razón por la que puede hacer esta afirmación tan extravagante. Puede hacerla porque es Dios (cf. 8:58).

Mientras más intentaron los judíos acusar de demonio a Jesús, mejor se defendió. Si hubieran examinado las pruebas más de cerca habrían visto que Jesús, lejos de exhibir características demoníacas en su vida y ministerio, se interesaba sobre todo por la gloria de Dios (cf. 8:49-50). Jesús va un paso más allá al decir de aquel que guarda su Palabra, reconociendo así su verdad: "[…] Nunca verá muerte". (cf. 8:51). Esta es la esencia de la respuesta de Dios al problema más grave del hombre. El pecado separa al hombre de Dios en esta vida y dará paso a la exclusión eterna de la presencia de Él en la venidera, pero la gracia de Dios en Cristo proporciona el remedio eterno para esa separación.

Estas palabras enfurecen aún más a los judíos. Responden que Abraham y todos los profetas murieron, de manera que Jesús tiene que estar loco para hacer tal afirmación (cf. 8:52-53). Jesús responde que no se glorifica a sí mismo, sino que el Padre lo glorificará (cf. 8:54). Empleando el lenguaje recurrente a lo largo de este Evangelio, y que señala de manera parecida hacia la Cruz (cf. 17:1), Jesús se contenta con decir algo así: "Ya saldrá la verdad". Añade: "Abraham vuestro padre se gozó de que había de ver mi día; y lo vio, y se gozó" (8:56). El Patriarca venerable al cual aquella gente decía ser leal había comprendido mejor estas verdades que ellos, demostrándolo por la vida de fe que vivió y la confianza que mostró en la Palabra de Dios.

La muchedumbre se airó por esta declaración y se burló de Jesús (cf. 8:57). Jesús respondió: "[…] Antes que Abraham fuese, yo soy" (8:58). No cabía duda en cuanto al significado de sus palabras. Más abiertamente que nunca, Jesús tomó el nombre divino para sí mismo. La razón es evidente. El Hijo solo puede liberar por la Verdad a los que el diablo ha engañado y sometido a la tiranía del pecado porque únicamente Él es la verdad de Dios encarnada: el Hijo de Dios en carne humana. El propósito de Dios era el de restituir a través de Él toda una eternidad de estragos causados a través de Adán.

Esta es seguramente la noticia más importante que puede

recibir un mundo bajo la maldición del pecado. El pueblo judío había anhelado esta noticia a lo largo de su historia. Sin embargo, tal como Juan ya ha indicado en su Prólogo: "A lo suyo vino, y los suyos no le recibieron" (1:11). Su rechazo era contundente: "Tomaron entonces piedras para arrojárselas [...]" (8:59), ¡pero Jesús los esquivó y se fue!

22

¡Habiendo sido yo ciego, ahora veo!

Al pasar Jesús, vio a un hombre ciego de nacimiento. 2Y le
preguntaron sus discípulos, diciendo: Rabí, ¿quién pecó,
éste o sus padres, para que haya nacido ciego? 3Respondió
Jesús: No es que pecó éste, ni sus padres, sino para que las
obras de Dios se manifiesten en él. 4Me es necesario hacer
las obras del que me envió, entre tanto que el día dura; la
noche viene, cuando nadie puede trabajar. 5Entre tanto
que estoy en el mundo, luz soy del mundo. 6Dicho esto,
escupió en tierra, e hizo lodo con la saliva, y untó con el
lodo los ojos del ciego, 7y le dijo: Ve a lavarte en el estan-
que de Siloé (que traducido es, Enviado). Fue entonces, y
se lavó, y regresó viendo. 8Entonces los vecinos, y los que
antes le habían visto que era ciego, decían: ¿No es éste el
que se sentaba y mendigaba? 9Unos decían: Él es; y otros:
A él se parece. Él decía: Yo soy. 10Y le dijeron: ¿Cómo te
fueron abiertos los ojos? 11Respondió él y dijo: Aquel
hombre que se llama Jesús hizo lodo, me untó los ojos, y
me dijo: Ve al Siloé, y lávate; y fui, y me lavé, y recibí la
vista. 12Entonces le dijeron: ¿Dónde está él? Él dijo: No sé
(Juan 9:1-12).

¡La trágica ironía de la generación actual es que nunca ha sido más instruida, a la vez que nunca ha estado más confusa! Ha desarrollado teorías y tecnologías que son capaces de revelar los secretos del espacio sideral y los misterios de la estructura de la materia, pero no sabe nada en absoluto cuando se trata de la realidad, la identidad, la moralidad ni el destino. La letra de tantas canciones y la trama de tantas obras de teatro y películas reflejan el vacío y el dolor de muchísima gente.

Esto solo demuestra la medida en que la gente de nuestra época se halla exactamente en la misma situación que la generación de la época de Jesús. A pesar de los contrastes superficiales en cuanto al conocimiento y la tecnología, las semejanzas profundas son evidentes. Los problemas esenciales de la naturaleza humana nunca varían. Aunque de cierta manera esto es trágico —en 2 000 años no hemos aprendido la lección—, de otra es un consuelo. Si la esencia del dilema humano no ha variado, sigue siendo pertinente la esencia de la solución de Dios. La esperanza del Evangelio es verdaderamente la esperanza del mundo.

El siguiente episodio que Juan relata pone de relieve esta verdad. Jesús repite la declaración hecha en el capítulo anterior (cf. 8:12) y amplia la verdad acerca de sí mismo como "la luz del mundo" (9:5). Entonces lleva a la acción esta verdad ya expresada con palabras. Se acerca a un hombre que ha sido ciego toda la vida y lo sana, haciendo de él una especie de parábola viva acerca de la necesidad del mundo y la provisión de Dios.

El trasfondo de este incidente sigue siendo la Fiesta de los Tabernáculos y la Fiesta de las Luces, que formaban parte integral de esta celebración. En un contexto más amplio, Juan repite uno de sus temas centrales planteado en el Prólogo: el hecho de que la Palabra eterna fue también la luz eterna que brilló en las tinieblas de un mundo caído (cf. 1:4-9). Esta verdad mayor lleva este incidente a un nivel eterno. No solamente es un milagro fascinante y conmovedor que revolucionó la vida de un pobre hombre de Jerusalén, sino que forma parte del mensaje divino de esperanza para un mundo sin esperanza. Habla con elocuencia de la necesidad del mundo en su pecado y la respuesta de Dios a través de su Hijo.

Un defecto congénito

Uno de los descubrimientos fascinantes de la medicina moderna ha sido la capacidad de los especialistas de diagnosticar problemas en las primeras etapas de la vida. Además, al comprender la genética de los padres, saben exactamente la clase de problemas a esperar en sus hijos, ¡aun antes de la concepción! Como resultado, muchas enfermedades se clasifican ahora como "congénitas": una condición presente desde el nacimiento.

A pesar del estado relativamente primitivo de la medicina de la época de Jesús, observamos que sus discípulos reflexionan acerca de los problemas del ciego a un nivel aún más profundo. Ellos también consideraban su ceguera algo congénito, pero no a causa de un defecto genético del hombre o de sus padres, sino de un defecto espiritual. Al ver el problema, preguntan instintivamente: "[...] ¿Quién pecó, éste o sus padres, para que haya nacido ciego?" (9:2). Jesús responde —como lo hace a menudo la Biblia en este contexto— desviándolos de las complicadas interconexiones personales dentro de una sola familia, hacia los asuntos más profundos de la familia humana más amplia a la que todos pertenecemos. Señala la dimensión más amplia de un mundo dominado por el sufrimiento a causa del pecado, y la manera como Dios será glorificado en este mundo (cf. 9:3). La obra de Dios en ese individuo en particular será un paradigma de la obra de Dios en todo el mundo.

El problema espiritual congénito del pecado que comparte toda la raza humana desde la Caída de Adán se encuentra con la respuesta universal proporcionada por Dios en Jesucristo, su Hijo.

Una necesidad urgente

Al responder Jesús a la pregunta de sus discípulos, le interesa menos hablar de la causa del problema del ciego —y el problema más amplio del cual su ceguera es un síntoma— que destacar la urgencia de hallar y aplicar la solución de Dios. En esta ocasión, coloca la obra en particular que está a punto de llevar a cabo dentro del contexto de la obra infinitamente más grande que está haciendo a favor del mundo (cf. 9:3-5). Quiere que los discípulos vean la situación en su conjunto, y el papel que ellos desempeñan en ella.

De manera sutil pero asombrosa, Jesús demuestra la manera como Dios ha optado por propagar su obra en el mundo con la participación de personas corrientes. Dice: "*Nosotros* debemos hacer las obras del que *me* envió mientras es de día [...]" (9:4, LBLA, énfasis del autor). (La RVA y algunas otras versiones optan por otra lectura de este versículo que limita la acción a Jesús mismo: "Me es necesario hacer las obras [...]"). Habría sido una revelación sumamente extraordinaria para los discípulos, hombres corrientes, pensar que ellos debían participar en la increíble obra de Dios, pero así fue. Pablo dijo muchos años después: "Porque nosotros somos colaboradores de Dios [...]" (1 Co. 3:9).

La urgencia de esta obra se destaca cuando Jesús contrasta la noche con el día. En aquella época no existía tal cosa como los turnos de trabajo las veinticuatro horas; Jesús recalca aquí la necesidad de aprovechar toda oportunidad que Dios proporciona. Por eso, el encuentro con un hombre ciego en esta situación no presentaba un problema a analizar y discutir, sino una oportunidad a aprovechar para la gloria de Dios. Jesús planteó un principio perdurable que los cristianos pasamos por alto con demasiada frecuencia: el Evangelio tiene una urgencia que se corresponde con la gravedad del estado del mundo. Amy Carmichael, una misionera a la India muy callada y tranquila, pero muy usada por Dios, fue impulsada al servicio por un sueño turbador. En ese sueño vio a centenares de inconversos que caían por un precipicio, ¡muriendo mientras los cristianos tejían guirnaldas de flores!

Jesús quiere que la Iglesia en todas las épocas comprenda la urgencia de esta necesidad. Ya ha indicado que hay una gran cosecha que recoger y una necesidad urgente de obreros para la mies (cf. 4:35).

Una solución singular

El veneno y la plaga de todo producto de calidad en el mundo son las imitaciones baratas —y a menudo peligrosas— que intentan copiarlo y suplantarlo. Esto resulta sumamente común e insidioso en el ámbito de la necesidad espiritual. En los siguientes versículos, Jesús entra en detalles para demostrar su singularidad como respuesta a esta necesidad.

Una vez repetida su afirmación, no solamente de ser *una* luz para el mundo, sino "*la* luz del mundo" (9:5, LBLA), inmediatamente prueba la veracidad de sus palabras respaldándolas con los hechos. Hace otra señal milagrosa devolviendo la luz a los ojos ciegos (cf. 9:6-7). La importancia de esta señal no estriba tanto en el método empleado como en las instrucciones que la acompañan. Hace hincapié en el nombre del estanque donde el hombre debe lavar el barro de sus ojos: "Siloé". (Juan lo traduce para asegurarse de que los lectores griegos no se pierdan el significado del nombre arameo). No se puede obviar la asociación con lo que Jesús ya dijo acerca de sí mismo y su venida al mundo. Fue "enviado [por Dios]" para traer luz al mundo (cf. 9:4), de manera que, a su vez, envía a este hombre hacia el milagro que devolverá la luz a su vida.

Al igual que todos los milagros de Jesús, el poder sobrenatural manifestado en este indica la singularidad sobrenatural de Aquel que lo hizo. Más allá del gozo del individuo, señala la posibilidad de sanidad espiritual que Jesús ofrece a todos. Todas sus afirmaciones se ven respaldadas por su poder y autoridad singulares.

Un cambio dramático

El resultado de este incidente no pudo haber sido más dramático. Lo resalta la sucesión de verbos empleados por Juan: "Fue entonces, y se lavó, y regresó viendo" (9:7). Este hombre le tomó la palabra a Jesús y siguió sus instrucciones al pie de la letra; su vista le fue restaurada, y un rito que a primera vista parece absurdo fue el vehículo para el poder sanador de Dios.

Es un ejemplo de la forma en que la instrucción del Evangelio para nosotros de acudir a Jesucristo por la fe para nuestra salvación —que para muchos parece tan absurdo como la que Jesús le dio al ciego —también será el vehículo para restaurarnos a la vida. El Evangelio exige una respuesta al mandamiento de Cristo, al igual que en este caso la sanidad exigía la obediencia a sus instrucciones. El Evangelio nos manda acudir a Cristo para nuestra salvación. ¡Vayamos a Cristo, entonces!

La gloria del milagro superior de la gracia se expresa de manera hermosa en las palabras de John Newton, una vez alejado de Dios y capitán de marina que comerciaba con esclavos, el cual tuvo una conversión dramática que le llevó al ministerio cristiano:

Sublime gracia del Señor
que a un infeliz salvó.
Fui ciego mas hoy veo yo,
perdido y Él me halló.

Cuando Dios obra en la vida de una persona, el resultado salta a la vista. Al igual que el hombre que nació ciego indiscutiblemente había recuperado la vista (cf. 9:8-12) —por mucho que a algunos les costara creerlo—, en el caso de todo verdadero converso el poder redentor de Dios empieza a manifestarse en una vida transformada.

23

La hora de la verdad

Llevaron ante los fariseos al que había sido ciego. [14]Y era día de reposo cuando Jesús había hecho el lodo, y le había abierto los ojos. [15]Volvieron, pues, a preguntarle también los fariseos cómo había recibido la vista. Él les dijo: Me puso lodo sobre los ojos, y me lavé, y veo. [16]Entonces algunos de los fariseos decían: Ese hombre no procede de Dios, porque no guarda el día de reposo. Otros decían: ¿Cómo puede un hombre pecador hacer estas señales? Y había disensión entre ellos. [17]Entonces volvieron a decirle al ciego: ¿Qué dices tú del que te abrió los ojos? Y él dijo: Que es profeta.

[18]Pero los judíos no creían que él había sido ciego, y que había recibido la vista, hasta que llamaron a los padres del que había recibido la vista, [19]y les preguntaron, diciendo: ¿Es éste vuestro hijo, el que vosotros decís que nació ciego? ¿Cómo, pues, ve ahora? [20]Sus padres respondieron y les dijeron: Sabemos que éste es nuestro hijo, y que nació ciego; [21]pero cómo vea ahora, no lo sabemos; o quién le haya abierto los ojos, nosotros tampoco lo sabemos; edad tiene, preguntadle a él; él hablará por sí mismo. [22]Esto dijeron sus padres, porque tenían miedo de los judíos, por cuanto los judíos ya habían acordado que si alguno confesase que Jesús era el Mesías, fuera expulsado de la sinagoga. [23]Por eso dijeron sus padres: Edad tiene, preguntadle a él.

*24Entonces volvieron a llamar al hombre que había sido
ciego, y le dijeron: Da gloria a Dios; nosotros sabemos
que ese hombre es pecador. 25Entonces él respondió y dijo:
Si es pecador, no lo sé; una cosa sé, que habiendo yo sido
ciego, ahora veo. 26Le volvieron a decir: ¿Qué te hizo?
¿Cómo te abrió los ojos? 27El les respondió: Ya os lo he
dicho, y no habéis querido oír; ¿por qué lo queréis oír otra
vez? ¿Queréis también vosotros haceros sus discípulos?
28Y le injuriaron, y dijeron: Tú eres su discípulo; pero nos-
otros, discípulos de Moisés somos. 29Nosotros sabemos
que Dios ha hablado a Moisés; pero respecto a ése, no
sabemos de dónde sea. 30Respondió el hombre, y les dijo:
Pues esto es lo maravilloso, que vosotros no sepáis de
dónde sea, y a mí me abrió los ojos. 31Y sabemos que Dios
no oye a los pecadores; pero si alguno es temeroso de
Dios, y hace su voluntad, a ése oye. 32Desde el principio
no se ha oído decir que alguno abriese los ojos a uno que
nació ciego. 33Si éste no viniera de Dios, nada podría
hacer. 34Respondieron y le dijeron: Tú naciste del todo en
pecado, ¿y nos enseñas a nosotros? Y le expulsaron.*

*35Oyó Jesús que le habían expulsado; y hallándole, le
dijo: ¿Crees tú en el Hijo de Dios? 36Respondió él y dijo:
¿Quién es, Señor, para que crea en él? 37Le dijo Jesús: Pues
le has visto, y el que habla contigo, él es. 38Y él dijo: Creo,
Señor; y le adoró. 39Dijo Jesús: Para juicio he venido yo a
este mundo; para que los que no ven, vean, y los que ven,
sean cegados. 40Entonces algunos de los fariseos que esta-
ban con él, al oír esto, le dijeron: ¿Acaso nosotros somos
también ciegos? 41Jesús les respondió: Si fuerais ciegos, no
tendríais pecado; mas ahora, porque decís: Vemos, vuestro
pecado permanece* (Juan 9:13-41).

La Verdad tiene el hábito desagradable de manifestarse públicamente. No se puede tapar ni suprimir; tarde o temprano se hace notoria. Así es la verdad acerca de Jesús. En el transcurso de su ministerio público se intensificaron los encuentros entre Él y sus oponentes, la verdad acerca de su identidad empezó a tomar forma y la gente se vio obligada a reaccionar.

Esta reacción se basaba cada vez menos en la ignorancia y cada vez más en los hechos indiscutibles.

El milagro de la sanidad del ciego, junto con los comentarios repetidos de Jesús acerca de ser "la luz del mundo", constituyó una potente declaración acerca de su identidad. Esta declaración empujó a la gente hacia la hora de la verdad, en el que tienen que dar una respuesta personal. El desarrollo de la revelación de Jesús en el Evangelio tiene exactamente el mismo efecto en todos los que se exponen a ella, sin importar su contexto histórico ni cultural. Se barre la niebla de la ignorancia, y la Verdad salta a la vista. Llega el momento crucial: ¿cómo responderemos a Aquel que está delante de nosotros? No importa lo mucho que queramos seguir indecisos; no hay lugar para la neutralidad, y hay que responder de una u otra manera.

A medida que se propagaba la noticia de la extraordinaria sanidad del hombre ciego de nacimiento, igualmente aumentaba la presión sobre la gente para responder al Hacedor del milagro. En los encuentros siguientes, vemos tres reacciones distintas a Jesús, pero al examinarlas más de cerca quedan reducidas a las únicas dos reacciones posibles: la fe o el rechazo.

La reacción de incredulidad

La reacción más amarga contra Jesús en estos versículos proviene del sector menos esperado: la comunidad religiosa. Los líderes religiosos le son extremadamente antagónicos. Aunque las evidencias que indican que Jesús es el Mesías aumentan a diario, la postura de ellos en contra de Él se endurece progresivamente, y su odio resulta evidente. De manera aterradora observamos la revelación de la fealdad del corazón humano. Aun donde la naturaleza humana se oculta esmeradamente bajo la fachada más plausible de piedad y devoción a Dios, tarde o temprano se manifestará la terrible verdad de lo que somos en nuestro pecado.

El prejuicio de los corazones de estos hombres se revela en su actitud y vituperio irracionales; intentan negar lo obvio y colman a Jesús de insultos. Primero se aferran al hecho de que Jesús hiciera este milagro en el día de reposo como motivo para desacreditarlo (cf. 9:13-16). Aunque Jesús ya había tratado este tema con ellos, dejándolos sin palabras (cf. 7:20-24), en su cólera ciega invocan el mismo argumento ya derrotado. Pero su objeción queda tan ridícula que hasta los espectadores se dan cuenta de su falta de lógica: "[…] ¿Cómo puede un hombre pecador hacer estas señales? […]" (9:16).

Volviéndose al hombre que había sido sanado, los fariseos le piden su opinión de Aquel que le sanó. Este hombre, obviamente no muy religioso por naturaleza, responde sencillamente: "[…] Es profeta" (9:17). Los fariseos no quieren admitir esa posibilidad, y empiezan a poner en duda la ceguera del hombre en primer lugar (cf. 9:18-23). Llaman a sus padres y los presionan para que expliquen lo ocurrido, pero ellos están aterrados ante las autoridades judías. Ya se había decidido que cualquiera que reconociera a Jesús como el Mesías sería expulsado de la sinagoga (cf. 9:22).

Los fariseos vuelven de nuevo con el hombre sanado. Empiezan a intimidarlo, afirmando: "[…] Nosotros sabemos que ese hombre es pecador" (9:24). ¡Apenas ocultan la amenaza contra cualquiera que se atreva a cuestionar la sabiduría aceptada de las autoridades judías! Sin embargo, el hombre no expresa opiniones infundadas; se limita a repetir los hechos (cf. 9:25). Cuando los judíos persisten en su interrogatorio, el hombre —bien por ingenuidad, bien con sarcasmo— pregunta: "[…] ¿Queréis también vosotros haceros sus discípulos?" (9:26). Eso fue demasiado para las autoridades ya airadas. Al ver que han fallado los intentos de intimidar al testigo, recurren a los insultos y lo expulsan sin más de la sinagoga (cf. 9:27-34).

Todo este acontecimiento revela mucho más acerca de los judíos que de Jesús. La debilidad de sus procedimientos y su táctica ilícita solo sirven para reforzar las pruebas a favor de las credenciales de Jesús como el Mesías. Esta hostilidad ciega y amarga es señal de aquella incredulidad que no solamente se manifiesta a lo largo del Nuevo Testamento, sino una y otra vez en el transcurso de la Historia. La verdad sobre Jesús sirve para suscitar la más feroz oposición y resentimiento del corazón humano.

La reacción de los indecisos

Sin embargo, se observa otro grado de incredulidad entre la muchedumbre: la reacción de los agnósticos comedidos. Ellos se dan cuenta del peso de las pruebas que tienen delante en la sanidad del hombre que nació ciego. Pero aunque su postura "indecisa" fuera una fuente de evidente turbación para los fariseos y líderes judíos (cf. 9:16), en realidad esta postura no difería de la de aquellos que se oponían abiertamente a Jesús.

Esto resulta evidente en la expresión de indecisión en cuanto a Jesús que observamos en los padres del ciego sanado. Al ser interrogados por las autoridades, se resistieron a decir "la verdad, toda la verdad, y nada más que la verdad". En cambio, dirigen la atención de nuevo a su hijo (cf. 9:20-23). Resulta evidente que eran reacios a tomar una postura a favor de esta verdad tan obvia por una sencilla razón: temían la reacción de las autoridades (cf. 9:22-23). Les importaba más su reputación ante los vecinos que su relación con Dios.

Desgraciadamente, la reacción de los padres del ciego es la de mucha gente. Son personas tranquilas, educadas y respetables. Simplemente quieren ocuparse de sus asuntos. Quieren tener lo menos que ver posible con los demás, y que éstos los dejen tranquilos a su vez. La tragedia es que, aunque estas personas suelen conseguir "quedarse en la sinagoga", quedan definitivamente excluidas del Reino de Dios. Su reacción ante Jesús puede ser más amable que la de los fariseos, pero a fin de cuentas no es tan diferente. Los agnósticos son simplemente ateos comedidos.

La reacción de fe

Resulta interesante notar que para el hombre que está en el centro de este episodio, su experiencia física con Cristo no coincide con su experiencia espiritual. Su sanidad física y la espiritual fueron dos acontecimientos separados. Su encuentro con el poder de Dios dio paso a una experiencia posterior más plena de ese poder con efectos más profundos y duraderos. Esto no es tan extraño respecto a la manera como Dios obra en las vidas de las personas. A menudo ocurre algo que suscita preguntas espirituales que de otra manera tal vez nunca se les habrían ocurrido. Esto da paso a una intervención divina mayor que más adelante les lleva a la fe salvadora.

Al trazar el progreso de la respuesta de este hombre a Jesús, podemos identificar tres etapas distintas y significativas. Al principio, para el ciego es simplemente "aquel hombre que se llama Jesús" (9:11). Después de reflexionar un poco y oír los argumentos que siguieron a los acontecimientos, Jesús es "profeta" (9:17). Al final, después de los acontecimientos asombrosos y el trato que recibió de manos de los fariseos y de sus propios padres, consideró a Jesús digno de adoración (cf. 9:38). La hora de la verdad para este hombre llegó cuando Jesús le reveló la verdad acerca de sí mismo (cf. 9:35-37). No importa mucho si el hombre se daba cuenta de que el título "Hijo del Hombre" se usaba en el Antiguo Testamento para designar al Mesías, y que Jesús lo usaba frecuentemente para referirse a sí mismo. Está claro que se dio cuenta de que en Jesús, él se encontraba cara a cara con Dios, y lo adoró como tal. Este es el momento decisivo para todos nosotros: cuando nos damos cuenta de que Jesús es el Dios que nos salva y restaura.

Los dos extremos dolorosos e incongruentes que se observan en los acontecimientos de este capítulo se reúnen en el comentario final de Jesús: "Para juicio he venido yo a este mundo; para que los que no ven, vean, y los que ven, sean cegados" (9:39). Por supuesto que se trata de un juego de palabras con el doble sentido del verbo "ver". No importa solamente la vista física; la percepción espiritual es más vital aún. Los que se dan cuenta de su ceguera espiritual y se aferran a Jesús en su desamparo recibirán la vista. Aquellos que se niegan a reconocer su ceguera espiritual, creyendo que ven —como los fariseos— se verán sumidos en tinieblas eternas.

Los fariseos perciben algo de lo que dice Jesús y les arde la conciencia. Jesús, que conoce sus corazones, confirma sus sospechas (cf. 9:40-41).

24

Nueva vida en una nueva relación

*De cierto, de cierto os digo: El que no entra por la puerta
en el redil de las ovejas, sino que sube por otra parte, ése
es ladrón y salteador. [2]Mas el que entra por la puerta, el
pastor de las ovejas es. [3]A éste abre el portero, y las ove-
jas oyen su voz; y a sus ovejas llama por nombre, y las
saca. [4]Y cuando ha sacado fuera todas las propias, va
delante de ellas; y las ovejas le siguen, porque conocen su
voz. [5]Mas al extraño no seguirán, sino huirán de él, por-
que no conocen la voz de los extraños. [6]Esta alegoría les
dijo Jesús; pero ellos no entendieron qué era lo que les
decía.*

*Volvió, pues, Jesús a decirles: De cierto, de cierto os
digo: Yo soy la puerta de las ovejas. [8]Todos los que antes
de mí vinieron, ladrones son y salteadores; pero no los
oyeron las ovejas. [9]Yo soy la puerta; el que por mí entrare,
será salvo; y entrará, y saldrá, y hallará pastos. [10]El
ladrón no viene sino para hurtar y matar y destruir; yo he
venido para que tengan vida, y para que la tengan en
abundancia. [11]Yo soy el buen pastor; el buen pastor su
vida da por las ovejas. [12]Mas el asalariado, y que no es el
pastor, de quien no son propias las ovejas, ve venir al lobo
y deja las ovejas y huye, y el lobo arrebata las ovejas y
las dispersa. [13]Así que el asalariado huye, porque es asa-
lariado, y no le importan las ovejas. [14]Yo soy el buen pas-
tor; y conozco mis ovejas, y las mías me conocen, [15]así*

como el Padre me conoce, y yo conozco al Padre; y pongo
mi vida por las ovejas. [16]*También tengo otras ovejas que*
no son de este redil; aquéllas también debo traer, y oirán
mi voz; y habrá un rebaño, y un pastor. [17]*Por eso me ama*
el Padre, porque yo pongo mi vida, para volverla a tomar.
[18]*Nadie me la quita, sino que yo de mí mismo la pongo.*
Tengo poder para ponerla, y tengo poder para volverla a
tomar. Este mandamiento recibí de mi Padre.
[19]*Volvió a haber disensión entre los judíos por estas pala-*
bras. [20]*Muchos de ellos decían: Demonio tiene, y está*
fuera de sí; ¿por qué le oís? [21]*Decían otros: Estas palabras*
no son de endemoniado. ¿Puede acaso el demonio abrir
los ojos de los ciegos? (Juan 10:1-21).

Al entrar en el capítulo 10 de este Evangelio, la conexión con lo anterior no resulta inmediatamente obvia. Por eso algunos comentaristas argumentan que hay una ruptura radical entre el material del capítulo anterior y el que se presenta en este. Sin embargo, en realidad no es necesaria una sugerencia tan desconcertante. Obviamente, Juan es un escritor esmerado que entreteje hábilmente los hilos que unen los elementos de su Evangelio.

El vínculo entre la sanidad del hombre que nació ciego y el discurso de Jesús acerca del Buen Pastor estriba en los últimos versículos del capítulo 9. Allí Jesús había revelado la ceguera espiritual de los fariseos, los pastores espirituales de Israel. Quedaron descalificados para la tarea que debían efectuar para Dios. Como contraste, Jesús se presenta como el verdadero Pastor de su pueblo y Aquel que hará todo lo necesario para garantizar su seguridad eterna.

Todo esto hace eco del ministerio de Ezequiel entre los exiliados de Judá en Babilonia. Allí predicó contra los falsos pastores de Israel que habían abusado de sus privilegios y abdicado sus responsabilidades espirituales para con el pueblo de Dios. Como respuesta, Dios no solamente los castigó por su fracaso, sino que aseguró a su pueblo que Él mismo sería su Pastor perfecto (cf. Ez. 34:1-31). Aquella gran profecía se cumplía ahora en el Hijo de Dios.

La hermosura eterna de este discurso estriba en su descripción de Jesús como verdadero Rey Pastor de nuestras almas. Empleando imágenes del Antiguo Testamento y de Oriente Medio del rey como pastor de su pueblo, nos muestra cómo Jesús proporciona para aquellos que confían en Él el liderazgo que les llevará al gozo y la paz eternos. A pesar de la traición que experimentamos al entregarnos a otros líderes de la sociedad, sean políticos, gurús del éxito u otros, he aquí Aquel que es digno de nuestra más profunda confianza. Debemos reflexionar profundamente acerca de este retrato de Cristo para apreciar lo que promete y reconocer por qué es digno de nuestra confianza.

La orientación verdadera

Las palabras de Jesús en el primer párrafo de esta sección se relacionan con dos cosas: el fracaso de los líderes espirituales judíos y el hecho de que la gente empezaba a cuestionar su integridad. El incidente anterior reveló la frialdad de los fariseos ante los necesitados del pueblo y las dudas evidentes que surgían al escuchar el debate entre Jesús y los líderes. Como respuesta a ambos aspectos, Jesús creó una imagen que resultaba más que familiar para sus oyentes: un redil, los pastores y el rebaño.

Con referencia a los pastores fracasados de Israel, Jesús habla de los encargados de cuidar de las ovejas de Dios que intentan subir por otra parte que no es la puerta, y que no son más que ladrones (cf. 10:1). Tienen motivaciones y métodos equivocados y, por tanto, no pueden proporcionar el cuidado y orientación que necesitan las ovejas. Solo aquel que entra por la puerta del redil es un pastor genuino a quien realmente le importan las ovejas. De esta manera, la puerta se convierte en la manera de identificar a un pastor verdadero. Las ovejas buscan instintivamente a aquel que entra por la puerta que conocen, esperando que les guíe y alimente. Para los judíos, Dios había señalado el camino verdadero en su Palabra, el Antiguo Testamento. Empezaban a darse cuenta de que sus líderes espirituales actuales no los guiaban por los senderos marcados en las Escrituras, pero veían en Jesús un verdadero Pastor. El camino divino de vida y salvación está señalado permanentemente en la Biblia, proporcionando la piedra de toque necesaria para probar las afirmaciones de todo aquel que diga ser un líder espiritual para la Iglesia.

En cuanto a las ovejas necesitadas de Israel, Jesús describe una escena común en los pastizales de Palestina: el pastor que guía a sus ovejas (cf. 10:2-6). En lugar de empujar a las ovejas desde atrás, el pastor las guiaba suavemente usando su voz, la cual conocían y que les inspiraba confianza. Obviamente, Jesús se refería a sí mismo y al sonido de su propia voz; no en el sentido literal, sino como una voz que hace eco de la Verdad y de la voz de Dios que se había escuchado en Israel a lo largo del tiempo.

A lo largo de la historia de Israel, la voz de Dios siempre había sido suave y consoladora para aquellos que estaban dispuestos a confiar en Él. Ahora, aquella voz consoladora se volvía a escuchar en el ministerio de Jesús. En medio de las muchas necesidades y vidas quebrantadas que nos rodean hoy día, nunca ha habido otra época en la que la gente estuviera tan necesitada de oír una voz digna de confianza. Jesús es el único que sigue perfectamente el camino de Dios. Por eso podemos confiar en Él para guiar a sus seguidores en ese camino eterno.

La seguridad real

Parece ser que la gente no captaba esa imagen (cf. 10:6), de manera que Jesús entra en detalles. Se centra en el hecho de que, por encima de todo, las ovejas necesitan seguridad (cf. 10:7-9). Hace un retrato más explícito de sí mismo y declara más claramente el contraste entre el pastor verdadero y el falso.

Usando una similitud gráfica, dice: "Yo soy la puerta [...]" (10:9). Según la costumbre pastoral de Medio Oriente, el pastor era literalmente la puerta humana al redil. Se acostaba de noche en la entrada y era la clave de la protección y provisión. Jesús emplea estos dos conceptos dentro del contexto de la salvación. Nuestra protección y provisión espirituales son aseguradas únicamente por Él. Dos cosas destacan en este pasaje: primero, el ofrecimiento sin restricciones que hace Jesús. Segundo, la ruta limitada que nos señala. La promesa de salvación y seguridad es para "el que [...] entrare", pero la experiencia de salvación y seguridad es solamente para aquellos que entran "por mí"

(10:9). Este exclusivismo no resulta popular en nuestra época liberal, pero nunca ha habido una época en que este mensaje en su sentido más verdadero lo fuera. Pero es un mensaje perfectamente lógico. Cuando un barco se hunde, el único lugar donde la gente puede estar a salvo es en los botes salvavidas. Es igual para un mundo que se hunde progresivamente en el pecado, la culpa y la experiencia del juicio de Dios. El único lugar seguro para los pecadores está en el Salvador, Jesús, proporcionado y aprobado por Dios.

Una libertad singular

La hermosura de lo que Jesús ofrece a todo aquel que confía en Él se observa en la promesa de una calidad de vida nueva y singular. Lo expresa de dos maneras distintas y en dos versículos consecutivos: "[…] Entrará, y saldrá, y hallará pastos" (10:9), y "[…] Yo he venido para que tengan vida, y para que la tengan en abundancia" (10:10). ¡La imagen de las ovejas que hallan pastos lo expresa todo! Un rebaño que es guiado a un prado que les proporciona todo, y donde son libres para pasear y pastar. La abundancia de lo que Dios nos proporciona en Cristo nunca debe subestimarse. Pablo lo describe así: "[…] Nos bendijo con toda bendición espiritual en los lugares celestiales en Cristo" (Ef. 1:3). ¡Dios no puede darnos otra cosa mejor!

Esta idea se amplía en la segunda afirmación sobre "la vida en abundancia". J.C. Ryle la explica diciendo que la vida de los verdaderos creyentes es de una calidad superior a la que disfrutaron sus congéneres veterotestamentarios. Esto es cierto. El cumplimiento del propósito redentor de Dios en Jesucristo y el comienzo de la época del Nuevo Pacto no es distinto, sino mejor que la verdad del Antiguo. Sin embargo, Jesús también resalta el hecho de que la vida que Él ofrece es distinta de la vida que ofrece el mundo. Esta vida pertenece a un orden completamente distinto porque gira en torno a una comunión restablecida con Dios.

Una certeza genuina

Las promesas extravagantes y las cumplidas son dos cosas bien distintas. ¿Dónde está la garantía de que Jesús realmente será la clase de pastor que proporcione la clase de cuidados que Él menciona? La respuesta se halla en el siguiente versículo: "Yo soy el buen pastor; el buen pastor su vida da por las ovejas" (10:11). Él es el "buen" o genuino pastor, en contraste con los impostores espirituales que abundan (cf. 10:12-13). Da la prueba definitiva de esto al llegar al extremo supremo por el bien eterno de sus ovejas. Al final dará su vida por ellas.

Seguramente esta última declaración causaría sorpresa entre sus oyentes judíos. Era un lenguaje de sacrificio y sustitución, del pastor que literalmente ocupa el lugar de sus ovejas ante el peligro. En cierto sentido, la metáfora del pastor parece fallar en este punto. ¿Qué clase de pastor estaría dispuesto a morir por sus ovejas? Por supuesto que Jesús señalaba algo que solo quedaría esclarecido al final de su ministerio. A través de su muerte sustitutiva en la Cruz —donde, como Cordero inmolado, ocuparía el lugar de su pueblo pecaminoso—, Jesús por fin aseguraría su redención. No puede haber mejor garantía de una promesa. La promesa del Evangelio está sellada con la Sangre del Pastor Salvador, Jesucristo.

Una identidad nueva

Hay un último detalle en esta sección que llevó a los oyentes judíos de su época a territorio desconocido. No era desconocido en términos de los planes que Dios había revelado a través del Antiguo Testamento, pero sí en términos de su cumplimiento en la experiencia de Israel. Jesús anticipaba el día en que habría "[…] un rebaño, y un pastor" (10:16). Con las "[…] otras ovejas que no son de este redil […]" (10:15), se refiere a los futuros conversos de entre los gentiles. A través de Cristo, Dios cumpliría con su promesa pactada con Abraham, haciendo de él y de sus descendientes judíos una bendición para las naciones (cf. Gn. 12:3). Los gentiles serían unidos al redil de Dios.

La nueva identidad en Jesucristo trascendía el judaísmo de sus oyentes originales. Es más que una identidad nacional o étnica la que nos diferencia; es más profunda y rica, y solo se halla en Jesucristo. Esto es así para todo aquel que busca la salvación en Cristo. También recibe una nueva identidad que proviene de entrar en la nueva creación de Dios (cf. 2 Co. 5:17).

Las buenas nuevas de Dios tienen que ver con una vida totalmente nueva dentro de una relación completamente nueva con Él a través de la comunión con su Hijo Jesucristo.

25

Rechazar el mejor don de Dios

*Celebrábase en Jerusalén la fiesta de la dedicación. Era
invierno, [23]y Jesús andaba en el templo por el pórtico de
Salomón. [24]Y le rodearon los judíos y le dijeron: ¿Hasta
cuándo nos turbarás el alma? Si tú eres el Cristo, dínoslo
abiertamente. [25]Jesús les respondió: Os lo he dicho, y no
creéis; las obras que yo hago en nombre de mi Padre, ellas
dan testimonio de mí; [26]pero vosotros no creéis, porque no
sois de mis ovejas, como os he dicho. [27]Mis ovejas oyen mi
voz, y yo las conozco, y me siguen, [28]y yo les doy vida
eterna; y no perecerán jamás, ni nadie las arrebatará de
mi mano. [29]Mi Padre que me las dio, es mayor que todos,
y nadie las puede arrebatar de la mano de mi Padre. [30]Yo
y el Padre uno somos.*

*[31]Entonces los judíos volvieron a tomar piedras para
apedrearle. [32]Jesús les respondió: Muchas buenas obras os
he mostrado de mi Padre; ¿por cuál de ellas me apedreáis?
[33]Le respondieron los judíos, diciendo: Por buena obra no
te apedreamos, sino por la blasfemia; porque tú, siendo
hombre, te haces Dios. [34]Jesús les respondió: ¿No está
escrito en vuestra ley: Yo dije, dioses sois? [35]Si llamó dio-
ses a aquellos a quienes vino la palabra de Dios (y la
Escritura no puede ser quebrantada), [36]¿al que el Padre
santificó y envió al mundo, vosotros decís: Tú blasfemas,
porque dije: Hijo de Dios soy? [37]Si no hago las obras de mi
Padre, no me creáis. [38]Mas si las hago, aunque no me cre-*

áis a mí, creed a las obras, para que conozcáis y creáis que el Padre está en mí, y yo en el Padre.* [39]*Procuraron otra vez prenderle, pero él se escapó de sus manos.

[40]***Y se fue de nuevo al otro lado del Jordán, al lugar donde primero había estado bautizando Juan; y se quedó allí.* [41]*Y muchos venían a él, y decían: Juan, a la verdad, ninguna señal hizo; pero todo lo que Juan dijo de éste, era verdad.* [42]*Y muchos creyeron en él allí*** (Juan 10:22-42).

En la segunda mitad del capítulo 10 la escena cambia, pero la idea que las une continúa: el tema del amplio rechazo de Jesús por los judíos, especialmente las autoridades. Aquí Juan se centra en el motivo de este rechazo: se niegan a escuchar la voz de Jesús como el Pastor de Israel (cf. 10:27), mostrándose así descalificados para ocupar un lugar entre el pueblo escogido de Dios.

Este incidente ocurrió durante la Fiesta de la Dedicación en Jerusalén; Juan añade, casi de paso: "Era invierno [...]" (10:22). Bien podría ser simplemente un comentario, pero más probablemente fuera uno de los comentarios cargados de significado que Juan empleaba con intención. No solamente destaca la temporada por el frío, sino por la acogida cada vez más fría de Jesús por parte de su propio pueblo.

Aunque hay una dimensión absoluta en los acontecimientos que se desarrollan en estos versículos, la cual se relaciona de manera singular con el trato de Dios para con su antiguo pueblo, también contienen algo de paradigma universal. El rechazo de Jesús por parte de los judíos es señal del rechazo que experimenta a manos de todo aquel que rechaza el Evangelio que Dios le ofrece a través de Jesús. Tiene por lo menos tres características lamentables.

La ceguera

Cuando la muchedumbre judía se reúne de nuevo en torno a Jesús, su primera pregunta parece superficialmente prometedora y plausible: "[...] Si tú eres el Cristo, dínoslo abiertamente" (cf.10: 24). ¡Seguro que una respuesta sencilla para esta pregunta tan sencilla en apariencia zanjaría para siempre el asunto! Pero era una pregunta malintencionada, como observamos por la manera en que se expresó. Los judíos no solamente se quejan de que Jesús los mantenga en vilo; realmente están diciendo: "¿Hasta cuándo nos vas a molestar?". Tenían ideas propias acerca de la clase de Mesías que esperaban, y hasta ahora Jesús no había dado la talla. Sus ideas preconcebidas habían surgido brevemente después de la alimentación de los cinco mil, cuando la muchedumbre había intentado prender a Jesús por la fuerza para hacerle rey (cf. 6:15). A estas alturas habían cerrado la mente y el corazón a Jesús porque buscaban un Mesías a su gusto.

La respuesta de Jesús es sorprendente: "Os lo he dicho, y no creéis [...]" (10:25). Es verdad que, por lo menos según los escritos de Juan, Jesús no lo ha dicho con esas palabras. Pero el mensaje estaba claro para el ojo y el oído de la fe. Por los motivos ya planteados en el Evangelio, Jesús no quería que la gente respondiera a Él simplemente porque se hubiera apropiado de un título. En lugar de eso, quería que vieran y comprendieran la verdad acerca de su identidad. Las percepciones erróneas de Cristo solo dan lugar a respuestas equivocadas.

Jesús, pues, explica lo que quiere decir: "[...] Las obras que yo hago en nombre de mi Padre, ellas dan testimonio de mí [...]". Los milagros eran grandes obras con un gran mensaje. Hemos observado que Juan, al documentar este aspecto del ministerio de Jesús, destaca el hecho de que eran "señales" cargadas de significado. Eran una revelación tangible y visible de la verdad acerca de Jesús. ¡Si esos judíos hubieran conocido realmente bien su Biblia hebrea, habrían visto un "retrato robot" del Mesías —cómo sería y la clase de obras que haría— que se manifestó plenamente en Jesús y sus milagros! Pero no creían porque realmente no formaban parte del redil de Dios (cf. 10:20). Afirmaban ver, pero en realidad cuando tenían a Jesús delante no percibían nada especial.

Resulta asombroso e inquietante que las espléndidas verdades acerca de Jesús que leemos en el Evangelio puedan emocionar a muchos pero dejar a otros indiferentes, porque son ciegos a su identidad.

La arrogancia

Jesús añade otra razón fundamental por la que no creen en Él. Es esta: "[…] Porque no sois de mis ovejas […]" (10:26). Aunque exteriormente pertenecían al redil de Dios en virtud de su nacionalidad, en realidad no formaban parte del pueblo escogido de Dios. Su actitud y respuesta ante Jesús lo prueban.

Jesús destaca aquí esta verdad significativa acerca del Dios de la Biblia: es un Dios que escoge, o elige, salvar a unos y a otros no. Esta es una de las doctrinas bíblicas que a menudo han sido el centro y la fuente de debates enérgicos entre cristianos. Es especialmente así cuando los cristianos intentan reconciliarla con la enseñanza bíblica, igualmente prominente, acerca de la responsabilidad humana. Las dificultades en cuanto a estas doctrinas surgen casi siempre cuando intentamos ahondar en la voluntad y propósitos secretos de Dios, aunque la Biblia dice claramente que esta área está fuera del alcance de la mente humana (cf. Dt. 29:29). La clave del sentido de estas verdades se halla en las siguientes palabras de Jesús.

¿Cómo sabes si eres de los elegidos o no? Jesús responde: "Mis ovejas oyen mi voz, y yo las conozco, y me siguen" (10:27). Los que Cristo "conoce", esto es, a los que ha amado desde antes de la fundación del mundo, saldrán a la luz guiados por su voz. Bien a través de su predicación en persona mientras vivió en la Tierra, o bien al oír su voz en el Evangelio propagado, los elegidos de Dios responderán al llamamiento. Los miembros de su redil lo "seguirán"; no solo reconocerán sino que responderán con fe y obediencia a la voz de Jesús. Habrá una respuesta inicial de conversión y una respuesta continuada en una vida de discipulado. Los que reaccionan de esta manera tendrán la seguridad eterna que solo Cristo puede garantizar (cf. 10:28).

Todo esto exige humildad ante Cristo. Y los judíos no estaban dispuestos a aceptar esta clase de humildad. En su arrogancia, no solo rechazaron a Jesús sino también a Dios.

El vacío

Los judíos se aferran enseguida al hecho de que Jesús ha vuelto a afirmar ser uno con el Padre (cf. 10:30). Por eso "[…] Volvieron a tomar piedras para apedrearle" (10:31). Jesús rebate esta acción diciendo: "Muchas buenas obras os he mostrado de mi Padre; ¿por cuál de ellas me apedreáis?" (10:32). Los judíos respondieron que era culpable de blasfemia (cf. 10:33).

La respuesta de Jesús es interesante. Podría haber vuelto a apelar a las pruebas contundentes de las obras del Padre que había hecho en los milagros, todo lo cual concordaba con las predicciones del Antiguo Testamento. En cambio, apela a la Ley: esto es, el Antiguo Testamento en su totalidad. Cita un versículo de los salmos: "Yo dije, dioses sois" (Sal. 82:6), y se basa en una verdad menor para argumentar una mayor. Si este versículo fue verdad para aquellos a quienes vino la palabra de Dios, ¿acaso no lo sería más para "[Aquel] que el Padre santificó y envió al mundo" (Jn.10: 36)? Revela que los argumentos en su contra no tienen fundamento si intentan probarlos únicamente por la Ley.

Como tantos otros desde entonces, los líderes judíos buscaban descartar a Jesús por razones nimias. En realidad no eran distintos de aquellos que rechazan a Cristo porque, como dicen: "Esa no es mi idea de Dios", o de un Salvador.

El broche de oro viene al final del relato, cuando Jesús dice a la muchedumbre: "Si no hago las obras de mi Padre, no me creáis" (10:37-38). Señala por encima de todo la coherencia completa entre la revelación de Dios y su obra en el Antiguo Testamento, y lo que ellos observaban en Jesús. El poder milagroso de Dios revelado en el Antiguo Testamento se vuelve a observar en los milagros de Jesús. El peso de las contundentes pruebas era suficiente para echar abajo las objeciones vacías suscitadas por los oponentes de Jesús.

Después de este encuentro Jesús se marchó de Jerusalén, centro del mundo religioso judío, y se fue a la región rural tranquila más allá del río Jordán que había sido muy influenciado por el ministerio de Juan el Bautista. Allí, "[…] Muchos venían a él […]" (10:41). Era gente corriente y sencilla. Creyeron en Jesús simplemente porque todo lo que Juan había dicho acerca de Él era cierto (cf. 10:41-42). Los que realmente son los elegidos de Dios no necesitan espectáculos para guiarlos hacia el Salvador. La simple Verdad les ganará.

26

Ya no temo la muerte

Estaba entonces enfermo uno llamado Lázaro, de
Betania, la aldea de María y de Marta su hermana.
2(María, cuyo hermano Lázaro estaba enfermo, fue la que
ungió al Señor con perfume, y le enjugó los pies con sus
cabellos.) 3Enviaron, pues, las hermanas para decir a
Jesús: Señor, he aquí el que amas está enfermo. 4Oyéndolo
Jesús, dijo: Esta enfermedad no es para muerte, sino para
la gloria de Dios, para que el Hijo de Dios sea glorifica-
do por ella.

5Y amaba Jesús a Marta, a su hermana y a Lázaro.
6Cuando oyó, pues, que estaba enfermo, se quedó dos días
más en el lugar donde estaba. 7Luego, después de esto, dijo
a los discípulos: Vamos a Judea otra vez. 8Le dijeron los
discípulos: Rabí, ahora procuraban los judíos apedrearte,
¿y otra vez vas allá? 9Respondió Jesús: ¿No tiene el día
doce horas? El que anda de día, no tropieza, porque ve la
luz de este mundo; 10pero el que anda de noche, tropieza,
porque no hay luz en él. 11Dicho esto, les dijo después:
Nuestro amigo Lázaro duerme; mas voy para despertarle.
12Dijeron entonces sus discípulos: Señor, si duerme, sana-
rá. 13Pero Jesús decía esto de la muerte de Lázaro; y ellos
pensaron que hablaba del reposar del sueño. 14Entonces
Jesús les dijo claramente: Lázaro ha muerto; 15y me alegro
por vosotros, de no haber estado allí, para que creáis; mas
vamos a él. 16Dijo entonces Tomás, llamado Dídimo, a sus

condiscípulos: Vamos también nosotros, para que muramos con él.

17 *Vino, pues, Jesús, y halló que hacía ya cuatro días que Lázaro estaba en el sepulcro.* 18 *Betania estaba cerca de Jerusalén, como a quince estadios;* 19 *y muchos de los judíos habían venido a Marta y a María, para consolarlas por su hermano.* 20 *Entonces Marta, cuando oyó que Jesús venía, salió a encontrarle; pero María se quedó en casa.* 21 *Y Marta dijo a Jesús: Señor, si hubieses estado aquí, mi hermano no habría muerto.* 22 *Mas también sé ahora que todo lo que pidas a Dios, Dios te lo dará.* 23 *Jesús le dijo: Tu hermano resucitará.* 24 *Marta le dijo: Yo sé que resucitará en la resurrección, en el día postrero.* 25 *Le dijo Jesús: Yo soy la resurrección y la vida; el que cree en mí, aunque esté muerto, vivirá.* 26 *Y todo aquel que vive y cree en mí, no morirá eternamente. ¿Crees esto?* 27 *Le dijo: Sí, Señor; yo he creído que tú eres el Cristo, el Hijo de Dios, que has venido al mundo.*

28 *Habiendo dicho esto, fue y llamó a María su hermana, diciéndole en secreto: El Maestro está aquí y te llama.* 29 *Ella, cuando lo oyó, se levantó de prisa y vino a él.* 30 *Jesús todavía no había entrado en la aldea, sino que estaba en el lugar donde Marta le había encontrado.* 31 *Entonces los judíos que estaban en casa con ella y la consolaban, cuando vieron que María se había levantado de prisa y había salido, la siguieron, diciendo: Va al sepulcro a llorar allí.* 32 *María, cuando llegó a donde estaba Jesús, al verle, se postró a sus pies, diciéndole: Señor, si hubieses estado aquí, no habría muerto mi hermano.* 33 *Jesús entonces, al verla llorando, y a los judíos que la acompañaban, también llorando, se estremeció en espíritu y se conmovió,* 34 *y dijo: ¿Dónde le pusisteis? Le dijeron: Señor, ven y ve.* 35 *Jesús lloró.* 36 *Dijeron entonces los judíos: Mirad cómo le amaba.* 37 *Y algunos de ellos dijeron: ¿No podía éste, que abrió los ojos al ciego, haber hecho también que Lázaro no muriera?*

38 *Jesús, profundamente conmovido otra vez, vino al sepulcro. Era una cueva, y tenía una piedra puesta enci-*

ma. 39 *Dijo Jesús: Quitad la piedra. Marta, la hermana del*
que había muerto, le dijo: Señor, hiede ya, porque es de
cuatro días. 40 *Jesús le dijo: ¿No te he dicho que si crees,*
verás la gloria de Dios? 41 *Entonces quitaron la piedra de*
donde había sido puesto el muerto. Y Jesús, alzando los
ojos a lo alto, dijo: Padre, gracias te doy por haberme
oído. 42 *Yo sabía que siempre me oyes; pero lo dije por*
causa de la multitud que está alrededor, para que crean
que tú me has enviado. 43 *Y habiendo dicho esto, clamó a*
gran voz: ¡Lázaro, ven fuera! 44 *Y el que había muerto*
salió, atadas las manos y los pies con vendas, y el rostro
envuelto en un sudario. Jesús les dijo: Desatadle, y deja-
dle ir (Juan 11:1-44).

El transcurso de la narrativa de Juan nos lleva inexorablemente hacia el apogeo de la obra de Cristo en este mundo. La plena medida del poder de Cristo y lo que vino a hacer por los pecadores se hace patente, pero también la arraigada oposición que enfrenta. El desarrollo del drama del Evangelio nos impulsa hacia el horror y la gloria de la Cruz.

Dejando atrás la paradoja del capítulo anterior, en el que el manso Rey Pastor se encuentra con un intento de lincharlo en lugar de una acogida entusiasta, este capítulo nos presenta una paradoja aún más grande. Aquel que ha probado su poder sobre la muerte no es recibido como el mayor Liberador que el mundo haya visto, sino que es despreciado y rechazado. Así encajan las últimas piezas que eventualmente darán paso a su propia muerte.

En uno de los encuentros pastorales más gráficos observados en el ministerio de Jesús, y que se relata en bastante detalle, lo vemos enfrentado a lo que la Biblia describe como "el postrer enemigo" (1 Co. 15:26). La narrativa nos enseña de manera conmovedora y personal la reacción de Jesús ante aquel temor que sujeta a todo ser humano a servidumbre (cf. He. 2:15). Aprovecha el incidente en que Jesús trata de la muerte de un miembro de una familia para abrir camino al momento supremo en el que trata con la muerte de una vez por todas a escala global. Es la última de las siete señales documentadas por Juan, y también cita la más importante de las declaraciones "Yo Soy" de Jesús. La importancia de este pasaje salta a la vista muy pronto en el transcurso de los acontecimientos.

La desesperación ante la muerte

La muerte planea como una sombra fatídica sobre cada acto y palabra en la primera parte de este capítulo. Aunque no la vemos cara a cara en un lecho de muerte ni en un funeral, desde el principio la muerte está en el ambiente. Es el temor evidente que domina los corazones de las dos hermanas (cf.11: 3). Enviaron un mensaje urgente a Jesús, no solamente porque su hermano estaba enfermo y querían verlo sanado, sino que estaba tan enfermo que temían que muriera. Esas dos mujeres se vieron apresadas por aquel temor paralizador que ha helado tantos corazones, al ver a su hermano cayendo en las fauces de la muerte sin poderlo salvar. Es el sentido de plena desesperación que sienten tanto los moribundos como los que les aman. La muerte es un adversario poderoso y funesto.

La respuesta de Jesús a la petición de las hermanas resulta enigmática, pero consoladora: "Esta enfermedad no es para muerte [...]" (11:4). Resulta enigmática porque Jesús no hace esfuerzo alguno en ese momento por llegar a Betania. Es consoladora porque, pase lo que pase, la muerte no será el resultado final. Sin embargo, cuando Jesús por fin anuncia a sus discípulos que quiere acudir a su amigo, estos ponen objeciones. Le recuerdan todos que no hace tanto que los judíos de Judea intentaron quitarle la vida (cf. 11:8). También expresaron temor por su propia seguridad, con la mayor cortesía posible. Cuando Jesús no se echa atrás, Tomás habla con su cinismo habitual: "Vamos también nosotros, para que muramos con él" (11:16). Estos hombres también temen morir y no tienen prisa por dejar esta vida.

De muchas maneras, estas reacciones son perfectamente comprensibles y razonables. El Antiguo Testamento había revelado muy poco acerca de la respuesta de Dios a la muerte. Aunque demuestra claramente que la muerte no es el fin de todo, sino que hay esperanza del Cielo para los que mueren creyendo, no da muchos detalles sobre lo que se puede esperar en cuanto al fin. En cierta medida, esto explica el comentario algo críptico que hace Jesús acerca de andar de día y tropezar de noche (cf. 11:9-10). Resalta la necesidad urgente de aprovechar la oportunidad que brinda la situación para tener más luz acerca de este asunto oscuro y sombrío.

La primera escena no solo enfrenta a los discípulos, sino a nosotros también como lectores, con el recuerdo brusco de que en medio de la vida estamos en la muerte.

Derrotados ante la muerte

Cuando por fin Jesús llegó a Betania, Lázaro llevaba cuatro días en el sepulcro (cf. 11:17). La familia y los vecinos seguían haciendo duelo. La derrota de los vivos ante la muerte aún era evidente. Cuando las hermanas se encontraron con Jesús, ellas también tenían un aire de derrota. A pesar de su fe en Dios y en Jesús, y a pesar de su convicción de que habría una resurrección final, obviamente estaban muy acongojadas por su pérdida.

Al encontrarse Marta y María —una tras otra— con Jesús, ambas le saludan con las palabras: "Señor, si hubieses estado aquí [...]" (11:21, 32). Era como si hubieran estado a punto de vencer a este terrible enemigo, para verse derrotadas en el último momento. Aún no habían comprendido que su mejor Amigo no solo tenía poder para sanar a los enfermos, sino también para resucitar a los muertos. En ese momento creían que la muerte había dicho la última palabra.

Aún cuando Jesús intentó razonar con Marta con palabras que han sido una fuente de gran consuelo para muchos desde entonces (cf. 11:25-26), le sirvieron de poco consuelo ante la muerte de su hermano. De hecho, aunque pudo confesar a Jesús como el Mesías tanto como el Hijo de Dios (cf. 11:27), el impacto de la muerte la abrumaba tanto que parecía eclipsar aun el poder de Jesús.

Solo los que han sentido la fría intrusión de la muerte en la vida y el oscuro poder que ostenta pueden apreciar en alguna medida los sentimientos de Marta. La inmediatez y supuesto carácter irreversible de la muerte surten tal efecto que se necesita un consuelo singular para empezar a despejar las sombras.

El rechazo de la fealdad de la muerte

El consuelo empieza a despuntar al ver la propia reacción de Jesús ante la muerte de Lázaro. Juan nos dice que cuando se encontró con María y observó su dolor y el de los vecinos: "[...] Se estremeció en espíritu y se conmovió [...]" (11:33). La palabra original es mucho más fuerte, rayando en estar "indignado y airado". Es la reacción instintiva de Jesús a la presencia de la muerte en el mundo que Él había creado.

Como raza, y aun como cristianos, nos hemos acostumbrado demasiado a la muerte, estando demasiado dispuestos a aceptarla como algo "normal". La consideramos simplemente el último paso en la secuencia de la vida. Para Jesús nada estaba más lejos de la verdad. Para Él, la muerte era una fea intrusa en su bello mundo. Era una maldición, la antítesis misma de la vida que encierra la Creación. Jesús demuestra todo el rechazo del Creador cuya buena Creación ha sido dañada y tullida por la presencia de esta intrusa maligna.

No resulta extraño oír exclamaciones airadas por parte de los familiares dolientes durante un funeral o junto al sepulcro, especialmente cuando el fallecido no era viejo, como en el caso de Lázaro. Es un clamor apasionado de dolor y desamparo. Pero esto no explica la reacción de Jesús. Él hizo los cielos y la Tierra, y creó al ser humano para funcionar en una relación única con su Creador. Cuando la muerte entró en el mundo por la desobediencia de Adán, rompiendo el vínculo entre la criatura y su Creador, todo el universo padeció las consecuencias. Jesús percibe esta verdad en miniatura en aquel cementerio, y expresa su enojo ante todo lo que representa.

De manera emocionante, su reacción vehemente refleja su determinación de vencer a la muerte de una vez por todas.

Liberado del poder de la muerte

Si se puede decir verdaderamente que la muerte planea como la noche más oscura sobre estos versículos, entonces es igualmente verdad que las palabras de Jesús en este pasaje brillan como las estrellas. Pero son palabras que podrían sonar a frases hechas piadosas de no haber sido respaldadas por la acción. Es posible decir cosas maravillosas en los funerales sin realmente consolar a nadie, y cuanto menos resucitar al muerto. Sin embargo, cuando Jesús acompaña a los dolientes junto al sepulcro, los lleva a una experiencia más allá de lo imaginable (cf. 11:38-44).

Les manda apartar la gran piedra que sellaba la entrada al sepulcro, suscitando gran temor en los corazones de las hermanas. Ora, y su oración es entonces reconocida desde el Cielo de la manera más sorprendente. Grita una orden muy osada a la fría oscuridad del sepulcro: "¡Lázaro, ven fuera!" (11:43), y el hombre que llevaba cuatro días sepultado sale, lleno de vida.

Esta última señal de Jesús demostró dramáticamente y sin lugar a dudas que solo Él tiene potestad sobre la muerte. Abre el camino para su propia muerte y resurrección pocos meses después, que a su vez pone el fundamento para la resurrección espiritual y —en el día postrero— física de todo aquel que confía en Él.

Esta es la esperanza y el consuelo que proporciona el Evangelio a todo aquel que cree en Jesús. Al igual que la gloria de Dios se mostró de manera local en la resurrección de Lázaro (cf. 11:40) y de forma suprema en la resurrección de Jesús, se verá y experimentará definitivamente en la resurrección de todo aquel que confía en Él para la salvación.

27

Afrontar la Verdad

Entonces muchos de los judíos que habían venido para
acompañar a María, y vieron lo que hizo Jesús, creyeron
en él. 46Pero algunos de ellos fueron a los fariseos y les
dijeron lo que Jesús había hecho. 47Entonces los principa-
les sacerdotes y los fariseos reunieron el concilio, y dije-
ron: ¿Qué haremos? Porque este hombre hace muchas
señales. 48Si le dejamos así, todos creerán en él; y vendrán
los romanos, y destruirán nuestro lugar santo y nuestra
nación. 49Entonces Caifás, uno de ellos, sumo sacerdote
aquel año, les dijo: Vosotros no sabéis nada; 50ni pensáis
que nos conviene que un hombre muera por el pueblo, y no
que toda la nación perezca. 51Esto no lo dijo por sí mismo,
sino que como era el sumo sacerdote aquel año, profetizó
que Jesús había de morir por la nación; 52y no solamente
por la nación, sino también para congregar en uno a los
hijos de Dios que estaban dispersos. 53Así que, desde aquel
día acordaron matarle.

54Por tanto, Jesús ya no andaba abiertamente entre
los judíos, sino que se alejó de allí a la región contigua al
desierto, a una ciudad llamada Efraín; y se quedó allí con
sus discípulos.

55Y estaba cerca la pascua de los judíos; y muchos
subieron de aquella región a Jerusalén antes de la pascua,
para purificarse. 56Y buscaban a Jesús, y estando ellos en
el templo, se preguntaban unos a otros: ¿Qué os parece?

*¿No vendrá a la fiesta? 57Y los principales sacerdotes y los
fariseos habían dado orden de que si alguno supiese dónde
estaba, lo manifestase, para que le prendiesen.
1Seis días antes de la pascua, vino Jesús a Betania, donde
estaba Lázaro, el que había estado muerto, y a quien
había resucitado de los muertos. 2Y le hicieron allí una
cena; Marta servía, y Lázaro era uno de los que estaban
sentados a la mesa con él. 3Entonces María tomó una
libra de perfume de nardo puro, de mucho precio, y ungió
los pies de Jesús, y los enjugó con sus cabellos; y la casa
se llenó del olor del perfume. 4Y dijo uno de sus discípulos,
Judas Iscariote hijo de Simón, el que le había de entregar:
5¿Por qué no fue este perfume vendido por trescientos
denarios, y dado a los pobres? 6Pero dijo esto, no porque
se cuidara de los pobres, sino porque era ladrón, y tenien-
do la bolsa, sustraía de lo que se echaba en ella. 7Entonces
Jesús dijo: Déjala; para el día de mi sepultura ha guarda-
do esto. 8Porque a los pobres siempre los tendréis con vos-
otros, mas a mí no siempre me tendréis.*

*9Gran multitud de los judíos supieron entonces que él
estaba allí, y vinieron, no solamente por causa de Jesús,
sino también para ver a Lázaro, a quien había resucitado
de los muertos. 10Pero los principales sacerdotes acorda-
ron dar muerte también a Lázaro, 11porque a causa de él
muchos de los judíos se apartaban y creían en Jesús.*

*12El siguiente día, grandes multitudes que habían
venido a la fiesta, al oír que Jesús venía a Jerusalén,
13tomaron ramas de palmera y salieron a recibirle, y cla-
maban: ¡Hosanna! ¡Bendito el que viene en el nombre del
Señor, el Rey de Israel! 14Y halló Jesús un asnillo, y montó
sobre él, como está escrito:*

15No temas, hija de Sion;
He aquí tu Rey viene,
Montado sobre un pollino de asna.

*16Estas cosas no las entendieron sus discípulos al
principio; pero cuando Jesús fue glorificado, entonces se
acordaron de que estas cosas estaban escritas acerca de él,
y de que se las habían hecho. 17Y daba testimonio la gente*

que estaba con él cuando llamó a Lázaro del sepulcro, y le resucitó de los muertos. [18]*Por lo cual también había venido la gente a recibirle, porque había oído que él había hecho esta señal.* [19]*Pero los fariseos dijeron entre sí: Ya veis que no conseguís nada. Mirad, el mundo se va tras él* (Juan 11:45-12:19).

Las ideas germinales que Juan plantó en el Prólogo a su Evangelio han crecido y se han extendido a lo largo de su relato de la vida y obra de Cristo. Uno de los temas clave es Jesús como encarnación de la Verdad. En el apogeo del Prólogo Juan declaró que Jesús era la Palabra que se hizo carne: "lleno de gracia y de verdad" (1:14). El significado de esta declaración se ha esclarecido en el transcurso del desarrollo de la vida y el ministerio de Jesús. El testimonio de Juan se ha demostrado sistemáticamente con las pruebas, y ahora, al acercarnos a la última semana antes de la crucifixión, el peso de la verdad acerca de Jesús produce su impacto final y decisivo en quienes lo conocían.

Ya hemos visto en varias ocasiones que el reconocimiento de la verdad acerca de Jesús nos obliga a una de dos respuestas: el rechazo o la fe. Ahora bien, una vez más, después de la resurrección de Lázaro, el impacto de esta última señal deja una huella decisiva en muchas vidas.

Juan documenta tres incidentes específicos de reacciones contrastadas ante Jesús: las de la muchedumbre y el concilio (cf. 11:45-57); de María y Judas (cf. 12:1-11); y de los habitantes de Jerusalén y sus líderes (cf. 12:12-19). La luz de la presencia de Jesús en el mundo brilla con claridad creciente, y las tinieblas naturales del mundo caído siguen desesperadamente intentando vencer aquella luz, aunque fracasan completamente.

La oposición a la Verdad

En cierto sentido, no resulta asombroso que un milagro tan dramático como es resucitar a un hombre muerto diera paso a la conversión de muchos (cf. 11:45). Si alguna vez ha existido una prueba definitiva de la veracidad de un hacedor de milagros, aquí la tenemos. Lo que resulta por lo menos superficialmente asombroso es la respuesta insensible de quienes debieran haberlo reconocido: los líderes judíos.

Algunos de entre la muchedumbre que habían visto el milagro en Betania no creyeron, sino que acudieron a los principales sacerdotes y fariseos para dar cuenta de lo ocurrido. Esto dio lugar a una reunión especial del Sanedrín (cf. 11:46-47). Dos cosas saltan a la vista: estos hombres reconocían el hecho de que Jesús hacía señales milagrosas (cf. 11:47), y estaban decididos a detenerlo (cf. 11:48). No cuestionaban los hechos. Los líderes religiosos ya no consideraban el desacreditar o revelar a Jesús como un impostor como una solución a su problema. Ahora ya estaban ultimando los detalles del plan para matarlo.

Sus propias palabras revelan el motivo de su rechazo de Jesús a pesar de todas las evidencias que respaldaban sus afirmaciones. Temían que la aceptación masiva de Jesús diera paso a la intervención de los romanos; entonces ellos perderían su lugar santo –posible referencia al Templo— y su nación. Temían que la popularidad de Jesús hiciera que perdieran su estilo de vida acomodado, y estaban tan obsesionados con sus propios intereses egoístas que no podían ver claramente los asuntos más importantes. El egoísmo es el obstáculo definitivo para reconocer una verdad manifiesta.

Lo que resulta fascinante es que, aun en su rechazo ciego y voluntario de reconocer a Jesús, ¡sin querer uno de los suyos se hace vehículo para una revelación aún más grande de la verdad acerca de Él! Caifás, que era el sumo sacerdote aquel año, argumentó: "[…] Nos conviene que un hombre muera por el pueblo, y no que toda la nación perezca" (11:50). Al decir estas palabras, Caifás solo pensaba en la necesidad percibida del crimen que todos sabían que estaban conspirando para cometer. Sin embargo, Juan declara que ocurría algo mucho más profundo. Caifás no eligió esas palabras, sino que Dios profetizó a través de él (cf. 11:51-52). Esta profecía no solamente hablaba de la muerte de Jesús, sino que explicó su significado en términos de la expiación sustitutiva.

Aunque se negaban a aceptar la verdad acerca de Jesús, los principales sacerdotes y fariseos no pudieron dominarlo. La verdad de Él siempre fue más fuerte que el engaño de ellos; la luz de Cristo era más potente que las tinieblas que dominaban sus almas. El punto álgido de este conflicto, según nos dice Pablo, vendrá en aquel día cuando, ante el nombre de Jesús, toda rodilla se doblará y toda lengua lo confesará como Señor (cf. Fil. 2:10-12). Siempre habrá oposición a Jesús, pero esa oposición se verá aplastada definitivamente por la revelación final de su gloria.

La aceptación de la Verdad

Las escenas de animosidad amarga en los oscuros rincones de Jerusalén dan paso a una escena bien distinta en el hogar de María, Marta y Lázaro en Betania. Al acercarse la Fiesta de la Pascua, dieron una cena de gala en homenaje a Jesús. Durante la comida, María hizo un gesto de reconocimiento y amor hacia Jesús que tendría un amplio significado.

Tomó una cantidad apreciable de un perfume costoso, lo derramó sobre sus pies y los enjugó con sus cabellos (cf. 12:3). Judas Iscariote, el traidor, critica inmediatamente su acto. Afirma que hubiera sido mejor vender el perfume para dar el dinero a los pobres (cf. 12:4-5). Juan comenta que la motivación de Judas no era su preocupación por los pobres sino la avaricia personal, ya que, como guardián de la bolsa común, estaba acostumbrado a robar de lo que se echaba en ella (cf. 12:6).

El impacto de la verdad de Cristo en la vida de María fue bien distinto. Profundamente conmovida por Jesús, y agradecida por todo lo que había enseñado y hecho, expresa su devoción de la manera más extravagante que se le ocurre. Jesús, comprendiendo completamente los motivos de su acto, la defiende, indicando que su gesto señala de una manera maravillosa, que ella misma no comprende, lo que le ocurrirá a Él dentro de pocos días (cf. 12:7-8). Las palabras: "la casa se llenó del olor del perfume" (12:3) son más que la declaración de un hecho; nos demuestran que una respuesta de amor a la verdad de Cristo toca las vidas de muchos otros.

En contraste total con el amor abnegado de María hacia Jesús, observamos el amor egoísta de Judas, que negó la verdad acerca de su Maestro aunque había convivido estrechamente con Él durante casi tres años. Nuestra respuesta genuina ante Jesús no se observa en las palabras que le ofrecemos a Dios ni delante de los demás, sino en la orientación de nuestro amor y nuestra vida.

El reconocimiento de la Verdad

Menos de una semana antes de ser arrestado, Jesús hizo el viaje desde Betania hasta Jerusalén, cruzando los montes. La ciudad ya estaba abarrotada de visitantes que habían llegado para la Pascua y que acogieron a Jesús con alabanzas. Empleando el lenguaje de la alabanza mesiánica sacado de los Salmos, la gente saludó a Jesús como "El que viene en el nombre del Señor, el Rey de Israel" (12:13). Jesús estaba ya en el apogeo de su ministerio terrenal, acogido como Aquel que Israel esperaba. Lo reconocían como el cumplimiento de la verdad central que recorre todo el Antiguo Testamento.

Aunque no cabe duda de que habría muchas personas entre la muchedumbre que ni apreciaban plenamente ni decían con sinceridad las palabras que gritaban, sin embargo fue un reconocimiento importante de Jesús como el Cristo. Ciertamente suscitó graves preocupaciones en los líderes religiosos por temor a las conversiones masivas y el apoyo a Jesús (cf. 12:18-19).

Hay un parecido entre el clamor de la muchedumbre y la ordenación divina de las palabras de Caifás. La verdad acerca de Jesús se declaraba y reconocía como nunca. Y desde ese momento así ha sido a lo largo de la Historia, y así será definitivamente cuando la Historia llegue a su fin: la verdad acerca de Jesús se verá y se reconocerá tal y como es. Lo importante es que la verdad del Evangelio sea reconocida *ahora* por la fe, mientras aun tenemos la oportunidad de salvarnos, en lugar de en el último día, cuando la oportunidad ya habrá pasado.

28

Quisiéramos ver a Jesús

Había ciertos griegos entre los que habían subido a adorar en la fiesta. [21]Estos, pues, se acercaron a Felipe, que era de Betsaida de Galilea, y le rogaron, diciendo: Señor, quisiéramos ver a Jesús. [22]Felipe fue y se lo dijo a Andrés; entonces Andrés y Felipe se lo dijeron a Jesús. [23]Jesús les respondió diciendo: Ha llegado la hora para que el Hijo del Hombre sea glorificado. [24]De cierto, de cierto os digo, que si el grano de trigo no cae en la tierra y muere, queda solo; pero si muere, lleva mucho fruto. [25]El que ama su vida, la perderá; y el que aborrece su vida en este mundo, para vida eterna la guardará. [26]Si alguno me sirve, sígame; y donde yo estuviere, allí también estará mi servidor. Si alguno me sirviere, mi Padre le honrará.

[27]Ahora está turbada mi alma; ¿y qué diré? ¿Padre, sálvame de esta hora? Mas para esto he llegado a esta hora. [28]Padre, glorifica tu nombre. Entonces vino una voz del cielo: Lo he glorificado, y lo glorificaré otra vez. [29]Y la multitud que estaba allí, y había oído la voz, decía que había sido un trueno. Otros decían: Un ángel le ha hablado. [30]Respondió Jesús y dijo: No ha venido esta voz por causa mía, sino por causa de vosotros. [31]Ahora es el juicio de este mundo; ahora el príncipe de este mundo será echado fuera. [32]Y yo, si fuere levantado de la tierra, a todos atraeré a mí mismo. [33]Y decía esto dando a entender de qué muerte iba a morir. [34]Le respondió la gente:

Nosotros hemos oído de la ley, que el Cristo permanece
para siempre. ¿Cómo, pues, dices tú que es necesario que
el Hijo del Hombre sea levantado? ¿Quién es este Hijo
del Hombre? 35Entonces Jesús les dijo: Aún por un poco
está la luz entre vosotros; andad entre tanto que tenéis
luz, para que no os sorprendan las tinieblas; porque el
que anda en tinieblas, no sabe a dónde va. 36Entre tanto
que tenéis la luz, creed en la luz, para que seáis hijos de
luz.

Estas cosas habló Jesús, y se fue y se ocultó de
ellos.37Pero a pesar de que había hecho tantas señales
delante de ellos, no creían en él; 38para que se cumpliese la
palabra del profeta Isaías, que dijo:

Señor, ¿quién ha creído a nuestro anuncio?
¿Y a quién se ha revelado el brazo del Señor?
39Por esto no podían creer, porque también dijo Isaías:
40Cegó los ojos de ellos, y endureció su corazón;
Para que no vean con los ojos, y entiendan con el
corazón,
Y se conviertan, y yo los sane.

41Isaías dijo esto cuando vio su gloria, y habló acerca
de él. 42Con todo eso, aun de los gobernantes, muchos cre-
yeron en él; pero a causa de los fariseos no lo confesaban,
para no ser expulsados de la sinagoga. 43Porque amaban
más la gloria de los hombres que la gloria de Dios.

44Jesús clamó y dijo: El que cree en mí, no cree en mí,
sino en el que me envió; 45y el que me ve, ve al que me
envió. 46Yo, la luz, he venido al mundo, para que todo
aquel que cree en mí no permanezca en tinieblas. 47Al que
oye mis palabras, y no las guarda, yo no le juzgo; porque
no he venido a juzgar al mundo, sino a salvar al mundo.
48El que me rechaza, y no recibe mis palabras, tiene quien
le juzgue; la palabra que he hablado, ella le juzgará en el
día postrero. 49Porque yo no he hablado por mi propia
cuenta; el Padre que me envió, él me dio mandamiento de
lo que he de decir, y de lo que he de hablar. 50Y sé que su
mandamiento es vida eterna. Así pues, lo que yo hablo, lo
hablo como el Padre me lo ha dicho (Juan 12:20-50).

La mitad del capítulo 12 señala el centro del Evangelio en términos de extensión. La primera mitad trataba los tres años de ministerio público y vida de Jesús; la segunda mitad se dedica casi enteramente a una semana. Esto en sí debería hacernos ver que para comprender la identidad de Jesús y lo que vino a hacer, debemos enfocar nuestra reflexión en los acontecimientos de esa semana. Hemos llegado al punto en que el ministerio público de Jesús casi ha terminado y el apogeo de la Encarnación está próximo.

Esta sección empieza con la petición de unos griegos: "Señor, quisiéramos ver a Jesús" (12:21). Esta petición abarca mucho más de lo que ellos mismos se dieron cuenta. Juan destaca este hecho al constatar el comentario mordaz de los fariseos justo antes de este incidente: "Mirad, el mundo se va tras él" (12:19). Aquí, un grupo de personas que literalmente representan "el resto del mundo" viene en busca de Jesús, y Él responde de buen grado a su petición. Juan señala de antemano que el cumplimiento de la obra de Cristo en la Tierra no solo tendrá un impacto en el pueblo judío, sino en todas las naciones. Verdaderamente es el Salvador del mundo.

Es interesante notar que Jesús no responde a estos griegos cediéndoles una audiencia privada, sino con una proclamación pública. Es muy probable que se sintieran atraídos por la fe judía y el Dios de la Biblia, y que hubieran oído de Jesús y el impacto de sus enseñanzas. Sin embargo, la respuesta de Jesús claramente no está limitada a ellos como un grupo de interesados de otro país, sino que es para todo aquel que busca a Dios y las bendiciones de su salvación, sin importar su nacionalidad ni trasfondo. Sus palabras expresan la verdad acerca de sí mismo y su obra de una manera universalmente accesible.

Lo que sigue constituye la esencia de la identidad de Jesús, el motivo de su venida y de su obra; y todas estas cosas se enfocan de manera dramática en la Cruz. Todos los elementos de esta conversación y lo que señala se centran en este hecho: "Ha llegado la hora [...]" (12:23). Ese momento que tantas veces en el transcurso de su ministerio terrenal Jesús había dicho que aún no había llegado, por fin ha llegado. Fue el momento vital hacia el cual todo lo demás había conducido. Obviamente, si queremos comprender a Jesús, hay que comprender la Cruz y verla como su momento crucial. La pregunta es: "¿La hora de qué?".

La hora de gloria

Después de treinta y tres años en los cuales "la hora aún no había llegado", Jesús anuncia públicamente que por fin ha llegado. El velo está a punto de rasgarse. El propósito de Dios en la Venida de Cristo al mundo está a punto de revelarse. Bien podemos imaginarnos la ilusión que sentían los discípulos ante estas palabras. ¿Qué va Jesús a decir o hacer a continuación?

Jesús no los mantiene en ascuas. Dice: "Ha llegado la hora para que el Hijo del Hombre sea glorificado" (12:23). Todo el peso de su identidad y su ser ahora saldrá a la luz. Ha pasado el tiempo de las conjeturas y se va a demostrar el verdadero propósito de Dios centrado en la vida encarnada de Cristo. Todos los demás aspectos de la encarnación, la vida y el ministerio de Jesús abrieron camino para este momento singular de la Historia. Es como si todo el Evangelio —y de hecho la Biblia entera— hasta este punto formara la primera parte de una escalada de montaña. Cada paso del camino era importante y valioso, pero incompleto en sí. Sin embargo, ahora empezamos a ver la cumbre y la culminación de todo lo que Dios quiere revelar. Este es el significado de su mensaje. Si realmente estamos intentando comprender el mensaje de Dios en su Palabra, tenemos que llegar a este punto. Es la clave para comprender todo lo que Él dice.

Pero cuando Jesús empieza a definir el clímax del propósito de Dios, casi sentimos la turbación de sus oyentes, especialmente al considerar el ambiente cargado de emoción que rodeó la entrada de Jesús a Jerusalén. Empleando la imagen de un grano de trigo que debe morir para dar vida a las muchas semillas que genera, Cristo indica que también Él debe morir para dar vida a muchos (cf. 12:24). La muerte es esencial para que haya vida. De hecho, Jesús indica la clase de muerte que le espera, una muerte de las más terribles: será "levantado de la Tierra" en la crucifixión (cf. 12:32-33). Así se cumplirá el propósito de Dios en la salvación.

Jesús lleva esta imagen más allá al demostrar que este mismo principio no solamente se aplica a la manera de conseguir nuestra salvación, sino también a la manera como se ha de recibir. Aunque aplica la imagen a sí mismo y a su propia muerte por inferencia, la aplicación que hace a los creyentes es explícita: "El que ama su vida, la perderá; y el que aborrece su vida en este mundo, para vida eterna la guardará. Si alguno me sirve, sígame [...]" (12:25-26). Enfrentándose nada menos que al espíritu de egoísmo y conservación propia que motivaban el rechazo de los fariseos (cf. 11:48), Jesús demuestra que la salvación y la exaltación del yo no son compatibles.

Al anticipar este momento de "gloria", Jesús no esconde el hecho de que la contemplación de lo que le espera le turba profundamente (cf. 12:27-28). Pero a pesar de su turbación, no está desalentado. Está totalmente decidido a cumplir con la misión que el Padre le había confiado, porque solo así podría cumplirse la gloria planeada por Dios.

La hora de juicio

No podemos comprender la Cruz plenamente sin comprender sus grandes implicaciones positivas para aquellos que responden a ella con fe. Es el instrumento de salvación de Dios, y la puerta a una nueva vida en este mundo y el venidero. También resulta imposible comprender la Cruz plenamente sin apreciar sus implicaciones negativas para los que la rechazan por incredulidad. La lógica dicta que si se rechaza un acto de extraordinaria generosidad y bondad, no hay disculpa para las consecuencias. Por eso Jesús define claramente el significado de la Cruz para el mundo que rechaza la gracia de Dios. La Cruz no es solamente la hora de gloria para el Hijo de Dios y la salvación de su pueblo, sino que también es la hora de juicio para el mundo en su estado caído actual y para el "príncipe de este mundo" —esto es, el diablo— como causa de la Caída y de toda rebelión.

Por eso la Cruz es el eje sobre el cual gira toda la historia del mundo. Representa el momento singular en el tiempo que determinó el futuro mismo de la Historia. Es irónico que el mundo entero haya reconocido este hecho sin comprenderlo, al aceptar la división global del tiempo y la Historia de acuerdo con la fecha de la Venida de Jesús. Las celebraciones del nuevo milenio no se realizaron por un número escrito en el calendario, sino por un evento histórico. Ese evento y ese momento tuvieron tal significado que nadie puede permitirse ignorarlo.

Jesús continúa la conversación diciendo: "Ahora [...] el príncipe de este mundo será echado fuera" (12:31). Satanás recibiría el golpe de gracia con la obra de Cristo en el Calvario. La Cruz señaló su victoria. Demostró ser la batalla decisiva para el que pensaba robarle el mundo a su Creador. Como dice Jesús en otro pasaje, sería el momento de atar al "hombre fuerte" del mundo y saquear sus bienes (cf. Mt. 12:29). En la Cruz no solo aseguró la salvación del pueblo de Dios, sino también la destrucción de su archienemigo.

¿De qué manera constituye esto "el juicio de este mundo" (12:31)? La Cruz reveló las feas profundidades de la depravación humana y la medida en que la Humanidad está dominada por el diablo. ¡El hombre intentó matar a Dios! También reveló el horror del Infierno. Cuando Jesús soportó el dolor y el terror de verse apartado de Dios, su sufrimiento podría ser considerado un aviso del destino que espera al diablo y a todos los que siguen sus caminos.

Todo esto destaca el hecho de que la Cruz tiene que ver con la realidad aterradora del juicio divino y la necesidad urgente de una liberación.

Hora de escuchar

El resto del capítulo 12 se ocupa de lo que significa escuchar a Dios y responder a su Palabra por la fe. Empleando de nuevo las imágenes de luz y tinieblas y resaltando la necesidad de aprovechar todas las oportunidades que nos brinda la luz, Jesús demuestra no solamente la urgencia de apreciar el mensaje de Dios sino de actuar en consecuencia (cf. 12:34-36). Resalta la necesidad de confiar en Él como Salvador antes de encontrarnos con Él como Juez. La analogía empleada en cuanto a aprovechar las horas de luz resulta sumamente gráfica. ¡Aprovecha la oportunidad de escuchar a Cristo y su mensaje mientras la tienes! El problema de muchos judíos y sus líderes era que estaban demasiado ocupados escuchándose a sí mismos.

Jesús explica francamente: "Entre tanto que tenéis la luz, creed en la luz, para que seáis hijos de luz" (12:26). Es uno de los hechos de la vida: no tendremos siempre la oportunidad de creer. No solamente porque no tenemos garantía alguna de vivir hasta mañana, sino que tampoco la tenemos de que dure la preocupación sincera por nuestras almas. Dios deja claro en la Escritura que nadie puede dar por sentado que se salvará cuando y como quiera. Isaías dice: "Buscad a Jehová mientras puede ser hallado, llamadle en tanto que está cercano" (Is. 55:6); y Pablo dice: "[...] He aquí ahora el tiempo aceptable; he aquí ahora el día de salvación" (1 Co. 6:2).

No solamente necesitamos aprovechar la oportunidad que nos brinda el oír el mensaje de Jesús; también necesitamos reconocer las pruebas que lo avalan. Juan nota que, a pesar de todo lo que Jesús había dicho y hecho en presencia de los judíos: "[...] No creían en él" (12:37). No porque no fueran capaces de hacerlo, sino que se empecinaban en rechazarlo. Despreciaban los hechos y contradecían las evidencias, las cuales en su día testificarán contra ellos. Su comportamiento fue el cumplimiento de otra profecía de Isaías (cf. Is. 12:38-40) que resalta la dureza del corazón humano a pesar de la suprema revelación de la gracia divina. Pero aun esta rebelión y rechazo ciegos se alinean con los propósitos de Dios.

A pesar de la reacción de las autoridades religiosas establecidas en su conjunto, muchos de entre ellos sí creían, tal vez influenciados por el prejuicio abierto de sus semejantes (cf. 12:42-43). Aunque en ese momento no estaban dispuestos a profesar su fe abiertamente, sin embargo, en su corazón habían cruzado de la incredulidad a la fe.

Juan subraya la necesidad de una respuesta positiva a las palabras de Jesús citando lo que parece ser la última gran declaración pública de Jesús antes de retirarse de la vida pública (cf. 12:44-50). El versículo 44 dice: "Jesús clamó [...]". Hizo la última gran imploración vehemente de su ministerio terrenal. Recordó a todos que la manera como respondamos a Él será nuestra respuesta definitiva a Dios (cf. 12:44-46); rechazarlo a Él es invitar el juicio (cf. 12:47-49), pero obedecer el mandamiento de Dios al aceptar a Jesús nos lleva a "vida eterna" (12:50). Esta nota solemne retumba en los oídos del mundo cuando Jesús se retira de la vista pública. Este mensaje urgente ha reverberado en el mundo entero desde entonces.

La petición de aquel pequeño grupo de griegos encierra la clave para la Eternidad: "¡Señor, quisiéramos ver a Jesús!".

29

El Rey siervo

*Antes de la fiesta de la pascua, sabiendo Jesús que su hora
había llegado para que pasase de este mundo al Padre,
como había amado a los suyos que estaban en el mundo,
los amó hasta el fin. 2Y cuando cenaban, como el diablo
ya había puesto en el corazón de Judas Iscariote, hijo de
Simón, que le entregase, 3sabiendo Jesús que el Padre le
había dado todas las cosas en las manos, y que había
salido de Dios, y a Dios iba, 4se levantó de la cena, y se
quitó su manto, y tomando una toalla, se la ciñó. 5Luego
puso agua en un lebrillo, y comenzó a lavar los pies de los
discípulos, y a enjugarlos con la toalla con que estaba
ceñido. 6Entonces vino a Simón Pedro; y Pedro le dijo:
Señor, ¿tú me lavas los pies? 7Respondió Jesús y le dijo:
Lo que yo hago, tú no lo comprendes ahora; mas lo enten-
derás después. 8Pedro le dijo: No me lavarás los pies
jamás. Jesús le respondió: Si no te lavare, no tendrás parte
conmigo. 9Le dijo Simón Pedro: Señor, no sólo mis pies,
sino también las manos y la cabeza. 10Jesús le dijo: El que
está lavado, no necesita sino lavarse los pies, pues está
todo limpio; y vosotros limpios estáis, aunque no todos.
11Porque sabía quién le iba a entregar; por eso dijo: No
estáis limpios todos.*

*12Así que, después que les hubo lavado los pies, tomó
su manto, volvió a la mesa, y les dijo: ¿Sabéis lo que os he
hecho? 13Vosotros me llamáis Maestro, y Señor; y decís*

bien, porque lo soy. [14]***Pues si yo, el Señor y el Maestro, he lavado vuestros pies, vosotros también debéis lavaros los pies los unos a los otros.*** [15]***Porque ejemplo os he dado, para que como yo os he hecho, vosotros también hagáis.*** [16]***De cierto, de cierto os digo: El siervo no es mayor que su señor, ni el enviado es mayor que el que le envió.*** [17]***Si sabéis estas cosas, bienaventurados seréis si las hiciereis*** (Juan 13:1-17).

El tiempo que Jesús pasó con los doce discípulos durante la última semana antes de su muerte fue sumamente importante. Muchas de las cosas que les había enseñado durante sus tres años juntos se vieron reforzadas y aplicadas. Les presentó muchas cosas nuevas en preparación para lo que les esperaba: enseñanzas que solo comprenderían después de su muerte y resurrección, y después de los acontecimientos de Pentecostés. Nos encontramos en el Aposento Alto en la noche en que Jesús fue traicionado; están celebrando la cena de la Pascua.

De los cuatro evangelistas, Juan es el que dedica más espacio a los acontecimientos de esta reunión íntima en aquella noche. Deja que los demás documenten la inauguración del sacramento de la Cena del Señor; él se centra en las ricas enseñanzas que Jesús dio a sus discípulos en ese momento. Esta sección abarca cinco capítulos. Empieza con un acto simbólico que da paso a un largo discurso y termina con una oración.

Para presentar la ocasión con todos su pormenores, Juan dice: "[…] Como había amado a los suyos que estaban en el mundo, [Jesús] los amó hasta el fin" (13:1). El tema del amor domina todo lo que sigue, y para aumentar la comprensión que los discípulos tenían sobre Él mismo, Jesús demuestra el significado práctico del amor antes de explicar sus principios.

Tanto en la práctica como en principio, destaca el amor de Dios hacia nosotros en lugar del nuestro hacia Él. Al contrario de una interpretación antiguamente popular de este episodio, que sugiere que Jesús enseñaba con este ejemplo lo que nosotros podemos hacer por Dios, en realidad demostró con sus actos la plena magnitud del amor de Dios para con sus hijos. A través del comentario de Juan, Jesús deja claro que ese amor motivaba las acciones de Jesús a medida que su obra se acercaba a su fin. En este pasaje hallamos ejemplos de cuatro de las metas que continuamente tenía presentes.

Cumplir con los propósitos de Dios

El amor asombroso de Jesús en este episodio se ve en el contexto de su conocimiento completo del apogeo al que se acercaba con rapidez. Al reunirse con sus discípulos en el Aposento Alto, leemos: "[…] Jesús [sabía] que su hora había llegado para que pasase de este mundo al Padre […]" (13:1). Aunque fácilmente podría haberse preocupado por el sufrimiento que tenía delante, en cambio se preocupó de las mismas personas por quienes ese sufrimiento era necesario. Lo veía todo en términos de los propósitos de Dios y su papel singular al cumplirlos. De manera que leemos: "[…] Como había amado a los suyos que estaban en el mundo, [Jesús] los amó hasta el fin" (13:1b).

Aunque era profundamente consciente de las tinieblas de la influencia diabólica presente en el discípulo que fue inducido a traicionar a su Maestro (cf. 13:2), Jesús estaba decidido, no a centrarse en sí mismo y sus propias necesidades, sino en los discípulos y las suyas. Su perspectiva de la escena en el Aposento Alto fue completamente distinta de la de los Doce. Lo veía todo en términos del plan y los propósitos eternos de Dios. Así se cumplía en la Tierra todo lo que se había planeado en el Cielo (cf. 13:3). Juan se centra en esto, y con el beneficio de la retrospectiva inspirada por el Espíritu, revela que el destino del mundo se preparaba aquella noche en aquel aposento. A pesar de todo lo que tenía en su contra, Jesús estaba decidido por amor a cumplir al pie de la letra todo lo que el Padre le había encargado.

El amor de Dios en Cristo, en contraste con el amor humano natural, nos eleva a una esfera superior desde la cual contemplamos y comprendemos el mundo y la vida. Nos saca de nuestras preocupaciones terrenales y nos enfrenta con los grandes asuntos eternos. Nos hace darnos cuenta de las cosas que realmente importan.

Pagar el precio de Dios

Lo que ocurrió entonces no tuvo sentido inmediatamente para los discípulos, pero después de los eventos de ese fin de semana y posteriores, llegaron a comprenderlo (cf. 13:7). Estos acontecimientos deben verse como una parábola viva en la cual Jesús dramatiza de manera destacada el motivo de su venida al mundo y la razón por la que estaba dispuesto a ir a la Cruz. El asombro de los discípulos ante sus actos solo fue un adelanto del asombro aún mayor producido por los acontecimientos de los días próximos. Este elemento de desconcierto permanecería con ellos a lo largo de sus vidas al comprender cada vez más el pleno significado de lo que habían presenciado.

Jesús hizo por ellos algo que difícilmente ellos mismos se hubieran imaginado haciendo unos por otros, algo que ni siquiera se esperaba de un esclavo judío: se puso el delantal de un esclavo y les lavó los pies. Aunque no era menos que el Hijo de Dios y el Mesías prometido, se rebajó a la condición de un criado y lavó los pies de los pecadores. Dramatizó así su propia explicación de su venida a este mundo: " [...] No [...] para ser servido, sino para servir, y para dar su vida en rescate por muchos" (Mt. 20:28). Para los discípulos —y para Pedro en particular— casi fue demasiado. Pero sus actos resaltaban el sacrificio casi increíble que el Evangelio exigía de Jesús: un sacrificio que Pablo expresó más tarde en las palabras de una doxología (cf. Fil. 2:5-11).

Precisamente en este punto mucha gente tropieza con el mensaje del Evangelio. La idea de que Cristo tenga que hacer tanto por nosotros, en lugar de poder ofrecerle algo nosotros a Él, es demasiado para poder aceptarlo. Pero las profundidades hasta las cuales Jesús tuvo que rebajarse para salvarnos solo reflejan la profundidad de la necesidad de nuestro estado inconverso.

Salvar al pueblo de Dios

Desde el principio de su misión terrenal, Dios había revelado el propósito de la Venida de su Hijo. El ángel que habló con José en sueños dijo: "Y dará a luz un hijo, y llamarás su nombre JESÚS, porque él salvará a su pueblo de sus pecados" (Mt. 1:21). El pecado humano ha creado el obstáculo más grande para la comunión con Dios, un obstáculo que nadie puede quitar por sus propias fuerzas. Para encontrar a Dios y su salvación, entonces, alguien tiene que salvarnos.

Cuando Jesús se preparó para lavar los pies de Pedro, él protestó. Jesús respondió con una explicación del motivo de su acto y lo que simbolizaba para todos aquellos que verdaderamente eran seguidores suyos (cf. 13:6-11). Pedro no comprendía el simbolismo, pero Jesús lo recalcó diciendo: "Si no te lavare, no tendrás parte conmigo" (13:8). Cuando Pedro le pidió a continuación un baño completo, Jesús declaró que no lo necesitaba, porque ya había recibido una purificación completa (cf. 13:9-11). El hecho de que esa fuera una manera simbólica de tratar de la purificación espiritual de la conversión queda claro a partir de la referencia manifiesta a Judas, que no conoció dicha renovación (cf. 13:12).

Jesús enseñó a sus discípulos que hay una dimensión absoluta del perdón que recibimos al acudir a Él por la fe. En el momento de creer, somos perdonados y aceptados como justos a los ojos de Dios; todo por Cristo y lo que Él ha hecho. No significa que seamos perfectos, ya que todo cristiano recae en el pecado, pero no necesitamos una nueva experiencia de conversión cada vez que eso ocurra. La purificación de una vez por todas sostiene la purificación diaria que recibimos cada vez que confesamos nuestros pecados a Dios.

Esta es una explicación gráfica de lo que ocurre en la conversión. Jesús proporciona la primera purificación completa de la salvación. Sobre la base de este perdón recibimos la purificación continua al seguir adelante en la vida cristiana. El perdón inicial también forma la base de la seguridad cristiana.

Restaurar el diseño de Dios

Jesús pasa a aplicar sus actos para demostrar a esos hombres el efecto que la obra de expiación debe tener en ellos. No solo salva en el sentido de restaurarnos a una relación correcta con Dios, sino que también nos transforma. El sacrificio de Cristo se hace parte del estilo de vida de los hijos de Dios. Si se pierde el dibujo que acompaña a un rompecabezas, poca esperanza cabe de unir las piezas correctamente; pero si se vuelve a encontrar el dibujo, se podrá volver a montar el rompecabezas. Este es el caso de la Redención. Desde que el hombre cayó en pecado, se ha perdido el diseño original de lo que es una humanidad verdadera. Después de la desobediencia de Adán, los seres humanos dejaron de ser lo que debían y de funcionar como Dios pretendía. Todo cambió con la Venida de Jesús. No solamente es el Salvador de la vida, sino también el modelo verdadero para la vida. Por eso dice explícitamente: "Porque ejemplo os he dado [...]" (13:15). No solamente era el Redentor en el que debían confiar, sino un modelo a imitar.

Aquí se ve el amor de Dios en su perspectiva más amplia: un amor que se rebajó con humildad hasta suplir las necesidades de un mundo corrupto y caído. Jesús también llama a sus seguidores a una vida de servicio en la que también ellos deben negarse a sí mismos para servir a Cristo y al mundo. Si el Rey se ha dignado servir, no resulta irracional que sus súbditos lo imiten. La recompensa de este comportamiento se ve en las palabras de Jesús al final del pasaje: "Si sabéis estas cosas, bienaventurados seréis si las hiciereis" (13:17).

30

Preparación para la Pasión

*No hablo de todos vosotros; yo sé a quienes he elegido;
mas para que se cumpla la Escritura: El que come pan
conmigo, levantó contra mí su calcañar.* [19]*Desde ahora os
lo digo antes que suceda, para que cuando suceda, creáis
que yo soy.* [20]*De cierto, de cierto os digo: El que recibe al
que yo enviare, me recibe a mí; y el que me recibe a mí,
recibe al que me envió.*

[21]*Habiendo dicho Jesús esto, se conmovió en espíritu,
y declaró y dijo: De cierto, de cierto os digo, que uno de
vosotros me va a entregar.* [22]*Entonces los discípulos se
miraban unos a otros, dudando de quién hablaba.* [23]*Y uno
de sus discípulos, al cual Jesús amaba, estaba recostado
al lado de Jesús.* [24]*A éste, pues, hizo señas Simón Pedro,
para que preguntase quién era aquel de quien hablaba.* [25]*El
entonces, recostado cerca del pecho de Jesús, le dijo: Señor,
¿quién es?* [26]*Respondió Jesús: A quien yo diere el pan
mojado, aquél es. Y mojando el pan, lo dio a Judas
Iscariote hijo de Simón.* [27]*Y después del bocado, Satanás
entró en él. Entonces Jesús le dijo: Lo que vas a hacer,
hazlo más pronto.* [28]*Pero ninguno de los que estaban a la
mesa entendió por qué le dijo esto.* [29]*Porque algunos pen-
saban, puesto que Judas tenía la bolsa, que Jesús le decía:
Compra lo que necesitamos para la fiesta; o que diese
algo a los pobres.* [30]*Cuando él, pues, hubo tomado el boca-
do, luego salió; y era ya de noche.*

[31]*Entonces, cuando hubo salido, dijo Jesús: Ahora es*

glorificado el Hijo del Hombre, y Dios es glorificado en él.
32Si Dios es glorificado en él, Dios también le glorificará
en sí mismo, y en seguida le glorificará. 33Hijitos, aún
estaré con vosotros un poco. Me buscaréis; pero como dije
a los judíos, así os digo ahora a vosotros: A donde yo voy,
vosotros no podéis ir. 34Un mandamiento nuevo os doy:
Que os améis unos a otros; como yo os he amado, que
también os améis unos a otros. 35En esto conocerán todos
que sois mis discípulos, si tuviereis amor los unos con los
otros.

36Le dijo Simón Pedro: Señor, ¿a dónde vas? Jesús le
respondió: A donde yo voy, no me puedes seguir ahora;
mas me seguirás después. 37Le dijo Pedro: Señor, ¿por qué
no te puedo seguir ahora? Mi vida pondré por ti. 38Jesús le
respondió: ¿Tu vida pondrás por mí? De cierto, de cierto te
digo: No cantará el gallo, sin que me hayas negado tres
veces (Juan 13:18-38).

En la medicina contemporánea es costumbre preparar al paciente para lo que le espera: observación, cirugía, o cualquiera que sea el tratamiento a emplear. Esto se hace por un motivo sencillo y sensato: esta preparación reduce el temor y la conmoción que podría resultar. En cierto sentido, Jesús hace lo mismo en estos versículos al preparar a sus discípulos para todo lo que tanto Él como ellos tendrán que afrontar en las siguientes veinticuatro horas. Los ha reunido en torno a la mesa para la Cena del Señor. Les ha demostrado la profundidad de su devoción a ellos. Ahora les deja entrever lo que pronto ocurrirá, y el efecto que tendrá en sus vidas y ministerios futuros. Observamos de nuevo el cariño con que trata a estos hombres, llamándolos "hijitos" (13:33). Lejos de insultarlos ni tratarlos con condescendencia, demuestra su afecto genuino hacia ellos y el cuidado paternal que siente por su bienestar. En todo esto, Jesús quiere que no solamente los Doce, sino que todo aquel que lea acerca de Él en los Evangelios, comprenda plenamente lo ocurrido, aprecie su significado y responda en consecuencia. Muchas cosas se cumplieron en las horas que Jesús pasó con sus discípulos en torno a la mesa aquella noche.

Su identidad confirmada

De nuevo Jesús predice su traición (cf. 13:18). Ya lo hizo (cf. 6:70), pero ahora la predicción es específica. No identifica a su traidor por venganza ni desdén hacia Judas; ya veremos más adelante en el pasaje que lo opuesto fue verdad. En su lugar, lo hizo por revelar con exactitud la secuencia de circunstancias que darían paso a los terribles acontecimientos del día siguiente.

Jesús está a punto de morir. Muchos han sido asesinados a lo largo de la Historia, pero de una u otra manera han sido víctimas de las circunstancias; y de haber podido evitar la muerte, lo habrían hecho. Este no fue el caso de Jesús. Él sabía que todos los detalles, las circunstancias y la manera de su muerte se habían planeado desde la eternidad, habían sido profetizados en las Escrituras, y ahora se cumplían en el tiempo. Su muerte fue predestinada como el apogeo y la culminación del ministerio del Mesías. Por eso Jesús quiso que sus discípulos supieran que los eventos turbadores que iban a presenciar no eran una negación de su identidad como Mesías, sino su confirmación.

Él lo deja claro, en parte, al explicar que todas las circunstancias que iban a ocurrir eran necesarias para que se cumpliera la Escritura (cf. 13:18), pero principalmente: "Desde ahora os lo digo antes que suceda, para que cuando suceda, creáis que yo soy" (13:19). De nuevo Jesús elige sus palabras con cuidado; como vemos, da peso a las palabras YO SOY; vuelve a tomar el nombre divino para sí. En otras palabras, a medida que estos acontecimientos se desarrollen con el trasfondo de la revelación veterotestamentaria y las enseñanzas propias de Jesús, los discípulos no solo verán que el Mesías es Jesús, sino también que Jesús es Dios.

Esa es la única interpretación de los eventos de la traición, el arresto, el juicio y la crucifixión de Jesús que tiene sentido y ofrece verdadera esperanza. Si Jesús fuera algo menos que Dios, entonces lo logrado por sus sufrimientos es mucho menos que lo necesario para la salvación, sin importar lo demás que abarcara.

Un destino determinado

Lo siguiente no solamente sirve para revelar el plan y propósito soberanos de Dios en estos acontecimientos, sino también el corazón de Dios. Nos demuestran que aunque Él es omnisciente —esto es, lo sabe todo— y tiene el control soberano de todo acontecimiento, es todo menos un manipulador ausente y mecánico.

Vemos de nuevo la intensidad del dolor que le esperaba a Jesús. Leemos: "[...] [Jesús] se conmovió en espíritu [...]" (13:21). Empezaba el descenso final hacia la angustia de la Cruz. Cada paso hacia sus altibajos paradójicos aumentó la carga del dolor que asumía. Desde el principio esta carga se vio intensificada porque fue traicionado por un amigo: "[...] Uno de vosotros me va a entregar" (13:21).

Los discípulos sintieron una curiosidad comprensible por saber de quién se trataba (cf. 13:22), de manera que Pedro pidió al discípulo "al cual Jesús amaba" que se lo preguntara discretamente, ya que estaba recostado a su lado (cf. 13:23-24). Jesús respondió a la pregunta de manera abierta y pública, indicado a Judas (cf. 13:26). Las palabras y actos de Jesús sirvieron tanto de aviso como de último reclamo. Dejó claro a Judas que sabía todo lo que él planeaba; pero la forma en que lo expresó, mojando un trozo de pan y compartiéndolo con él, era un gesto reconocido de amor y cariño. Judas aceptó el pan, pero rechazó el amor del gesto.

Juan documenta de manera escalofriante la dinámica más profunda de estos acontecimientos. Nos dice que en ese momento Satanás dominó completamente el corazón de Judas (cf. 13:27), y que Judas salió: "[...] Y era ya de noche" (13:30). Con otra de las frases de doble sentido tan típicas de Juan, no solo indica la oscuridad de la noche física, sino también que las tinieblas infernales se habían apoderado de este hombre.

El misterio que observamos aquí es que, por una parte, está claro que el destino de Judas había sido predestinado y profetizado, pero por otra, Judas tuvo la posibilidad de elegir hasta el final, y eligió mal. En otras palabras, fue Judas mismo el que confirmó su destino, y no Jesús.

La gloria revelada

Las tinieblas espirituales que se apoderaron de Judas en ese momento se contrastan con la verdad gloriosa que describen las siguientes palabras de Jesús. Aunque Judas y sus cómplices estaban a punto de perpetrar el acto más nefasto de la historia humana, dentro de los propósitos de Dios ese mismo acto sería el instrumento de su gloria más espléndida. Por eso Jesús dice: "Ahora es glorificado el Hijo del Hombre, y Dios es glorificado en él" (13:31). En todos los eventos en torno a la crucifixión de Jesús, tanto el Padre como el Hijo serían glorificados simultáneamente (cf. 13:32). En ese momento el amor, la sabiduría y justicia infinitos de los propósitos de Dios llegarían más allá de los límites del pecado, la culpa y la depravación humanos y asegurarían la salvación.

Jesús comenta todo esto a sus discípulos por adelantado para que reconozcan la dinámica de los acontecimientos. Sería fácil considerar los eventos próximos simplemente desde la oscura perspectiva del mal que estaba obrando, pero Él quería que ellos reconocieran la mano de Dios.

Sobre todo, les explicó estas cosas no como meros espectadores, sino como personas que confiaban en Él. Para los testigos oculares de un desastre, los que rescatan a las víctimas de los escombros son héroes; ¡para las víctimas rescatadas, son salvadores! Así quiere Jesús que lo vean sus discípulos, y nosotros entre ellos: no como el héroe más grande del mundo, sino como el Salvador más grande.

Un testimonio formado

Jesús repite a los discípulos lo que ya ha dicho a los judíos (cf. 7:33-34): que la naturaleza de la obra que iba a hacer es absolutamente única. Dice: "[…] A donde yo voy, vosotros no podéis ir" (13:33). Sin embargo, como muchas veces ya había descrito la Cruz como la demostración suprema del amor divino, ahora resalta el hecho de que su amor singular por ellos necesariamente se verá reflejado también en su amor mutuo (cf. 13:34). La Cruz dará forma a su testimonio.

Cuando Jesús anuncia el nuevo mandamiento, no sugiere que sea algo que ellos nunca habían oído, sino que nunca lo habían visto a esta escala. Lleva todo el concepto de lo que significa el amor a un nivel completamente distinto.

Más significativo aún, este amor sacrificial se convertirá en el distintivo visible de la Iglesia: "En esto conocerán todos que sois mis discípulos, si tuviereis amor los unos con los otros" (13:35). Esta clase de amor es imposible, desconocido en el mundo natural. La única fuente posible es Cristo y el amor que trajo al mundo y demostró en la Cruz: el amor que imparte a sus hijos. Por eso el amor de la Iglesia se convierte en un testimonio vivo del amor del Salvador.

Una debilidad revelada

¡Simón Pedro oye las palabras de Jesús sin escucharlas! Se aferra al comentario de Jesús cuando dice que nadie podrá ir donde Él va. Pedro quiere saber más, y llega a la conclusión que aunque Jesús estuviera hablando de la muerte, él —Pedro— estaba dispuesto a dar su vida por Jesús (cf. 13:36-37). Emplea las mismas palabras que Jesús había utilizado para describir el sacrificio que estaba a punto de hacer.

Jesús responde con suavidad a su amigo: "¿Tu vida pondrás por mí? De cierto, de cierto te digo: No cantará el gallo, sin que me hayas negado tres veces" (13:38). Lejos de ser el apoyo firme que ayudaría a Jesús a pasar por su momento más oscuro, Pedro fracasaría estrepitosamente al abandonarlo. Jesús no está amonestando a Pedro, ni diciendo que si lo niega será desterrado. Estas palabras son una expresión del amor de Jesús para con su amigo, a quien más tarde utilizará grandemente, a pesar de su debilidad y fracasos.

Pedro se jactaba delante de su Maestro y Señor: "¡Tú me necesitas!". Jesús respondió a su amado discípulo y a todos nosotros: "No, amigo mío; ¡tú me necesitas a mí!".

31

En ningún lugar como en casa

*No se turbe vuestro corazón; creéis en Dios, creed también
en mí. 2En la casa de mi Padre muchas moradas hay; si así
no fuera, yo os lo hubiera dicho; voy, pues, a preparar
lugar para vosotros. 3Y si me fuere y os preparare lugar,
vendré otra vez, y os tomaré a mí mismo, para que donde
yo estoy, vosotros también estéis. 4Y sabéis a dónde voy,
y sabéis el camino. 5Le dijo Tomás: Señor, no sabemos a
dónde vas; ¿cómo, pues, podemos saber el camino? 6Jesús
le dijo: Yo soy el camino, y la verdad, y la vida; nadie
viene al Padre, sino por mí. 7Si me conocieseis, también a
mi Padre conoceríais; y desde ahora le conocéis, y le
habéis visto.*

*8Felipe le dijo: Señor, muéstranos el Padre, y nos
basta. 9Jesús le dijo: ¿Tanto tiempo hace que estoy con
vosotros, y no me has conocido, Felipe? El que me ha visto
a mí, ha visto al Padre; ¿cómo, pues, dices tú: Muéstranos
el Padre? 10¿No crees que yo soy en el Padre, y el Padre en
mí? Las palabras que yo os hablo, no las hablo por mi
propia cuenta, sino que el Padre que mora en mí, él hace
las obras. 11Creedme que yo soy en el Padre, y el Padre en
mí; de otra manera, creedme por las mismas obras.*

*12De cierto, de cierto os digo: El que en mí cree, las
obras que yo hago, él las hará también; y aun mayores
hará, porque yo voy al Padre. 13Y todo lo que pidiereis al
Padre en mi nombre, lo haré, para que el Padre sea glori-*

ficado en el Hijo. [14]***Si algo pidiereis en mi nombre, yo lo haré*** (Juan 14:1-14).

Pocas cosas de la vida evocan sentimientos más profundos y asociaciones más ricas que la idea del hogar. A menudo, al encontrarnos en medio de una terrible crisis, nuestra reacción instintiva es decir: "¡Quiero irme a casa!". En este pasaje los discípulos se sienten así. Estaban al borde de una crisis de proporciones impensables. Todas las palabras de Jesús durante la cena les llenaron de malos presagios. Acaba de decirles que su hermano, al que siempre han considerado "la roca" va a derrumbarse dentro de menos de diez horas. ¿Y qué hace Jesús? ¿Cómo les prepara para afrontar la crisis? ¡Empieza a hablar del hogar celestial!

Con palabras que figuran entre las más conocidas y consoladoras de Jesús, empieza: "No se turbe vuestro corazón [...]" (14:1). Aunque los discípulos tenían buenos motivos para estar turbados —a fin de cuentas, Jesús mismo también se sentía profundamente turbado—, Jesús los animó a dar un paso atrás y ver la situación desde una perspectiva más amplia.

Les demuestra que el "hogar" espiritual del que han formado parte durante los últimos tres años —aquel hogar que aquella noche parecía estar a punto de venirse abajo— es mucho más de lo que se imaginaban. Formaba parte de algo de dimensiones eternas, aunque se había acercado para tomar posesión de ellos en su mundo terrenal. Jesús empieza a abrirles los ojos a la seguridad que era suya en ese hogar, y no solamente la de ellos, sino la seguridad que pertenece a todo aquel que confía en Él.

Esperanza para el futuro

Jesús empieza a consolar a su pequeño grupo de seguidores sitiados señalando el futuro —un futuro del cual ya habían empezado a dudar— y reafirmándolos. Mucho de lo que había dicho en las últimas semanas y meses de su ministerio trataba de su "partida". Era de importancia vital que ellos comprendieran su significado.

La realidad inmediata de esa "partida" era su arresto, crucifixión y ascensión inminentes, pero Jesús tenía presente una realidad que estaba más adelante. Hizo mucho hincapié en señalar más allá del horizonte del mundo presente, hacia el horizonte futuro del mundo venidero. Miraba hacia lo que ya se había descrito en la Escritura como "nuevos cielos y nueva tierra" (Is. 65:17). Este nuevo mundo, por naturaleza, está más allá del alcance de la investigación humana normal, pero Jesús permitió que los discípulos lo vislumbraran por un momento. Al igual que a todo aquel que busca comprarse una casa le encanta poder ver su nuevo hogar, así reaccionan los que esperan llegar a su hogar eterno.

Jesús llama la atención a varios aspectos maravillosos del hogar celestial. Dice que es grande: "En la casa de mi Padre muchas moradas hay [...]" (14:2). Aunque los discípulos reunidos aquella noche eran un grupo tan reducido que se acomodaban en un solo aposento, Dios prepara un vasto hogar para un sinnúmero de personas. Este indicio de la escala de la obra y salvación de Cristo es una gran fuente de ánimo.

También será un hogar seguro. Cualquiera que fuera el temor y los malos presentimientos de los discípulos ante la crisis que se acercaba, la presencia de Jesús entre ellos los tranquilizó. De manera parecida, su presencia nos dará paz en el Cielo (cf. 14:3). Como un niño en un cuarto oscuro que clama a su padre: "¡Quédate conmigo!", así son todos los hijos espirituales en la familia de Dios. El Cielo será nuestro hogar, porque allí está Jesús.

Este hogar también estará abierto. A diferencia de los palacios a lo largo de la Historia que solo acogen a la elite, excluyendo las masas, el hogar que Jesús nos prepara está abierto a todo aquel que desee entrar. Dice que el camino a este hogar nos es perfectamente conocido (cf. 14:4).

Jesús quiere que nos demos cuenta de que nadie tiene un hogar duradero en este mundo. Nuestro destino definitivo está en la eternidad venidera. Por eso necesitamos una esperanza eterna para afrontar el futuro.

La realidad presente

A veces se bromea diciendo que los pastores son hombres que se ganan la vida en este mundo con las esperanzas de otros para el venidero; la implicación cínica es que son meros astutos estafadores espirituales. Es verdad que siempre ha habido y siempre habrá charlatanes espirituales que lo prometen todo en un futuro para poder sacar provecho personal en el presente, ¡pero Jesús no es uno de ellos!

Tomás había escuchado las palabras de Jesús, y lo interrumpió diciendo de forma pesimista: "Señor, no sabemos a dónde vas; ¿cómo, pues, podemos saber el camino?" (14:5). Jesús responde: "Yo soy el camino, y la verdad, y la vida; nadie viene al Padre, sino por mí" (14:6). De todas las declaraciones "Yo soy" de Jesús, tal vez sea esta la más profunda. Algunas personas opinan que esta frase debe traducirse: "Yo soy el camino verdadero y viviente"; pero da igual. El sentido es el mismo: Jesús es el camino al Padre y al Cielo.

Para uno que está perdido, hay una gran diferencia entre una persona que le dice: "Te enseñaré el camino" y la que dice: "¡Ven, te acompaño!". Jesús no solamente nos indica el camino al Cielo, sino que nos acompaña. Con estas palabras, Jesús nos invita a una relación segura con Él en la Tierra que nos garantiza la seguridad de un hogar eterno en el Cielo.

Una relación viva

La profundidad de esta relación se revela en la respuesta de Jesús a otra pregunta, esta vez procedente de Felipe: "Señor, muéstranos el Padre, y nos basta" (14:8). De muchas maneras, esta es la pregunta definitiva para muchas personas: "¿Cómo es Dios, y cómo podemos conocerle?". A pesar del misterio y misticismo que han caracterizado multitud de respuestas ofrecidas por las religiones y filosofías a lo largo de la Historia, la respuesta de Jesús es extremadamente sencilla: "[…] El que me ha visto a mí, ha visto al Padre […]" (14:9). Conocer a Jesús es conocer a Dios.

La vida que Jesús ofrece no está plagada de interminables ritos, reglas y luchas desesperadas por lograr algo, sino que es una relación viva y entrañable con Dios a través de Él. En efecto, animaba a sus discípulos a volver a examinar la vida y obra de Aquel con quien habían pasado los últimos treinta y seis meses. Quería que reconocieran que su vida era la vida de Dios, sus palabras las de Dios, y sus obras las de Dios. A través de su relación con Jesús, habían pasado a una relación eterna con Dios. Este es el mensaje y la esperanza eternos del Evangelio. El camino al Cielo es idéntico al camino a Dios; ambos se hallan por la fe en Jesús.

Una utilidad dinámica

Jesús amplía los horizontes de estos hombres al demostrarles el potencial increíble de esta familia espiritual a la cual ahora pertenecen. Hace una afirmación asombrosa acerca de los que creen en Él: que harán obras aún mayores que las que Él ha hecho (cf. 14:12-14). Siempre ha existido la tentación de interpretar este versículo en el sentido de algún ministerio continuado de milagros que llegarían a eclipsar el ministerio de milagros de Jesús, pero esta interpretación no encaja con el resto del Nuevo Testamento ni la historia de la Iglesia. En cambio, Jesús parece señalar la venida del Espíritu Santo, que explica más plenamente en los versículos siguientes, y la obra que los discípulos y la Iglesia harán a través de Él. Esto se observa en las primeras palabras del libro de Hechos, que mencionan "todas las cosas que Jesús comenzó a hacer" mientras estuvo en la Tierra, y por implicación, las cosas que el Espíritu Santo continuó haciendo por medio de los Apóstoles después de su ascensión.

De esta manera, las "obras aún mayores" que leemos en el libro de Hechos y a lo largo de la historia de la Iglesia constituyen la explosión numérica y geográfica del Reino de Dios al extenderse el Evangelio. Es la obra más emocionante en la que podemos participar como cristianos, al ponernos a disposición de Cristo para el servicio del Evangelio.

Una confianza consciente

¿Cuál es la clave, entonces, a este hogar tan inusitado y esta vida tan extraordinaria que describe Jesús? Cuando los miembros de una familia especial tocan nuestras vidas, personas eminentemente útiles y agradables de tratar, inmediatamente queremos conocer su secreto. En el caso de la familia de Dios, este "secreto" es sencillo: la fe. Por eso Jesús dice al principio del pasaje: "[…] Creéis en Dios, creed también en mí" (14:1).

Este es el asunto fundamental de la vida: ¿En quién podemos confiar? ¿Quién puede soportar el peso de nuestra confianza? Algunos buscan la respuesta en sí mismos, otros en la ciencia, otros en la seguridad de la muchedumbre; ¿pero acaso alguna de estas cosas puede soportar las cargas más profundas de nuestras almas? Jesús nos lleva a Dios y a sí mismo a la vez que deja claro que la fe que exige el Evangelio no es un salto espiritual a ciegas, sino un salto a los brazos del Dios revelado plenamente en Jesús. En los acontecimientos siguientes, Dios prueba que Cristo es muy digno de nuestra confianza. ¡Un Dios que llega hasta tales extremos por salvarnos es un Dios que sabrá guardarnos para siempre!

32

"No os dejaré huérfanos"

Si me amáis, guardad mis mandamientos. 16Y yo rogaré al
Padre, y os dará otro Consolador, para que esté con vos-
otros para siempre: 17el Espíritu de verdad, al cual el
mundo no puede recibir, porque no le ve, ni le conoce; pero
vosotros le conocéis, porque mora con vosotros, y estará
en vosotros.

18No os dejaré huérfanos; vendré a vosotros.
19Todavía un poco, y el mundo no me verá más; pero vos-
otros me veréis; porque yo vivo, vosotros también vivi-
réis. 20En aquel día vosotros conoceréis que yo estoy en mi
Padre, y vosotros en mí, y yo en vosotros. 21El que tiene
mis mandamientos, y los guarda, ése es el que me ama; y
el que me ama, será amado por mi Padre, y yo le amaré, y
me manifestaré a él. 22Le dijo Judas (no el Iscariote):
Señor, ¿cómo es que te manifestarás a nosotros, y no al
mundo? 23Respondió Jesús y le dijo: El que me ama, mi
palabra guardará; y mi Padre le amará, y vendremos a él,
y haremos morada con él. 24El que no me ama, no guarda
mis palabras; y la palabra que habéis oído no es mía, sino
del Padre que me envió.

25Os he dicho estas cosas estando con vosotros.
26Mas el Consolador, el Espíritu Santo, a quien el Padre
enviará en mi nombre, él os enseñará todas las cosas, y os
recordará todo lo que yo os he dicho. 27La paz os dejo, mi
paz os doy; yo no os la doy como el mundo la da. No se

turbe vuestro corazón, ni tenga miedo. [28]***Habéis oído que yo os he dicho: Voy, y vengo a vosotros. Si me amarais, os habríais regocijado, porque he dicho que voy al Padre; porque el Padre mayor es que yo.*** [29]***Y ahora os lo he dicho antes que suceda, para que cuando suceda, creáis.*** [30]***No hablaré ya mucho con vosotros; porque viene el príncipe de este mundo, y él nada tiene en mí.*** [31]***Mas para que el mundo conozca que amo al Padre, y como el Padre me mandó, así hago. Levantaos, vamos de aquí*** (Juan 14:15-31).

Resulta difícil contemplar las imágenes de niños huérfanos en los medios de comunicación sin conmovernos, ya sean víctimas de epidemias o desastres, guerras o hambre. Constituyen el trágico símbolo de la necesidad humana más grave. En el Antiguo Testamento los huérfanos y las viudas representaban la clase más vulnerable y desamparada de la sociedad, con necesidades especiales. Igualmente, en esta sección del discurso en el Aposento Alto, Jesús emplea la imagen del huérfano en relación con sus discípulos (cf. 14:18) no solamente para expresar su profunda necesidad, sino la medida de la ayuda que Dios proporcionará.

Su consolación gira en torno a la promesa de la venida del Espíritu Santo y la ayuda singular que éste proporcionará a los hijos de Dios. Al hablar de esta manera, Jesús abre los ojos de sus discípulos para que comprendan mejor el misterio de Dios. Aquí se entrevé algo más del hecho de que el Dios que se reveló en las Escrituras, a quien adoraban y en quien confiaban, es tres y uno a la vez. Aunque conocían bien las referencias al Espíritu de Dios que existen tan frecuentemente en el Antiguo Testamento, fue la primera vez que recibieron una enseñanza extensa acera de Él. Empezaron a descubrir que el Espíritu de Dios es una persona de propio derecho. Es una persona, no solamente una fuerza o presencia. Jesús llama la atención, en particular, a la obra del Espíritu de Dios en las vidas de su pueblo.

Resalta el hecho de que una relación con el Espíritu Santo es vital para ser cristiano; es la experiencia de todo verdadero creyente, no de unos pocos. Al profundizar en esta dimensión vital de la experiencia cristiana, Jesús describe las relaciones complicadas y entretejidas existentes en la obra del Espíritu. Todas sostienen la plenitud de la salvación que Dios nos ha proporcionado en su Hijo. Indica algunos elementos clave de la obra del Espíritu en nosotros.

(1) Crea la comunión con Dios

Aunque esta sección no empieza con una referencia directa al Espíritu Santo, su obra salta a la vista. Jesús dice: "Si me amáis, guardad mis mandamientos" (14:15). El verbo que emplea para "guardar" no está en el tiempo imperativo sino en futuro. Este versículo declara un hecho al igual que expresa una obligación. En otras palabras, Jesús no solo dice que el verdadero amor para con Él se observa en la obediencia —aunque sin duda es así— sino que somos capaces de la verdadera obediencia a Jesús en virtud de una nueva relación de amor para con Él.

Al igual que todo seguidor de Jesús, los primeros discípulos eran dolorosamente conscientes de la debilidad de su amor hacia Él y su incapacidad de obedecerle sinceramente, como observamos en la conversación con Pedro. ¿Cómo es posible vivir de una manera que exprese algo de amor verdadero?

La respuesta se halla en las palabras de Jesús acerca de "otro Consolador" (14:16) llamado "el Espíritu de verdad" (14:17). Hay dos detalles importantes a notar en estas descripciones del Espíritu Santo. Primero, Jesús promete enviarnos "otro" Consolador. La palabra conlleva la idea de "otro de la misma clase". En otras palabras, cuando viniera el Espíritu sería una continuación de lo que los discípulos ya habían experimentado y conocido en los últimos tres años con Jesús.

El segundo detalle importante que acompaña al primero es el hecho de llamar al Espíritu "Consolador". La palabra griega original también se puede traducir como "Consejero", "Fuerza", "Ayudador" o "Defensor". A menudo se empleaba esta palabra simplemente para describir a tu mejor amigo que te brindaba apoyo en un pleito. Este Espíritu, entonces, daría esta clase de apoyo a los seguidores de Jesús ante todas las obligaciones legales que Dios exigiera de ellos.

Reuniendo todo esto, observamos que Jesús prometía a estos

hombres que cuando viniera el Espíritu, les acompañaría de manera que serían capaces de demostrar su amor a Cristo por la obediencia. Las obligaciones de la Ley de Dios no quedan disminuidas, sino que se nos proporciona la capacidad de cumplirlas. La dinámica de esta relación singular se esclarece a medida que Jesús revela más acerca de lo que abarca.

Dice que el mundo no acepta el Espíritu "[…] Porque no le ve, ni le conoce […]"; sin embargo, los discípulos sí: "[…] Porque mora con vosotros, y estará en vosotros" (14:17). Jesús habla de la relación especial entre Él mismo y el Espíritu, que a su vez proporcionaría la nueva dimensión de su relación con los discípulos después de ascender Jesús al Cielo (cf. 14:18-19). Demuestra que la aparente ruptura causada por su partida en realidad no es tal cosa, porque su presencia continuará a través del Espíritu. Cuando viene el Espíritu Santo —como "el Espíritu de verdad" (14:17)—, ayuda a los discípulos a comprender la relación existente dentro de la Deidad y la forma en que los que creen en Cristo se ven implicados en dicha relación en la plenitud de la salvación (cf. 14:20-21).

Esto nos devuelve al punto de partida: el asunto de la obediencia a Cristo. Solo cuando el Espíritu de Dios viene para darnos comunión con el Padre a través del Hijo se hace realidad la obediencia que Dios exige. Esto es lo que distingue a aquellos que pertenecen a Cristo de los que pertenecen al mundo.

(2) Llevarnos a la verdad de Dios

Una y otra vez se describe el Espíritu en estos capítulos como "el Espíritu de verdad". Esta descripción resalta una función clave del Espíritu de Dios: revelar la verdad de Dios a la Iglesia y al mundo. Dados los vínculos interpersonales de comunión dentro de la Deidad, de los cuales Jesús ha estado hablando, vemos aquí el vínculo entre este "Espíritu de verdad" y la declaración de Jesús: "Yo soy […] la verdad […]" (14:6). De nuevo señala la continuidad entre su propia obra y la del Espíritu. El Espíritu Santo guiará a los discípulos de Jesús a toda verdad (cf. 14:26; también 16:13).

Jesús expone sus palabras con cuidado. Esta promesa es específicamente para estos hombres, los Apóstoles de Cristo, y para su papel singular y fundamental en la formación de la Iglesia neotestamentaria. En particular, señala la manera como estos hombres serían instrumentos para llevar a término la revelación escrita de Dios en las Escrituras del Nuevo Testamento. Ellos serían los instrumentos de la revelación especial de Dios.

La importancia de esto estriba en el hecho de que aunque el Espíritu Santo seguirá siendo "el Espíritu de verdad" para todas las generaciones, y es Aquel que lleva a todo verdadero creyente a la Verdad, no lo hace sin referencia a la revelación definitiva de la Biblia al completo. Lo que proporcionó a los discípulos por medio de la revelación, lo sigue dando a la Iglesia a través de la iluminación: alumbra el significado de la Palabra y nos muestra la manera de aplicarla.

(3) Establecer la paz de Dios

En medio de los comentarios de Jesús acerca de la llegada del Espíritu Santo, de repente dice: "La paz os dejo, mi paz os doy; yo no os la doy como el mundo la da. No se turbe vuestro corazón, ni tenga miedo" (14:27).

"Shalom" en hebreo significa "paz", y en la cultura judía llegó a ser la palabra de saludo o despedida. Al igual que con expresiones parecidas en distintas culturas, esta palabra había perdido parte de su verdadero significado, pero aquí Jesús vuelve a darle un nuevo significado unido a la esperanza del Evangelio.

Recuerda a estos hombres que la paz de Dios es distinta. La paz que les deja es "mi paz", a diferencia de la paz del mundo. Esta paz está arraigada en el sacrificio ofrecido en la Cruz. Depende de la propiciación —de apaciguar la ira de Dios— y la reconciliación. Esta paz no tiene nada que ver con nuestras circunstancias ni el estado emocional. Es una paz objetiva establecida entre un Dios santo en el Cielo y las personas pecaminosas de la Tierra. El sacrificio de Jesús es lo único que borra el temor y la ansiedad, de manera que podemos descansar en la seguridad que proviene de tener paz con Dios.

En el contexto de esta declaración, vemos claramente que la experiencia de la paz de Dios a través de Cristo no se puede separar de la obra del Espíritu de Dios en sus seguidores. A medida que el Espíritu cumple con la obra de revelar la verdad de Dios y llevarnos a comprenderla, hallaremos constantemente esta paz en Jesús.

(4) Proporcionar consuelo mediante los propósitos de Dios

Si es verdad que el Evangelio de Juan es "tan sencillo que un niño puede vadearlo, y tan profundo que un elefante puede nadar en él", ¡los últimos versículos de este capítulo constituyen la piscina del elefante! A medida que Jesús teje los hilos de su identidad, el motivo de su venida, y lo que está a punto de hacer, señala el consuelo hallado en la misteriosa voluntad y propósitos de Dios.

Hace esto explicando la forma en que estará presente entre su pueblo al venir a ellos después de su partida (cf. 14:28). Parece referirse a tres acontecimientos: la resurrección de Jesús, el día de Pentecostés, y su Segunda Venida al fin del mundo. Cada uno es una fuente particular de ánimo, y juntos conforman un triple consuelo.

Resalta el gozo que ha prometido impartir a todo aquel que confía en Él: "Si me amarais, os habríais regocijado, porque he dicho que voy al Padre; porque el Padre mayor es que yo" (14:28). La referencia al Padre como "mayor" que Jesús no sugiere que sea más divino ni poderoso que el Hijo. Más bien destaca el hecho de que en ese momento, al estar en el Cielo, el Padre ocupaba una posición superior a la de Jesús. Pero el hecho de que Jesús pronto volverá al Cielo es una buena noticia, porque demostrará la aprobación y aceptación por parte del Padre de todo lo que Jesús hizo en la Tierra.

De nuevo este consuelo no se puede separar de la obra del Espíritu Santo. No proporciona ayuda y consuelo a los hijos de Dios simplemente al estimularlos a tener emociones y pensamientos agradables. Los consuela señalando la obra perfecta y acabada de Cristo y el fundamento seguro que proporciona para nuestra salvación. No puede haber una seguridad más profunda que la proporcionada por el Espíritu Santo.

Jesús ha estado preparando a sus seguidores para este momento, enseñándoles una y otra vez que la Cruz es la culminación de su venida (cf. 14:29). Pero el mundo aún no había visto ni comprendido estas cosas (cf. 14:30-31). La única manera de conseguirlo será a medida que el Espíritu, a través de los seguidores de Cristo, lleve el mensaje de la Cruz y lo proclame hasta los confines de la Tierra.

33

Una vida sumamente fructífera

*Yo soy la vid verdadera, y mi Padre es el labrador. 2Todo
pámpano que en mí no lleva fruto, lo quitará; y todo aquel
que lleva fruto, lo limpiará, para que lleve más fruto. 3Ya
vosotros estáis limpios por la palabra que os he hablado.
4Permaneced en mí, y yo en vosotros. Como el pámpano
no puede llevar fruto por sí mismo, si no permanece en la
vid, así tampoco vosotros, si no permanecéis en mí. 5Yo
soy la vid, vosotros los pámpanos; el que permanece en
mí, y yo en él, éste lleva mucho fruto; porque separados de
mí nada podéis hacer. 6El que en mí no permanece, será
echado fuera como pámpano, y se secará; y los recogen, y
los echan en el fuego, y arden. 7Si permanecéis en mí, y mis
palabras permanecen en vosotros, pedid todo lo que que-
réis, y os será hecho. 8En esto es glorificado mi Padre, en
que llevéis mucho fruto, y seáis así mis discípulos. 9Como
el Padre me ha amado, así también yo os he amado; per-
maneced en mi amor. 10Si guardareis mis mandamientos,
permaneceréis en mi amor; así como yo he guardado los
mandamientos de mi Padre, y permanezco en su amor.
11Estas cosas os he hablado, para que mi gozo esté en vos-
otros, y vuestro gozo sea cumplido.*

*12Este es mi mandamiento: Que os améis unos a
otros, como yo os he amado. 13Nadie tiene mayor amor
que este, que uno ponga su vida por sus amigos.
14Vosotros sois mis amigos, si hacéis lo que yo os mando.
15Ya no os llamaré siervos, porque el siervo no sabe lo que*

hace su señor; pero os he llamado amigos, porque todas las cosas que oí de mi Padre, os las he dado a conocer. [16]*No me elegisteis vosotros a mí, sino que yo os elegí a vosotros, y os he puesto para que vayáis y llevéis fruto, y vuestro fruto permanezca; para que todo lo que pidiereis al Padre en mi nombre, él os lo dé.* [17]*Esto os mando: Que os améis unos a otros* (Juan 15:1-17).

Una vez que ha tratado de manera objetiva la salvación que está a punto de conseguir para su pueblo, Jesús ahora trata subjetivamente la experiencia de esa salvación y la diferencia real que marca en nuestras vidas. Nos lleva al ámbito de la "vida abundante" que ha mencionado anteriormente (cf. 10:10). Nos lleva a considerar el significado y propósito para la vida, aquel anhelo profundo que arde dentro de todo ser humano. Es ese anhelo personal que distingue a la Humanidad del reino animal. Jesús quiere que sus discípulos sepan que el resultado final de los acontecimientos de las próximas dieciocho horas, que culminarán en su muerte, será el potencial para una vida antes desconocida.

No hay motivo evidente por el que Jesús de repente hubiera elegido la imagen de la vid para representarse a sí mismo y la comunión con su pueblo (cf. 15:1); tal vez se veía una rama colgando cerca de la ventana, o posiblemente hubiera uvas en la mesa. De todas formas, esta es la última de sus declaraciones "Yo soy", y está asociada con algunas de las venas más ricas de la esperanza y experiencia espiritual veterotestamentarias. Jesús quiere decir que el verdadero Israel —y la verdadera Humanidad— no es menos que la comunión entre Dios y el hombre a través de Jesucristo.

Este es el latido del corazón de la Iglesia, el pulso vital de toda verdadera experiencia cristiana. Es la esencia de una vida realmente realizada y fructífera, y en estos versículos Jesús recalca todo lo que implica.

Elementos de la vida fructífera

Si preguntáramos a la gente al azar por su definición de la vida, sin duda darían muchas respuestas distintas. Para algunos, la vida se trata de trabajo; para otros, de ocio y diversión; otros la ven en términos de la familia, la educación, o simplemente la longevidad; intentan aprovechar al máximo todo lo que les ocurra. El problema de todas estas perspectivas de la vida es que terminan en un callejón sin salida; tienen límites inherentes que las restringen a este mundo.

Sin embargo, un repaso rápido de esta parte del discurso de Jesús nos muestra lo que Jesús tenía en mente al describir la vida en la Vid como una vida eterna y de valor eterno. Es una vida fructífera (cf. 15:2, 4, 5, 8, 16); y este fruto incluye el vivir al máximo de nuestro potencial dado por Dios en este mundo para cumplir con la plenitud de ese potencial en el mundo venidero.

Ya hemos indicado que está asociado a la misma esencia del ser humano. Al principio de la Biblia, cuando leemos acerca de la creación del hombre, Dios le da la misión de una vida de servicio y bendición, y le dice a Adán: "Fructificad [...]" (Gn. 1:28). Esta productividad que se perdió en la Caída se recupera a través de la redención de Cristo.

Por tanto, no resulta sorprendente que la recuperación de la verdadera vida fructífera esté vinculada a la recuperación de la comunión con Dios a través de Jesucristo. Por eso Jesús asocia intencionadamente la productividad con la comunión a lo largo de este pasaje. Nos dice que la productividad exige que permanezcamos siempre "en mí" o "en mi amor" (Jn. 15: 4-11). En el sentido natural, las relaciones que disfrutamos —ya sea entre cónyuges, padres e hijos, o amigos— nos hacen florecer. ¿Cuánto más fructíferos seremos, pues, en una relación con Dios a través de su propio Hijo? Es el supremo propósito para el cual fuimos creados.

Esta relación tiene que ver con el amor en el sentido más rico de la palabra; no el amor que busca su propia gratificación y que es tan común en este mundo pecaminoso, sino el amor que da de sí mismo (cf. 15:9, 10, 12, 13, 16, 17). Este amor refleja el amor sacrificial y singular de Cristo. Garantiza revolucionar nuestras vidas y proporcionarnos el tipo de gozo que el mundo nunca podrá dar (cf. 15:11). Es el gozo de conocer a Cristo, el gozo que impulsa toda nuestra adoración.

Esta es, entonces, una vida sumamente realizada, con un propósito y seguridad insuperables, y dedicada enteramente al servicio. En las palabras del título de un libro escrito hace siglos por Henry Scougal, no es menos que la vida de Dios en el alma del hombre (*The Life of God in the Soul of Man).*

¿Quién participa?

Cuando un aficionado sin instrucción contempla un bello jardín, la pregunta evidente al jardinero responsable es: "¿Cómo lo has conseguido?". De manera parecida, cuando los discípulos u otra persona cualquiera contemplan el producto final de esta vida descrita por Jesús, también deben preguntarse cómo se puede conseguir. La respuesta no estriba tanto en los materiales y procesos sino en las personas que participan. Jesús señala a tres en particular.

Principalmente se señala a sí mismo: "Yo soy la vid verdadera [...]" (15:1). Contra el trasfondo de la revelación veterotestamentaria y el uso del símbolo de la vid en la cultura judía de la época, esa era una declaración significativa. Deja claro que formar parte de la vid fructífera de Dios no es cuestión de identidad nacional, clima político ni fervor religioso. Sobre todo se trata de Jesús mismo y nuestra relación con Él. Es una verdad sencilla pero vital. No existe tal cosa como el cristianismo sin Cristo. Formar parte de la Iglesia de Dios, ser miembro de su familia, y disfrutar de la vida que Dios ofrece empieza y termina con el conocimiento del Hijo de Dios.

La segunda persona que Jesús señala es el Padre: "Yo soy la vid verdadera, y mi Padre es el labrador" (15:1). Tras todo gran jardín hay un gran jardinero que lo ha planeado, plantado, y podado, produciendo todo lo que allí se ve. Así es Dios Padre. Su propósito eterno está detrás de la historia de su pueblo, la Venida de su Hijo y el propósito por el cual le envió. Todo lo que leemos en la Biblia y todo lo que se cumple en la vida de la Iglesia es el resultado del plan que el Padre dispuso en la eternidad y obró en la Historia.

El tercer grupo de personas que Jesús identifica en estos versículos lo conforman los que creen en Él: estos son "los pámpanos" (15:5). Lo interesante de esta designación es que, evidentemente, Jesús pensaba en dos clases de pámpanos: los vivos que están unidos a la vid y dan fruto (cf. 15:5) y los muertos que están separados de la vid y resultan inútiles (cf. 15:6). Aunque los miembros del segundo grupo tienen una aparente conexión exterior con Cristo y su Iglesia, no tienen una unión viva y vital con Él, y por eso no tienen la salvación verdadera. La partida de Judas demuestra esto. Este hombre estaba muy unido a Cristo en apariencia, pero no podía estar más lejos de Él en términos de la experiencia espiritual real.

Lo importante es que la esencia de la vida cristiana fructífera está asociada a una relación de fe viva en Dios a través de Cristo. Sin Él, ni somos nada ni podemos hacer nada (cf. 15:5).

¿Cómo se consigue?

Los discípulos sabían que la viticultura es un arte que exige mucha atención a los detalles. Cuando Jesús usa la vid como símbolo de la experiencia espiritual, enseña a sus seguidores que hay que prestar mucha atención para cultivar a cristianos e iglesias sanas y fructíferas. Deja claro que su Palabra debe desempeñar un papel central en todo lo que debe ocurrir.

Esta Palabra es el medio de la conversión (cf. 15:3; también 1 P. 1:23). Es el medio de crecimiento y desarrollo espiritual (cf. 15:7; también 2 Ti. 3:16-17). Es la clave a nuestra preservación (cf. 15:10). Y es suficiente para todo lo que necesitamos para la vida y la santidad (cf. 15:15; también 2 P. 1:3). Jesús habla de nuestra respuesta a su Palabra en términos de permanecer en nosotros (cf. 15:4, 7). Resalta la necesidad de una confianza perdurable y firme en la Palabra; una entrega consciente a todo lo que Dios ha revelado en Jesús. Jesús mismo ha demostrado lo que esto significa en la práctica, bajo las condiciones más extremas, por su entrega sin vacilaciones a la trayectoria indicada en la Palabra de Dios que lo llevó a la Cruz. Simplemente no quiso hacer otra cosa.

Esta clase de fe en la Palabra de Dios necesariamente se expresa también en la obediencia a esta Palabra (cf. 15:10). Se nos enseña que la obediencia activa no se puede separar de la relación de amor entre el cristiano y Cristo. Resulta interesante que esta vez el orden de aparición del amor y la obediencia cambie respecto a la referencia anterior (cf. 14:15). Al igual que la seguridad de un matrimonio estriba en el seguimiento de ciertas normas fundamentales que evitarán la tentación, en el matrimonio de Cristo con su Iglesia las leyes existen para evitar que su pueblo caiga en los brazos seductores de otros.

Jesús también resalta la necesidad de la poda para que esta vida espiritual prospere (cf. 15:2). El Padre, al igual que un jardinero jefe, sabe el momento y la manera justas de podar y quitar aquellos elementos que no son propios de la vida de su pueblo, o que frenan su crecimiento. El proceso puede resultar doloroso —ya sea a través de su Palabra, sus siervos, o su providencia divina— pero siempre será útil y dará paso a una vida mejor y más provechosa en Cristo. Para los que están en la Iglesia sin ser de ella, acarreará juicio. Tal vez su simulación engañe a algunos, pero nunca a Dios. Tarde o temprano la verdad saldrá a la luz y su verdadera relación se revelará de la manera más dolosa posible (cf. 15:6).

En todo esto el amor especial de Cristo es preeminente (cf.15: 17). Cuando la comunidad de su pueblo prospere en amor mutuo, todos podrán ver las evidencias de la verdadera productividad espiritual. Estos frutos no se pueden producir artificialmente, porque van en contra de la naturaleza humana pecaminosa. Prosperan entre los cristianos si verdaderamente existe entre ellos y Cristo aquella unión de amor y salvación que solo Cristo puede establecer. Esta es la clave de la vida más fructífera y realizada posible.

34

Una vida sumamente dolorosa

*Si el mundo os aborrece, sabed que a mí me ha aborrecido
antes que a vosotros. [19]Si fuerais del mundo, el mundo
amaría lo suyo; pero porque no sois del mundo, antes yo
os elegí del mundo, por eso el mundo os aborrece.
[20]Acordaos de la palabra que yo os he dicho: El siervo no
es mayor que su señor. Si a mí me han perseguido, también
a vosotros os perseguirán; si han guardado mi palabra,
también guardarán la vuestra. [21]Mas todo esto os harán
por causa de mi nombre, porque no conocen al que me ha
enviado. [22]Si yo no hubiera venido, ni les hubiera habla-
do, no tendrían pecado; pero ahora no tienen excusa por
su pecado. [23]El que me aborrece a mí, también a mi Padre
aborrece. [24]Si yo no hubiese hecho entre ellos obras que
ningún otro ha hecho, no tendrían pecado; pero ahora han
visto y han aborrecido a mí y a mi Padre. [25]Pero esto es
para que se cumpla la palabra que está escrita en su ley:
Sin causa me aborrecieron. [26]Pero cuando venga el
Consolador, a quien yo os enviaré del Padre, el Espíritu de
verdad, el cual procede del Padre, él dará testimonio acer-
ca de mí. [27]Y vosotros daréis testimonio también, porque
habéis estado conmigo desde el principio.*

*[1]Estas cosas os he hablado, para que no tengáis tro-
piezo. [2]Os expulsarán de las sinagogas; y aun viene la
hora cuando cualquiera que os mate, pensará que rinde
servicio a Dios. [3]Y harán esto porque no conocen al Padre*

ni a mí. [4]Mas os he dicho estas cosas, para que cuando llegue la hora, os acordéis de que ya os lo había dicho. [5]Esto no os lo dije al principio, porque yo estaba con vosotros (Juan 15:18—16:5a).

La vida cristiana es difícil además de ser fructífera. Llegado a este punto, las enseñanzas de Jesús dan un giro repentino. Ha hablado de la vida fructífera y útil que se halla en comunión con Él; ahora aborda las implicaciones más oscuras del discipulado. El amor que caracteriza las relaciones dentro de la Iglesia (cf. 15:17) se sitúa en marcado contraste con el odio que el mundo hostil dirigirá contra ella (cf. 15:18). La vida en comunión con Cristo será dolorosa por definición.

Este es un aspecto del Evangelio que se ha pasado por alto o minimizado en muchas iglesias. Dan la impresión de que convertirse en cristiano significa tener una vida sin problemas. Sin embargo, la verdad es muy diferente. Jesús deja claro en otro pasaje que seguirle a Él implica la negación de nosotros mismos y llevar la Cruz (cf. Mr. 8:34); aquí recalca igualmente que seguirle a Él atraerá la oposición del mundo que nos rodea.

Mientras la tormenta crece en torno al pequeño grupo en el Aposento Alto, y al acercarse el arresto de Jesús y los acontecimientos nefastos siguientes, Jesús prepara a sus discípulos. No solo deben prepararse para el trauma de ver el sufrimiento de su Maestro; también deben prepararse para las pruebas y adversidades que experimentarán durante el resto de sus propias vidas en este mundo. Lo que Jesús describe detalladamente en este pasaje, Pablo resume en una frase escueta en la víspera de su propia ejecución: "Y también todos los que quieren vivir piadosamente en Cristo Jesús padecerán persecución" (2 Ti. 3:12).

Esta verdad, que Jesús declara a sus discípulos, se aplica también a su pueblo en todas las épocas. Es algo que todo cristiano tiene que comprender y aceptar.

El motivo de la oposición

A menudo lo que se espera de la vida en el Reino de Dios y la verdadera experiencia de ese Reino son cosas muy distintas.

Esto fue así aun cuando Jesús estuvo en la Tierra. Había una idea común que rayaba en el triunfalismo: cuando el Mesías apareciera, abriría para Israel una época dorada de paz y prosperidad desconocidas desde los tiempos de David. Juan ha documentado la expresión de esta expectación entre el pueblo cuando la muchedumbre intentó coronar a Jesús a la fuerza después de la alimentación milagrosa de los cinco mil (cf. 6:15). Esta misma esperanza estuvo profundamente arraigada en los discípulos. Aun después de todas sus enseñanzas y sufrimientos en la Cruz, cuando Jesús se preparaba para volver al Cielo, los discípulos preguntaron: "Señor, ¿restaurarás el reino a Israel en este tiempo?" (Hch. 1:6). Aún no habían comprendido la naturaleza verdadera del Reino al cual eran llamados. En sus enseñanzas en la noche que fue traicionado, Jesús no dejó a sus seguidores —y a sus potenciales seguidores— la menor duda en cuanto al precio de seguirle y el motivo de esta vida tan costosamente sacrificial.

Principalmente se trata del Reino al que pertenecemos. Jesús dijo a sus discípulos: "Si fuerais del mundo, el mundo amaría lo suyo [...]" (15:19). Dejó claro que ellos, al igual que Jesús, no pertenecían al mundo. En las primeras décadas del cristianismo neotestamentario, este principio se convertiría en un aspecto fundamental para la comprensión de la situación del pueblo de Dios. Pablo no se consideraba ciudadano de Roma, sino del Cielo (cf. Fil. 3:20). El autor de la Epístola a los Hebreos habla de no tener patria en este mundo; como miembro del pueblo peregrino de Dios, anhela una patria mejor y una ciudad con fundamentos (cf. He. 11:13-16). Las palabras del antiguo canto espiritual expresan muy bien esta idea:

Este mundo no es mi hogar, estoy de paso yo,
mi tesoro está guardado más allá del cielo azul.

El Reino al que pertenezcamos tendrá un profundo efecto en el trato que recibamos.

No solamente es cuestión de dónde pertenecemos, sino también a quién pertenecemos. Jesús trata la relación entre señores y siervos —tan común en aquella época—, en la que el siervo recibía el mismo trato que su señor, para bien o para mal (cf. 15:20-22). De hecho, Jesús demuestra su origen (como ya ha hecho anteriormente) en su propia relación con el Padre y la reacción de la muchedumbre ante Él como reflejo de su reacción ante Dios. Por tanto, la oposición experimentada por los cristianos en el mundo no tiene que ver con ser buenas personas ni tratar bien a los demás; es únicamente porque llevan el nombre de Jesús (cf. 15:21).

El tercer motivo identificado por Jesús de la oposición que afrontarán los discípulos estriba en el impacto de la Verdad en las vidas de la gente. Al hablar de la luz que Él trajo mediante su presencia y sus enseñanzas, Jesús describe el amargo antagonismo que surgió en los corazones de sus oyentes judíos y el aumento de su culpa por su reacción a la Verdad (cf. 15:22-24). De nuevo resalta el hecho de que la respuesta al Evangelio no es principalmente un asentimiento intelectual, sino la aceptación del corazón. El rechazo por parte de los judíos de la verdad de Dios encarnada en la vida de Jesucristo era otra prueba de su rechazo voluntario de Dios y de todo lo que le pertenecía. Este rechazo llegaría finalmente a dirigirse también contra los seguidores de Jesús.

Todo esto hace eco de los temas de las tinieblas y la luz que han recorrido el Evangelio según Juan. Al igual que Jesús es la Luz del Cielo que ha venido al mundo oscurecido para dividir la Humanidad entre los que son atraídos a Él y los que le rehúyen, estas mismas respuestas impulsarán las distintas reacciones ante sus seguidores. Lo más destacado en cuanto a la oposición que enfrentó Jesús —y, por extensión, todos los cristianos— es que el mundo odia a ambos "sin causa" (15:25). No es cuestión de lógica, sino del pecado.

El remedio a la oposición

Afrontar la oposición es una cosa; saber responder ante ella es otra. Con demasiada frecuencia los cristianos intentan afrontarla en sus propios términos y a su manera, en lugar de emplear los recursos proporcionados por Jesús. Siempre ha existido la tentación de simplemente huir y ocultarnos, o adoptar una política de "vive y deja vivir" que da paso a una convivencia intranquila. Jesús nos presenta una manera totalmente distinta de responder a la oposición.

Primero, indica la obra del Espíritu Santo: "Pero cuando venga el Consolador [...] él dará testimonio acerca de mí" (15:26). De nuevo, Jesús llama al Espíritu Santo "el Espíritu de verdad", y dice que cuando Él venga, simplemente dirá la Verdad tal y como es. Dará testimonio divino de Jesús y su obra, por mucho que se esfuercen los seres humanos en desacreditar el nombre de Cristo.

La creciente oposición enfrentada por los primeros discípulos —y por muchos otros desde entonces— inevitablemente hizo surgir dudas y preguntas en sus mentes en cuanto a los hechos acerca de Jesús y su comprensión de todo lo acontecido. Cuando viniera el Espíritu, sacaría a la luz la Verdad y dejaría que hablaran los hechos. Cuando los fariseos optaron por mentir y tapar la noticia de la Resurrección para que no se supiera (cf. Mt. 28:12-15), la respuesta del Espíritu simplemente fue señalar al sepulcro vacío y las decenas de testigos oculares que habían visto al Señor resucitado. No hacía falta inventar explicaciones embrolladas. Los hechos eran evidentes y el Espíritu Santo dio testimonio de ellos.

Jesús también resalta el testimonio singular de los Apóstoles mismos. Habían estado con Jesús desde el principio, y Cristo les había dado la tarea de explicar simplemente lo que habían visto (cf. 15:27). Al actuar en conjunto con el Espíritu —como Jesús ya había mencionado—, debían proporcionar el testimonio escrito de Jesús como el Cristo, la piedra angular de la Iglesia a lo largo de la Historia (cf. Ef. 2:20).

El remedio a la oposición proporcionado por Jesús para estos hombres es el remedio permanente para su pueblo. La Iglesia y sus miembros se mantienen firmes contra la hostilidad del mundo, no en sus propias fuerzas ni astucia, sino en el testimonio inamovible del Espíritu y los Apóstoles hallado en la Palabra de Dios. Dotada con el poder del Espíritu de Dios y armada con su Palabra, la Iglesia ha avanzado contra toda la oposición del Infierno mismo y ha prevalecido; y seguirá prevaleciendo hasta el fin.

La preparación para la oposición

Jesús explica por qué ha abordado estos asuntos alarmantes: "Estas cosas os he hablado, para que no tengáis tropiezo" (16:1). Su gran amor hacia ellos y su preocupación por su bienestar hace que los avise de antemano de lo que les espera. De la misma manera, su aviso suena en los oídos de su pueblo esparcido en todo el mundo y a lo largo de los siglos. Jesús quiere que sus hijos tengan pleno conocimiento de lo que les espera en este mundo, para que estén totalmente preparados.

Habla de una oposición y persecución tan intensas que en algunos casos acabarían en el martirio (cf. 16:2). Ese fue el caso de casi todos los hombres que se sentaron en la mesa aquella noche. Sin duda, cuando Juan escribió su Evangelio, algunos ya habían muerto.

De nuevo Jesús demuestra su deseo de que sus hijos comprendan por qué tendrán esta experiencia: es porque los que los persiguen "[…] No conocen al Padre ni a mí" (16:3). No importa lo buenos y amables que sean los cristianos con los demás, ni el servicio cristiano que estén dispuestos a rendir; existe una antipatía fundamental contra Dios en este mundo que invariablemente atacará a todo aquel que le pertenece a Él.

El entrenamiento básico de todo soldado incluye la clase de ejercicios y discursos que le prepararán para la batalla, de manera que cuando empiece el ataque verdadero estará preparado y podrá hacerlo frente. De manera parecida, todo soldado en el ejército de Cristo debe estar preparado. Solo cuando comprendamos plenamente que la vida de discipulado es una vida de conflictos, podremos estar firmes ante ese conflicto cuando llegue.

35

El Espíritu de Verdad

Pero ahora voy al que me envió; y ninguno de vosotros me pregunta: ¿A dónde vas? [6]*Antes, porque os he dicho estas cosas, tristeza ha llenado vuestro corazón.* [7]*Pero yo os digo la verdad: Os conviene que yo me vaya; porque si no me fuera, el Consolador no vendría a vosotros; mas si me fuere, os lo enviaré.* [8]*Y cuando él venga, convencerá al mundo de pecado, de justicia y de juicio.* [9]*De pecado, por cuanto no creen en mí;* [10]*de justicia, por cuanto voy al Padre, y no me veréis más;* [11]*y de juicio, por cuanto el príncipe de este mundo ha sido ya juzgado.*

[12]*Aún tengo muchas cosas que deciros, pero ahora no las podéis sobrellevar.* [13]*Pero cuando venga el Espíritu de verdad, él os guiará a toda la verdad; porque no hablará por su propia cuenta, sino que hablará todo lo que oyere, y os hará saber las cosas que habrán de venir.* [14]*El me glorificará; porque tomará de lo mío, y os lo hará saber.* [15]*Todo lo que tiene el Padre es mío; por eso dije que tomará de lo mío, y os lo hará saber.*

[16]*Todavía un poco, y no me veréis; y de nuevo un poco, y me veréis; porque yo voy al Padre* (Juan 16:5-16)

Entre los muchos papeles que desempeña el Espíritu Santo, uno de los más significativos es el de ser el Instrumento de verdad de Dios: es Aquel que comunica la verdad de Dios a los corazones y las mentes de los hombres y las mujeres. Este aspecto de su obra es sumamente importante, porque la Verdad es el foco mismo del poder liberador del Evangelio del Hijo (cf. 8:32, 36). Todo esto es aún más pertinente en una época en que se ridiculiza el concepto mismo de la Verdad a la vez que las mentiras engañosas del diablo gozan de alta estima.

Jesús sigue recostado a la mesa con sus discípulos en el Aposento Alto, dándoles el discurso que no solamente les preparará para el trauma del fin de semana que se avecina, sino para la obra que les ocupará el resto de sus vidas. De nuevo saca el tema del Espíritu Santo, y otra vez su enfoque está en el Espíritu de Dios como "el Espíritu de verdad" (16:13). Este es el hilo que une todas las enseñanzas que componen este discurso.

Sin embargo, la manera como Jesús presenta el tema en este pasaje resulta, en cierto modo, intrigante. Empieza por repetir que vuelve a Aquel que lo envió; luego procede a preguntar a los discípulos por qué no le han interrogado acerca de su partida (cf. 16:5). Lo curioso es que los discípulos sí habían interrogado a Jesús acerca de lo que le esperaba en, por lo menos, dos ocasiones (cf. 13:36; 14:5). Una posible explicación de esta aparente incoherencia puede ser que en las otras ocasiones las preguntas no se plantearon por un verdadero deseo de comprender el significado de los días venideros para Jesús, sino que eran más bien protestas disfrazadas de preguntas que expresaban la frustración y el temor de los discípulos.

Jesús quiere que estos hombres se den cuenta de que el gozo y la paz que anhelaban al seguirlo solo provienen del dolor que Él debe sufrir en la Cruz. El tormento del Calvario es el precursor necesario del gozo de Pentecostés. Solo al forjarse el último eslabón de la cadena del propósito redentor de Dios la bendición de la salvación de Dios puede fluir hacia las naciones. Por eso Jesús menciona el evidente dolor que se apoderará de sus seguidores cuando Él se vaya (cf. 16:6), pero lo pone en perspectiva al decir: "[…] Os conviene que yo me vaya […]" (16:7). Solo cuando Jesús hubiera terminado la obra que el Padre le había enviado a hacer el Espíritu podría aplicar el gozo proporcionado al mundo por la obra terminada.

Estos versículos, entonces, tienen un significado fundamental no solamente para nuestra comprensión de la obra del Espíritu

Santo en el mundo, sino también para nuestro entendimiento de la obra del Evangelio en el mundo. Nos ayudan a comprender tres aspectos de la obra del Espíritu.

Enfrenta al mundo con la verdad en cuanto a sí mismo

El primer aspecto principal de la obra del Espíritu que Jesús identifica es este: "[…] Convencerá al mundo de pecado […]" (16:8). Este resumen se explica en mayor detalle en el pasaje que sigue. Jesús emplea el lenguaje de los tribunales, presentando esta "convicción" no solamente como la presentación de una prueba imparcial de culpabilidad, sino también de manera que toca la conciencia. El Espíritu hace esto simplemente al establecer la Verdad: específicamente, la verdad acerca del pecado, la justicia y el juicio.

El Espíritu convence al mundo de pecado porque la gente no cree en Jesús (cf. 16:9). Se ha suscitado un gran debate en torno a la incredulidad como la expresión más grave del pecado, o si constituye la misma esencia del pecado. Bien mirado, parecer ser esta última, ya que todo pecado estriba en el rechazo original del hombre a descansar y confiar en Dios y su voluntad revelada. Negarse a creer en Jesús es sinónimo de rechazar la verdad de Dios.

Esto se respalda con las palabras de Pablo en el capítulo 1 de la Epístola a los Romanos. Allí explica las bases de la necesidad del Evangelio al decir que la ira de Dios se revela contra aquellos que "[…] detienen con injusticia la verdad […]" (Ro. 1:18) y que "[…] cambiaron la verdad de Dios por la mentira […]" (Ro. 1:25). La esencia misma del pecado es la negación de la Verdad; por tanto, se expresa en el rechazo de Jesucristo, la Verdad encarnada.

La obra de convicción del Espíritu, sin embargo, abarca también la convicción de la justicia (cf. 16:10). Jesús dice que lo hará: "[…] Por cuanto voy al Padre […]". Es una manera escueta de indicar en dónde se halla la justicia verdadera y objetiva. La brevedad de esta declaración oculta su profundidad. Jesús dice, en efecto, que el Padre demostrará la justicia definitiva en su reivindicación del Hijo al volver a acogerlo en el Cielo. Él vino como el Justo enviado del Cielo; cumplió con toda justicia en la

Tierra; murió en el lugar de los pecadores injustos en el Calvario; y luego fue reivindicado por Dios en la Resurrección y Ascensión; por eso Jesús es el modelo de justicia para siempre.

El doble peso de lo que Jesús expresa en esta declaración estriba en el hecho de que el Espíritu no solamente sostiene la justicia de Dios en Cristo para revelar y condenar, sino también revela a Jesús como la fuente de toda verdadera justicia. Pablo vuelve a demostrar en Romanos que la esperanza del Evangelio es la justicia de Dios revelada en Jesucristo (cf. Ro. 3:21). Todo aquel que llega a confiar en Jesús recibe esta justicia y halla nueva paz con Dios.

Naturalmente esto da paso al tercer aspecto de la obra de convicción del Espíritu, relacionado con el juicio (cf. Jn. 16:11). Aunque el juicio de Dios está aún en el futuro, tiene una dimensión presente "[…] Por cuanto el príncipe de este mundo ha sido ya juzgado". De manera pública a través de los acontecimientos sobrenaturales que tendrían lugar en el Calvario (cf. Mt. 27:45, 51-53), el dominio del diablo sería saqueado y su condenación sería demostrada. A su vez, esto resultaría en el retroceso progresivo de su reino de tinieblas a medida que el Evangelio iba a extenderse por todo el mundo. A través de la predicación del Evangelio, el Espíritu Santo revela la mentira del diablo y demuestra que ya está bajo condenación.

Por tanto, en resumen, la obra del Espíritu Santo es recalcar para el mundo la verdad dolorosa en cuanto al mundo y su destino, y su necesidad urgente de acudir a Cristo para hallar salvación.

Revela al mundo la Verdad que proviene de Dios

Ya se observan indicios en estos capítulos de que los discípulos estaban en un estado de conmoción ante las palabras de Jesús en torno a la mesa aquella noche, de manera que no resulta sorprendente que Él los trate con mucha delicadeza. Les dice que, aunque no hay mucho más que les pueda comunicar, no tiene intención de cargarles más de lo necesario en aquel momento. Sin embargo, abre el camino para la obra más significativa en la que los Apóstoles van a participar: el término de la revelación escrita de Dios. Ellos serían los instrumentos empleados por

Dios para completar las Escrituras, y al hacerlo, ellos junto con los profetas del Nuevo Testamento formarían la base de la Iglesia neotestamentaria (cf. Ef. 2:20).

Jesús preparaba a estos hombres para el papel singular que desempeñarían en la revelación para todos los tiempos de la Verdad en la Biblia; y solo podrían hacer eso después de recibir el Espíritu Santo en Pentecostés. Por eso Jesús dice: "Pero cuando venga el Espíritu de verdad, él os guiará a toda la verdad [...]" (16:13). Observamos dos cosas importantes en esta declaración. Primero, Jesús no se refiere a los creyentes en general, sino a los Apóstoles en particular; ellos participarían en un proceso irrepetible. Segundo, cuando venga el Espíritu les "guiará a toda la verdad": o sea, que ya no hará falta más revelación de parte de Dios.

La aplicación universal de estas palabras de Jesús estriba en el hecho de que la Biblia es la revelación de Dios suficiente para el mundo entero a lo largo de toda la Historia. Todo lo necesario para la fe y la vida se halla en sus páginas. El único otro aspecto de la obra del Espíritu en relación con esto es la iluminación de la verdad de Dios: una obra necesaria debido al entendimiento entenebrecido del hombre en su estado caído (cf. Ef. 4:18). En este sentido, según las palabras de Melvin Tinker: "La Biblia es el regalo más grande del Espíritu a la Iglesia".

Revela la suprema Verdad encarnada en Cristo

Es fácil pasar por alto los últimos comentarios de Jesús en esta sección porque, a primera vista, no parecen estar relacionados con lo dicho en los versículos anteriores. De hecho, estos comentarios acerca de la relación entre Cristo y el Espíritu enlazan todos los elementos de esta sección.

¿En qué consistirá la sustancia de la revelación dada por el Espíritu a los Apóstoles? ¿Cuál será el hilo que proporcionará la unidad del mensaje? La respuesta es Cristo: es el tema central que da unidad a la Escritura de principio a fin. Al igual que la promesa de Cristo es el tema que da unidad al Antiguo Testamento, la Venida de Cristo y su significado serán el tema que une el Nuevo.

Jesús dice, entonces, que el Espíritu glorificará a Cristo

tomando de lo suyo y revelándolo a través de los Apóstoles por medio de la Palabra (cf. 16:14-15). Él demostrará la forma en que la verdad de Dios escrita en la Palabra es inseparable de la verdad de Dios encarnada en Cristo.

Al decir esto, Jesús nos ofrece la clave para saber si hemos comprendido bien el mensaje de la Biblia. Solo hay que preguntar: "¿Nos ha llevado a Cristo?". Cualquiera que sea el entendimiento moral, social, personal o hasta teológico que hayamos sacado de ella, ¡su propósito definitivo es revelar a Jesús!

Los asuntos que Jesús ha tratado aquí son tan importantes que, sin duda, los discípulos se tambaleaban bajo su peso. Les decía que sus vidas formaban parte de algo fuera de su comprensión, algo de proporciones infinitas. ¿Cómo podrían estar seguros de la verdad de estas palabras asombrosas? Jesús proporciona la respuesta. Les da una señal: les dice que ocurrirá lo imposible, y que entonces eso confirmará el resto de las palabras que Él ha pronunciado aquella noche. "Todavía un poco, y no me veréis; y de nuevo un poco, y me veréis; porque yo voy al Padre" (16:16). Por supuesto que se refería a su muerte inminente y posterior resurrección. Cuando ellos vieran cumplida esta predicción asombrosa, podrían estar seguros de que todo lo demás que les había dicho se cumplirá también.

36

A la mañana vendrá la alegría

Entonces se dijeron algunos de sus discípulos unos a
otros: ¿Qué es esto que nos dice: Todavía un poco y no me
veréis; y de nuevo un poco, y me veréis; y, porque yo voy
al Padre? 18*Decían, pues: ¿Qué quiere decir con: Todavía*
un poco? No entendemos lo que habla. 19*Jesús conoció que*
querían preguntarle, y les dijo: ¿Preguntáis entre vosotros
acerca de esto que dije: Todavía un poco y no me veréis, y
de nuevo un poco y me veréis? 20*De cierto, de cierto os*
digo, que vosotros lloraréis y lamentaréis, y el mundo se
alegrará; pero aunque vosotros estéis tristes, vuestra tris-
teza se convertirá en gozo. 21*La mujer cuando da a luz,*
tiene dolor, porque ha llegado su hora; pero después que
ha dado a luz un niño, ya no se acuerda de la angustia,
por el gozo de que haya nacido un hombre en el mundo.
22*También vosotros ahora tenéis tristeza; pero os volveré*
a ver, y se gozará vuestro corazón, y nadie os quitará
vuestro gozo. 23*En aquel día no me preguntaréis nada. De*
cierto, de cierto os digo, que todo cuanto pidiereis al
Padre en mi nombre, os lo dará. 24*Hasta ahora nada*
habéis pedido en mi nombre; pedid, y recibiréis, para que
vuestro gozo sea cumplido.

25*Estas cosas os he hablado en alegorías; la hora*
viene cuando ya no os hablaré por alegorías, sino que cla-
ramente os anunciaré acerca del Padre. 26*En aquel día*
pediréis en mi nombre; y no os digo que yo rogaré al Padre

por vosotros, 27*pues el Padre mismo os ama, porque vosotros me habéis amado, y habéis creído que yo salí de Dios.* 28*Salí del Padre, y he venido al mundo; otra vez dejo el mundo, y voy al Padre.*

29*Le dijeron sus discípulos: He aquí ahora hablas claramente, y ninguna alegoría dices.* 30*Ahora entendemos que sabes todas las cosas, y no necesitas que nadie te pregunte; por esto creemos que has salido de Dios.* 31*Jesús les respondió: ¿Ahora creéis?* 32*He aquí la hora viene, y ha venido ya, en que seréis esparcidos cada uno por su lado, y me dejaréis solo; mas no estoy solo, porque el Padre está conmigo.* 33*Estas cosas os he hablado para que en mí tengáis paz. En el mundo tendréis aflicción; pero confiad, yo he vencido al mundo* (Juan 16:17-33).

Uno de los versículos más hermosos de los Salmos dice: "Por la noche durará el lloro, y a la mañana vendrá la alegría" (Sal. 30:5). Esta verdad expresa el ambiente creado por las palabras de Jesús en este pasaje.

Aquella noche de jueves era sombría y triste de muchas maneras para los discípulos, y aún más para Jesús. Sin embargo, Él fue capaz de señalar más allá de los horizontes oscuros que amenazaban con ahogarlos, hacia la luz y el gozo venideros. De la misma manera que Jesús sacaba fuerzas para el sufrimiento que le esperaba en la Cruz al contemplar el gozo puesto delante de Él (cf. He. 12:2), dirigió la atención del pequeño grupo de sus seguidores a esta misma esperanza y certeza.

Este pasaje no solamente nos presenta un amplio cuadro de la salvación de Dios que ha venido a nuestro mundo; también proporciona el modelo para gran parte de nuestra experiencia cristiana normal. El versículo antes mencionado de la Epístola a los Hebreos nos dice que la experiencia singular de Jesús al afrontar la Cruz se convierte en el modelo para todos aquellos que confían en Él en las luchas de esta vida. Esto nos lleva a uno de los elementos más vitales de la experiencia cristiana. ¿En qué consiste "el gozo de la salvación de Dios"? Demasiados cristianos buscan la respuesta en las baratijas espirituales pasajeras, el tipo de cosas que no pueden sobrevivir al dolor. Jesús tenía en mente un gozo mucho más rico y resistente, y quiere que sus discípulos sepan en qué consiste y cómo recibirlo.

Un gozo nacido de la perplejidad y el dolor

Jesús era muy consciente del ambiente que había en torno a la mesa; el temor y los malos presagios empezaban a apagar la conversación. Respondió equilibrando la creciente sombra de las tinieblas con la promesa de un gozo sobrecogedor (cf. 16:17-20).

Emplea el ejemplo del parto para recalcar el sentido de sus palabras. La mujer que da a luz olvida pronto el dolor, por intenso que sea, por el gozo que siente por la vida de su hijo recién nacido (cf. 16:21). Será así para los discípulos: inevitablemente llorarán y lamentarán por los acontecimientos del día siguiente, pero su dolor se convertirá sin falta en gozo (cf. 16:22).

El dolor y la perplejidad de su situación se verían empeorados por la forma en que el mundo —con todo el profundo significado que Juan invierte en esa palabra— se alegraría cruelmente por el destino de Jesús. Pero Jesús es realista: el discipulado no nos asegura una vida sin dolor. De hecho, lo irónico del llamamiento cristiano es que mientras más participamos en la obra del Reino, más intensa se hace la lucha. Esto es inevitable porque la obra del Reino es la obra de la salvación.

A la vez, Jesús resalta la esperanza y el optimismo del Evangelio, recordando a los once que su dolor se transformaría en gozo y que ese gozo no les sería quitado. Del dolor y la tristeza saldría un gozo que el mundo nunca podría ofrecerles. Este gozo ha sostenido a innumerables cristianos bajo la persecución a lo largo de la historia de la Iglesia. El gozo verdadero y perdurable nace de los intensos combates del alma.

Un gozo que crece mediante la comunión con Dios

Un hilo frecuente que recorre esta conversación es la promesa de Jesús de volver a ver a los discípulos. Por muy reconfortantes que resulten estas palabras, son algo ambiguas. ¿Acaso esta promesa se refería a su resurrección, a la venida del Espíritu Santo, o a su Segunda Venida al final del tiempo? La respuesta bien puede ser que tenía las tres cosas en mente. Cada uno de esos eventos realiza una contribución particular al gozo proporcionado a la vida cristiana.

Sin embargo, la clave para experimentar este gozo en realidad se explica en términos de una relación directa y personal con Dios. Todo lo que Jesús ha logrado en su "partida" asegura para su pueblo una relación salvadora con el Padre (cf. 16:22-24). Esta relación no es rígida ni estática, sino dinámica y en constante desarrollo. En el caso de los Apóstoles mismos, la comunión que habían disfrutado con el Cristo encarnado daría paso a una comunión más profunda y rica con el Dios invisible.

La culminación de esta relación es un gozo "completo": la esencia misma de la vida para la que fuimos creados. Los teólogos de Westminster captaron esta verdad a la perfección en la primera respuesta del *Catecismo Menor:* "El fin principal del hombre es glorificar a Dios y gozar de Él para siempre". En esta relación se halla el verdadero gozo.

Un gozo alimentado por la apreciación del Evangelio

De nuevo en esta conversación memorable, Jesús señala el momento en que muchas de estas cosas se esclarecerían (cf. 16:25). Lo que fue verdad para los discípulos en su experiencia con Cristo se esclarecería en su relación con Dios. Jesús identifica dos cosas que sostienen una verdadera relación con Dios y que forman el corazón de una apreciación genuina del Evangelio.

Primero, Dios ama a los que aman a Jesús (cf. 16:26-27); aquellos cuyo amor, por débil que sea, se expresa en una fe viva que acude a Él para la salvación. Este es el gran consuelo y seguridad del Evangelio en toda su sencillez: la promesa del Padre para todo aquel que acepta al Hijo.

La otra gran verdad es que la intervención de Cristo en este mundo tiene consecuencias inconmensurables para todo aquel que cree (cf. 16:28). El acceso libre al Padre que Jesús menciona y la libertad de presentar peticiones a Dios en su nombre dependían de la Venida de Cristo al mundo para completar la obra que le fue encomendada. En este pasaje vemos esta obra casi terminada.

Los inmensos privilegios del Evangelio están inseparablemente conectados al vasto logro de Cristo en la salvación. Mientras más apreciemos esto último, más disfrutaremos de lo primero.

Un gozo nunca perfeccionado en un mundo caído

Al responder a las palabras de Jesús, los discípulos no pueden evitar la clase de jactancia bienintencionada —aunque miope— que tantas veces habían demostrado en otras ocasiones. Declaran presuntuosamente que ahora lo comprenden todo (cf. 16:29-30). Jesús no puede resistir un toque de sarcasmo amistoso en su respuesta: "¿Ahora creéis?" (16:31). Inmediatamente les avisa solemnemente que realmente no han comprendido nada (cf. 16:32). Aquella misma noche serían dispersados y lo abandonarían en confusión y terror. ¿Acaso estos hombres nunca aprenderían la verdad acerca de sí mismos y de su situación en el mundo? ¿Nunca entenderían la amenaza que supone el diablo?

Jesús les avisa de antemano que el gozo que ha mencionado nunca se verá perfeccionado en este mundo imperfecto. Aun los momentos más sublimes y dulces de la experiencia cristiana se verán mancillados por muchos otros momentos de ceguera y fracaso. En este sentido, la experiencia de estos hombres no difiere mucho de la de todos los cristianos de la Historia. Cristo nos lleva a las alturas maravillosas del gozo de la salvación, pero a menudo por nuestra debilidad e insensatez volvemos a sumergirnos en los dolores propios de este mundo.

Un gozo que solo se garantiza por la fe en Cristo

Jesús concluye este discurso, que ha ocupado cuatro capítulos, con una declaración contundente: "[…] En el mundo tendréis aflicción; pero confiad, yo he vencido al mundo" (16:33). Les incita a afrontar la dura realidad de este mundo a la vez que les asegura la realidad definitiva de quién es y lo que ha hecho. Jesús está tan seguro de su victoria que emplea el tiempo pasado para describirla.

Mientras enfrenta la mayor tormenta personal en la experiencia de la historia humana, Jesús dice a los discípulos débiles y temerosos: "¡Confiad en mi!". Esta invitación resuena a lo largo de la Historia para todo aquel que se ve envuelto en los problemas de un mundo caído o que tiembla ante la idea del Día del Juicio. La única manera de tener paz y gozo ante tal dolor y tristeza es por la fe en Aquel que ha vencido. Ha perseverado, y ahora el gozo es suyo. Los que se entregan a Él por la fe compartirán este gozo.

Ninguna alegría terrenal se puede comparar con este gozo eterno hallado en Jesús.

37

La oración que cambió el mundo

*Estas cosas habló Jesús, y levantando los ojos al cielo,
dijo: Padre, la hora ha llegado; glorifica a tu Hijo, para
que también tu Hijo te glorifique a ti; 2como le has dado
potestad sobre toda carne, para que dé vida eterna a todos
los que le diste. 3Y esta es la vida eterna: que te conozcan
a ti, el único Dios verdadero, y a Jesucristo, a quien has
enviado. 4Yo te he glorificado en la tierra; he acabado la
obra que me diste que hiciese. 5Ahora pues, Padre, glorifí-
came tú al lado tuyo, con aquella gloria que tuve contigo
antes que el mundo fuese.*

*6He manifestado tu nombre a los hombres que del
mundo me diste; tuyos eran, y me los diste, y han guarda-
do tu palabra. 7Ahora han conocido que todas las cosas
que me has dado, proceden de ti; 8porque las palabras que
me diste, les he dado; y ellos las recibieron, y han conoci-
do verdaderamente que salí de ti, y han creído que tú me
enviaste. 9Yo ruego por ellos; no ruego por el mundo, sino
por los que me diste; porque tuyos son, 10y todo lo mío es
tuyo, y lo tuyo mío; y he sido glorificado en ellos. 11Y ya
no estoy en el mundo; mas éstos están en el mundo, y yo
voy a ti. Padre santo, a los que me has dado, guárdalos en
tu nombre, para que sean uno, así como nosotros.
12Cuando estaba con ellos en el mundo, yo los guardaba
en tu nombre; a los que me diste, yo los guardé, y ninguno
de ellos se perdió, sino el hijo de perdición, para que la*

Escritura se cumpliese. 13*Pero ahora voy a ti; y hablo esto*
en el mundo, para que tengan mi gozo cumplido en sí mis-
mos. 14*Yo les he dado tu palabra; y el mundo los aborre-*
ció, porque no son del mundo, como tampoco yo soy del
mundo. 15*No ruego que los quites del mundo, sino que los*
guardes del mal. 16*No son del mundo, como tampoco yo*
soy del mundo. 17*Santifícalos en tu verdad; tu palabra es*
verdad. 18*Como tú me enviaste al mundo, así yo los he*
enviado al mundo. 19*Y por ellos yo me santifico a mí*
mismo, para que también ellos sean santificados en la
verdad.

20*Mas no ruego solamente por éstos, sino también*
por los que han de creer en mí por la palabra de ellos,
21*para que todos sean uno; como tú, oh Padre, en mí, y yo*
en ti, que también ellos sean uno en nosotros; para que el
mundo crea que tú me enviaste. 22*La gloria que me diste,*
yo les he dado, para que sean uno, así como nosotros
somos uno. 23*Yo en ellos, y tú en mí, para que sean perfec-*
tos en unidad, para que el mundo conozca que tú me
enviaste, y que los has amado a ellos como también a mí
me has amado. 24*Padre, aquellos que me has dado, quiero*
que donde yo estoy, también ellos estén conmigo, para que
vean mi gloria que me has dado; porque me has amado
desde antes de la fundación del mundo. 25*Padre justo, el*
mundo no te ha conocido, pero yo te he conocido, y éstos
han conocido que tú me enviaste. 26*Y les he dado a cono-*
cer tu nombre, y lo daré a conocer aún, para que el amor
con que me has amado, esté en ellos, y yo en ellos (Juan 17:
1-26).

La oración que Juan documenta en este capítulo es, sin lugar a dudas, la más importante que se haya ofrecido en la historia del mundo. A menudo se llama "la gran oración sumo sacerdotal de Jesús" por ser ofrecida justo antes de que hiciera expiación por su pueblo a través de su muerte en la Cruz. El significado de esta oración se reconoce al observar que se ofreció en la víspera del evento más importante de la Historia; se halla en conjunción con el mensaje más importante de la Historia, y su contenido abarca la experiencia más profunda posible de la Historia. Además, cada frase de esta oración está asociada a la honra y gloria de Dios.

Como Hijo eterno de Dios, el deseo más grande de Jesús es que se vea y conozca al Padre como quien es, tal y como es, y por todo lo que ha hecho. Esto nos ayuda a comprender mejor el motivo por el cual Juan decidió incluir esta oración en su Evangelio. No solamente porque la oración fue —y definitivamente será— cumplida en todo detalle, de manera que proporciona la certeza que sostiene la verdad del Evangelio, sino que también nos ayuda a comprenderlo.

Con demasiada frecuencia no comprendemos correctamente el Evangelio porque intentamos hacerlo encajar con el modelo de nuestras propias ideas acerca de la salvación. Esto casi siempre significa considerar que la salvación está únicamente centrada en el ser humano. Pero al escuchar la oración de Jesús en este capítulo, resulta sumamente evidente que la salvación se centra sobre todo en Dios, aunque también acarrea beneficios inimaginables para el ser humano. Recalca de manera impresionante que solamente cuando reconocemos a Dios debidamente y le cedemos su lugar en el mundo y en nuestras vidas, los demás aspectos de la vida empiezan a asumir su lugar correcto.

Esta oración consta de tres partes. Jesús empieza orando por sí mismo, continúa orando por los Apóstoles, y termina orando por todo aquel que verdaderamente recibe el mensaje apostólico del Evangelio. Cada elemento es vital para la comprensión y experiencia de la liberación de Dios en Cristo.

Una oración por la seguridad de la salvación

Al llegar Jesús al final de su discurso en el Aposento Alto, selló aquella noche de comunión en torno a la mesa con una oración que es el apogeo de todas sus enseñanzas (cf. 17:1). Indica que casi ha llegado el momento culminante al decir: "Padre, la hora ha llegado [...]"; también revela el propósito definitivo de su venida con las palabras: "[...] Glorifica a tu Hijo, para que también tu Hijo te glorifique a ti". El punto álgido de la Venida de Jesús y el mayor logro de su obra será recuperar la gloria de Dios en el mundo, no porque Dios haya perdido de alguna manera su gloria esencial, sino porque los que llevaban su impronta en este mundo habían dejado de honrarlo. Jesús estaba a punto de lograr en la Cruz un medio de demostrar la gloria de Dios de una forma nunca vista, ni en el Cielo ni en la Tierra. Aquí, Jesús ora por el éxito definitivo de esta misión.

Este éxito glorificará a Dios al conseguir la salvación para su pueblo. El fruto de la obra de Jesús en términos humanos se observará en la obtención de la vida eterna para aquellos que el Padre le ha dado (cf. 17:2). El Padre había planeado la salvación en la eternidad y había elegido un pueblo para sí mismo (cf. Ef. 1:4); ese plan se vería ahora cumplido por todo lo que Jesús hizo en la Tierra. La profundidad del amor que sostenía el plan estaba a punto de revelarse en todo lo que Dios haría por llevarlo a cabo. Al igual que el amor de un padre terrenal se ve en lo mucho que hace por sus hijos, el amor de Dios se ve en aquella muerte sustitutiva en la Cruz por su pueblo escogido. La esencia del don de Dios para sus hijos es "la vida eterna": una vida nueva y verdadera que pertenece a un orden diferente y que es de una calidad completamente diferente.

Jesús nos da la definición más emocionante de este don de la vida al decir: "Y esta es la vida eterna: que te conozcan a ti, el único Dios verdadero, y a Jesucristo, a quien has enviado" (17:3). Esta vida consiste en una nueva relación con Dios a través de Jesucristo. El conocimiento que abarca no es una fría inteligencia científica, sino la comunión personal e íntima: el conocimiento del amor. Tal y como veremos en el resto de esta oración, Jesús pide que su pueblo escogido sea restaurado a una vida de unión y comunión con Dios a través de Él.

Todo esto gira en torno a la terminación, por parte de Jesús, de la obra que el Padre le ha encomendado. Ora, entonces, que el Padre ponga su sello de aprobación definitivo en la obra completada que el Hijo le ofrecerá (cf. 17:4-5). Al pedir que lo glorifique con la gloria que tenía con el Padre "antes que el mundo fuese" (17:5), Jesús oraba que la gloria revelada en su muerte recibiera el sello y la reivindicación de su resurrección y exaltación. Este tema de su muerte se convertiría en el nuevo himno del Cielo (cf. Ap. 5:12-14) y el himno supremo de los redimidos en la Tierra.

Una oración por los mensajeros de la salvación

En la sección central que domina la oración, Jesús encomienda los discípulos al cuidado especial del Padre. No solo hace esto por el evidente vínculo de afecto que siente por este pequeño grupo con el que ha pasado los últimos tres años, sino por el papel singular que desempeñará en el propósito redentor de Dios. A estos hombres Jesús había revelado al Padre y su voluntad, y les había confiado las palabras de Dios de manera particular (cf. 17:6-8). Por eso enfoca su oración particularmente en ellos, porque desempeñarían un papel único e importante en la extensión del Evangelio (cf. 17:9-10). Dado la debilidad de estos hombres y la solemnidad de la tarea que les confiaba, Jesús ora por tres cosas.

Ora por su protección. Sabe que pronto dejará el mundo y volverá al Padre, pero los discípulos se quedarán en el mundo, con toda su hostilidad hacia Dios y hacia su pueblo; por eso ora que Dios los proteja (cf. 17:11). Solo el poder defensor de Dios les sostendrá y preservará en los rigores que les esperan, no solo como individuos sino como cuerpo unido. Jesús parece señalar la unidad del testimonio apostólico que dará tanto peso a su testimonio combinado. El hecho de que el testimonio de estos hombres sin formación y tan diferentes entre sí sea tan unánime, constituye una prueba del carácter divino de su mensaje.

Jesús también ora por el gozo en todo lo que les espera. Ya les ha indicado que mientras estén en el mundo tendrán aflicción (cf. 16:33), pero desea que conozcan de antemano el gozo verdadero y eterno del mundo venidero (cf. 17:13). Ese gozo se deriva de contemplar la redención de Dios perfectamente conseguida en la obra de Cristo en la Cruz. El gozo que Jesús pide para sus discípulos es el mismo gozo que pide para todos sus hijos: está arraigado en el dolor del Calvario, pero florecerá en el deleite eterno del Cielo.

El tercer elemento de la oración de Jesús por sus discípulos es por su santificación (cf. 17:17). Santificarse significa apartarse del mundo para el Señor. Jesús repite delante de Dios que estos hombres deben permanecer en un mundo que está opuesto a ellos, y ora por su protección en este ambiente hostil (cf. 17:14-16). Lo interesante es que su seguridad está asociada a su santificación. No se verán protegidos al mezclarse con su entorno en un mundo caído, sino al ser radicalmente y evidentemente diferentes. A medida que la verdad de la Palabra de Dios se aplique a sus vidas, se verá que destacan para Dios. En una de las declaraciones más curiosas de esta oración, Jesús dice: "Y por ellos yo me santifico a mí mismo, para que también ellos sean santificados en la verdad" (17:19). Resalta el hecho de que lo que está a punto de ocurrir por su muerte en la Cruz será el fundamento de todo lo que Él conseguirá para la vida de su pueblo. Su muerte es también la garantía de que esta oración extraordinaria tendrá una respuesta extraordinaria. Él se consagrará a la muerte para que sus seguidores tengan una vida verdaderamente consagrada.

Una oración por la verdadera experiencia de la salvación

La última parte de esta gran oración abarca el desarrollo de todo lo que Cristo y sus discípulos lograrán a través de la proclamación del Evangelio. Esta oración clama porque el pueblo de Dios experimente de verdad la salvación. No es solamente una oración por una experiencia de salvación en el sentido privado y personal, sino particularmente que la vida compartida del pueblo de Dios en la Tierra refleje de verdad el misterio de la vida compartida de Dios en el Cielo.

Jesús ora por todo aquel que crea en Él por el mensaje apostólico del Evangelio (cf. 17:20). La esencia de su oración es esta: "Para que todos sean uno [...]" (17:21). La unidad dentro de la diversidad del pueblo de Dios por la que ora es un reflejo de la unidad dentro de la diversidad de la Deidad. Es una unidad que depende totalmente de Dios. Solo puede ocurrir a medida que el pueblo de Dios en la Tierra comparta la comunión del Padre, el Hijo y el Espíritu Santo en el Cielo.

La importancia de esto se expresa claramente en las razones que Jesús añade a su petición. Pide que su pueblo sea uno "[...] Para que el mundo crea que tú [el Padre] me enviaste" (7:21), y "[...] para que el mundo conozca que tú me enviaste, y que los has amado a ellos como también a mí me has amado" (17:23). ¡La unidad del pueblo de Dios es un ingrediente vital para la credibilidad del Evangelio! La respuesta definitiva a esta oración se verá cuando cada miembro del pueblo escogido de Dios se haya reunido con Jesús en el Cielo, para ver y compartir su gloria para siempre (cf. 17:24).

La clave del cumplimiento de esta oración es que el pueblo de Cristo llegue a un conocimiento más rico y profundo de Dios y, por tanto, a una experiencia más rica y profunda del amor de Dios (cf. 17:25-26). Esta es la esencia de la vida eterna que Jesús vino a lograr.

38

La copa y sus consecuencias

Habiendo dicho Jesús estas cosas, salió con sus discípulos
al otro lado del torrente de Cedrón, donde había un huer-
to, en el cual entró con sus discípulos. 2Y también Judas,
el que le entregaba, conocía aquel lugar, porque muchas
veces Jesús se había reunido allí con sus discípulos.
3Judas, pues, tomando una compañía de soldados, y
alguaciles de los principales sacerdotes y de los fariseos,
fue allí con linternas y antorchas, y con armas. 4Pero
Jesús, sabiendo todas las cosas que le habían de sobreve-
nir, se adelantó y les dijo: ¿A quién buscáis? 5Le respon-
dieron: A Jesús nazareno. Jesús les dijo: Yo soy. Y estaba
también con ellos Judas, el que le entregaba. 6Cuando les
dijo: Yo soy, retrocedieron, y cayeron a tierra. 7Volvió,
pues, a preguntarles: ¿A quién buscáis? Y ellos dijeron: A
Jesús nazareno. 8Respondió Jesús: Os he dicho que yo soy;
pues si me buscáis a mí, dejad ir a éstos; 9para que se cum-
pliese aquello que había dicho: De los que me diste, no
perdí ninguno. 10Entonces Simón Pedro, que tenía una
espada, la desenvainó, e hirió al siervo del sumo sacerdo-
te, y le cortó la oreja derecha. Y el siervo se llamaba
Malco. 11Jesús entonces dijo a Pedro: Mete tu espada en la
vaina; la copa que el Padre me ha dado, ¿no la he de
beber?

12Entonces la compañía de soldados, el tribuno y los
alguaciles de los judíos, prendieron a Jesús y le ataron, 13y

le llevaron primeramente a Anás; porque era suegro de
Caifás, que era sumo sacerdote aquel año. [14]*Era Caifás el*
que había dado el consejo a los judíos, de que convenía
que un solo hombre muriese por el pueblo.

[15]*Y seguían a Jesús Simón Pedro y otro discípulo. Y*
este discípulo era conocido del sumo sacerdote, y entró
con Jesús al patio del sumo sacerdote; [16]*mas Pedro estaba*
fuera, a la puerta. Salió, pues, el discípulo que era conoci-
do del sumo sacerdote, y habló a la portera, e hizo entrar
a Pedro. [17]*Entonces la criada portera dijo a Pedro: ¿No*
eres tú también de los discípulos de este hombre? Dijo él:
No lo soy. [18]*Y estaban en pie los siervos y los alguaciles*
que habían encendido un fuego; porque hacía frío, y se
calentaban; y también con ellos estaba Pedro en pie,
calentándose.

[19]*Y el sumo sacerdote preguntó a Jesús acerca de sus*
discípulos y de su doctrina. [20]*Jesús le respondió: Yo públi-*
camente he hablado al mundo; siempre he enseñado en la
sinagoga y en el templo, donde se reúnen todos los judíos,
y nada he hablado en oculto. [21]*¿Por qué me preguntas a*
mí? Pregunta a los que han oído, qué les haya yo habla-
do; he aquí, ellos saben lo que yo he dicho. [22]*Cuando Jesús*
hubo dicho esto, uno de los alguaciles, que estaba allí, le
dio una bofetada, diciendo: ¿Así respondes al sumo sacer-
dote? [23]*Jesús le respondió: Si he hablado mal, testifica en*
qué está el mal; y si bien, ¿por qué me golpeas? [24]*Anás*
entonces le envió atado a Caifás, el sumo sacerdote.

[25]*Estaba, pues, Pedro en pie, calentándose. Y le dije-*
ron: ¿No eres tú de sus discípulos? El negó, y dijo: No lo
soy. [26]*Uno de los siervos del sumo sacerdote, pariente de*
aquel a quien Pedro había cortado la oreja, le dijo: ¿No te
vi yo en el huerto con él? [27]*Negó Pedro otra vez; y en*
seguida cantó el gallo (Juan 18:1-27).

Tal vez el aspecto más extraordinario de la fe cristiana sea que el mayor logro de su fundador fue su muerte. Por eso el mensaje cristiano se centra principalmente en la Cruz de Jesucristo. El Evangelio deja claro que la muerte de Jesús no fue un accidente, ni fue resultado de los acontecimientos ni las circunstancias. La muerte de Jesús es el motivo por el cual vino. Por eso, si queremos recibir algún beneficio de su venida, sobre todo debemos llegar a comprender el significado de la Cruz.

Juan, al igual que los otros evangelistas, recalca que Jesús era plenamente consciente de lo que le esperaba aquella noche y al día siguiente. No se echó atrás ante los horrores que tenía delante, sino que los aceptó como el medio por el cual su misión se cumpliría en obediencia a la voluntad del Padre.

Aunque sus propios discípulos se sentían intimidados ante estos sufrimientos futuros y Pedro intentó intervenir con violencia para evitar el arresto de Jesús, éste declara con valor: "[…] La copa que el Padre me ha dado, ¿no la he de beber?" (18:11). Beber de esta "copa" —esto es, la Cruz y sus sufrimientos— fue la esencia misma de su misión. En estas circunstancias sumamente difíciles, en el mismo camino al Calvario, Jesús demuestra tres características permanentes.

Su control total

Cuando Jesús terminó de orar en el Aposento Alto con sus discípulos, se marcharon juntos y los llevó a través del valle del Cedrón hasta un olivar: el huerto de Getsemaní (cf. 18:1). Parece ser que Judas sabía que probablemente estaría Jesús allí, ya que después de avisar a las autoridades del Templo, los conduce hasta el huerto para arrestar a Jesús (cf. 18:2-3). Por un momento parece que Jesús ha caído en una trampa. Pero entonces Juan nos dice: "Pero Jesús, sabiendo todas las cosas que le habían de sobrevenir, se adelantó y les dijo: ¿A quién buscáis?" (18:4). A diferencia de la opinión de los discípulos, y particularmente de la de Judas, Jesús sabía que no ocurría nada fuera de lo planeado y de su jurisdicción soberana.

De veras, Jesús demuestra su control soberano de manera aún más asombrosa. Cuando la muchedumbre responde que buscan a Jesús nazareno, responde literalmente: "Yo soy" (18:5). La gente comprende exactamente lo que quiere decir —de nuevo afirma su deidad— y retroceden y caen a tierra (cf. 18:6). Las palabras de Jesús y su ademán tranquilo les llenan de temor.

Aun cuando Simón Pedro intenta tomar el control de la situación al atacar al siervo del sumo sacerdote con su espada, cortándole la oreja, Jesús se limita a reprenderle. Entonces Jesús pronuncia las palabras solemnes: "[...] La copa que el Padre me ha dado, ¿no la he de beber?" (18: 10-11). Aunque "la copa" a la que se refería era el sufrimiento inimaginable, este sufrimiento estaba de acuerdo con el propósito salvador del Padre, y el Hijo cumpliría con ese propósito hasta el final.

Solo después, con la ayuda del entendimiento y la sabiduría recibidos del Espíritu Santo, Pedro llegó a comprender esto plenamente. En su sermón el día de Pentecostés, señaló "el determinado consejo y anticipado conocimiento de Dios" como la clave para saber quién controlaba la situación en el Calvario (cf. Hch. 2:23). Si eran esenciales circunstancias tan extremas para la misión de Cristo, solo podemos llegar a la conclusión de que no había otra manera para que Dios redimiera a su pueblo.

Su principal deseo

¿Qué fue, entonces, lo que impulsaba la determinación de Jesús a pasar por estos sufrimientos, sabiendo todo lo que le esperaba? Principalmente el hecho de que el Padre había puesto esta copa en sus manos (cf. 18:11). Al igual que en el transcurso de su ministerio terrenal, ahora Jesús destaca el hecho de que su principal gozo y placer era hacer la voluntad de Aquel que lo envió (cf. 4:38). Sin importarle el precio, sabía sin lugar a dudas que la voluntad del Padre era lo mejor en todos los sentidos, y nada iba a estorbarle para obedecer esa voluntad.

Juan nos da otra pista importante para comprender la motivación de Jesús. Al describir lo ocurrido después de que ataran a Jesús para llevarlo ante Anás, el suegro de Caifás, Juan añade: "Era Caifás el que había dado el consejo a los judíos, de que convenía que un solo hombre muriese por el pueblo" (18:14). Es evidente que este comentario no es una parte necesaria de la descripción de los acontecimientos. La única razón lógica de incluirlo es que Juan lo hace deliberadamente para mostrar que el desarrollo de los eventos debe comprenderse en el contexto de los propósitos de Dios. Este detalle, que parece tan insignificante, sirve para poner toda la escena en su debido contexto.

Señala particularmente a Jesús como sustituto, sacrificio y

Salvador. Esta frase: "que un solo hombre muriese por el pueblo", sería reconocida inmediatamente por el lector judío como el lenguaje de la expiación. La clave para comprender la obra de Jesús, anunciada primeramente por Juan el Bautista al clamar: "¡He aquí el Cordero de Dios, que quita el pecado del mundo!" (1:29), estaba a punto de llegar a su culminación. Jesús iba a morir como víctima de holocausto para la perfecta expiación de los pecados y la culpa de su pueblo.

Este era el anhelo que había impulsado al Hijo de Dios a venir del Cielo hasta un mundo caído. Este anhelo lo había acompañado durante los treinta años de preparación en el anonimato de Nazaret. Había guiado la trayectoria de su ministerio terrenal durante los últimos tres años. Ahora este anhelo lo iba a guiar en las tinieblas de las próximas horas. Sabía que para reconciliar al Dios santo con una raza pecaminosa, se necesitaba un sacrificio perfecto, y solo Él estaba calificado y autorizado para ser dicho sacrificio.

Su compasión extraordinaria

La devoción de Jesús al Padre y su obediencia a la voluntad divina bastan en sí para explicar por qué estaba dispuesto a aguantar todos los sufrimientos de la Cruz, pero Juan demuestra que había algo aún más importante en juego. A Jesús le motivaba su extraordinario amor hacia su pueblo.

Observamos esto en su entrega a los once discípulos en medio de los acontecimientos, y su evidente preocupación por su bienestar. Sería comprensible que se preocupara más por sí mismo, considerando la prueba que le esperaba, pero Jesús quiere sobre todo asegurar la protección de sus seguidores. Juan añade otro detalle (cf. 18:8, 9) que revela el cuidado de Jesús para que sus discípulos no sufran daños, cumpliendo con aquella declaración hecha en la oración a su Padre: "[…] A los que me diste, yo los guardé, y ninguno de ellos se perdió […]" (17:12).

Este interés por parte de Jesús destaca aún más al contrastarlo con la resolución variable de Pedro. Aunque fue pronto para demostrar su bravura en la seguridad del Aposento Alto y en los tumultuosos acontecimientos en el huerto, sin embargo al poner a prueba su entrega a Cristo en el patio del sumo sacerdote se vino abajo vergonzosamente. Pero este fracaso de Pedro solo resalta más el amor desinteresado de Cristo. El último detalle del incidente, después de la tercera negación de Pedro: "[…] Y enseguida cantó el gallo" (18:27), es un recuerdo impresionante de que aun este trágico fracaso no estaba fuera del conocimiento y propósito de Cristo. Lo que Jesús había dicho anteriormente (cf. 13:38) se cumplió inmediatamente. Pero la lealtad de Jesús a Pedro no tambaleó.

De muchas maneras, el relato del hundimiento de este discípulo cuando fue interrogado, comparado con la perseverancia firme de Jesús bajo el escrutinio más severo, solo sirve para resaltar la resolución compasiva que mantuvo a Jesús fiel a su misión. El hecho de que Anás interrogara a Jesús, no solamente acerca de sus enseñanzas, sino también de sus discípulos (cf. 18:19), subraya la relación de Jesús con sus seguidores. El hecho de que estos hubieran abandonado a Jesús y que su principal portavoz lo estuviera negando podría haber sido motivo suficiente para que Jesús se distanciara de ellos, pero no los traicionó.

Este Salvador era leal con sus ovejas, no por la fidelidad de ellas hacia Él, sino por su propio amor incondicional hacia ellas. Les fue fiel en la vida y lo sería hasta la muerte, hasta obtener por fin para ellos todo lo que les había prometido.

39

¿Qué es la Verdad?

*Llevaron a Jesús de casa de Caifás al pretorio. Era de
mañana, y ellos no entraron en el pretorio para no conta-
minarse, y así poder comer la pascua. [29]Entonces salió
Pilato a ellos, y les dijo: ¿Qué acusación traéis contra
este hombre? [30]Respondieron y le dijeron: Si éste no fuera
malhechor, no te lo habríamos entregado. [31]Entonces les
dijo Pilato: Tomadle vosotros, y juzgadle según vuestra
ley. Y los judíos le dijeron: A nosotros no nos está permi-
tido dar muerte a nadie; [32]para que se cumpliese la pala-
bra que Jesús había dicho, dando a entender de qué muer-
te iba a morir.*

*[33]Entonces Pilato volvió a entrar en el pretorio, y
llamó a Jesús y le dijo: ¿Eres tú el Rey de los judíos?
[34]Jesús le respondió: ¿Dices tú esto por ti mismo, o te lo
han dicho otros de mí? [35]Pilato le respondió: ¿Soy yo
acaso judío? Tu nación, y los principales sacerdotes, te
han entregado a mí. ¿Qué has hecho? [36]Respondió Jesús:
Mi reino no es de este mundo; si mi reino fuera de este
mundo, mis servidores pelearían para que yo no fuera
entregado a los judíos; pero mi reino no es de aquí. [37]Le
dijo entonces Pilato: ¿Luego, eres tú rey? Respondió Jesús:
Tú dices que yo soy rey. Yo para esto he nacido, y para
esto he venido al mundo, para dar testimonio a la verdad.
Todo aquel que es de la verdad, oye mi voz. [38]Le dijo
Pilato: ¿Qué es la verdad?*

> ***Y cuando hubo dicho esto, salió otra vez a los judíos, y les dijo: Yo no hallo en él ningún delito.*** [39]***Pero vosotros tenéis la costumbre de que os suelte uno en la pascua. ¿Queréis, pues, que os suelte al Rey de los judíos?*** [40]***Entonces todos dieron voces de nuevo, diciendo: No a éste, sino a Barrabás. Y Barrabás era ladrón*** (Juan 18:28-40).

La primera etapa del juicio de Jesús ante Pilato tiene más enjundia de lo que parece. La clave para revelar los distintos niveles de significado se halla en la pregunta de Pilato en medio del proceso: "¿Qué es la verdad?" (18:38). Es posible que él estuviera haciendo una pregunta sincera, y que realmente fuera incapaz de encontrar la Verdad en un mundo lleno de engaño. Pero es más probable que fueran palabras de un cínico endurecido. Pilato era un ciudadano típico del imperio que representaba y que ya empezaba a corromperse desde dentro por sus incoherencias morales. El pragmatismo y oportunismo se convirtieron en factores decisivos en el juicio, lo cual parece indicar que Pilato tenía muy pocos principios en su vida. Pero lo más interesante de estos acontecimientos es que, aunque los discípulos y amigos de Jesús que sabían algo de lo que estaba ocurriendo pudieran pensar que las cosas iban muy mal en aquel patio bajo la autoridad de esa clase de hombre, la verdad era bien distinta. En realidad, como dice Raymond Brown: "Tanto los acusadores judíos como el juez romano son personajes de un drama escrito por un planificador divino".

Tras la fachada vergonzosa de esta caricatura de la justicia judía y romana se desarrolla otra forma de justicia. La gloria del Evangelio es que la mano de Dios obra en todos estos eventos y el propósito de Dios se cumple en todo lo ocurrido. El requisito vital para los que lean el acta de este juicio es una apreciación del escenario mayor. Hay que comprender en dónde estriba realmente la Verdad.

La justicia verdadera

Cada aspecto de este juicio que empezó al amparo de la noche y continuó hasta el amanecer apesta a injusticia. Aparte de la dudosa legalidad de los actos anteriores de los líderes judíos aquella noche, observamos la injusticia de su decisión de hacer matar a Jesús, cualquiera que fuera el precio. Aquí se observa la total hipocresía de estos líderes religiosos. Se negaron puntillosamente a ser ritualmente impuros al entrar en casa de un gentil (cf. 18:28), pero no les importó la impureza moral de su conspiración. Cuando se les preguntó por los cargos que traían contra Jesús (cf. 18:29), dieron una respuesta embrollada por la que, bajo circunstancias normales, se les habría echado del tribunal. Al final queda claro que están decididos a ejecutar a Jesús, con derecho o sin él (cf. 18:31). En efecto, exigen un linchamiento legalizado. El trato pragmático y políticamente astuto del asunto por parte de Pilato empeora las cosas.

Cualquier lector con un mínimo sentido de justicia natural clamará de incredulidad ante el desarrollo del juicio de Jesús. A la luz del comentario sobre la vida de Jesús que hace Juan en este Evangelio, aquí vemos el esfuerzo final y definitivo de los que estaban sumidos en tinieblas espirituales por extinguir la única verdadera Luz del mundo. Teniendo esto presente, junto con los demás indicios que Juan ha proporcionado, nos damos cuenta del esmero con que debemos analizar las cosas si queremos comprender plenamente su significado.

De nuevo, uno de los comentarios de Juan nos alerta de la verdad que está detrás de los sucesos de aquella madrugada. Recuerda a sus lectores la predicción que Jesús hizo en cuanto a su propia muerte, observando que sus palabras solamente se podían ver cumplidas por medio de estos acontecimientos (cf. 18:32). Jesús no iba a morir lapidado, sino crucificado. Moriría de una manera particularmente ofensiva para los judíos, esto es, colgado en un madero: esta muerte señalaba a Jesús como uno que está bajo la maldición de Dios (cf. Dt. 21:23). Bien puede ser que los miembros más astutos del Sanedrín, que buscaban una manera semilegítima de deshacerse de Jesús, consideraran este aspecto un aliciente. No solamente se deshacían de este hombre, sino que lo harían de manera que mancillara su memoria entre la población judía.

Pero aquí observamos la ironía de esta situación. Era precisamente la intención de Dios llevar a su Hijo hasta este punto y precisamente este método de ejecución. Dios quería que el mundo supiera que, efectivamente, Jesús estaba bajo la maldición judicial del Dios del Pacto. La verdadera justicia ejecutada aquel día era la justicia eterna de Dios. La injusticia de la Tierra se contrasta con la justicia del Cielo. El apóstol Pablo dijo años después: "Cristo nos redimió de la maldición de la ley, hecho por nosotros maldición (porque está escrito: Maldito todo el que es colgado en un madero)" (Gá. 3:13).

El Reino verdadero

Cuando Jesús estaba delante de Pilato en el pretorio, su residencia oficial, parece que el gobernador ya sabía lo suficiente por parte de los acusadores para darse cuenta de que Jesús era acusado de sedición. La primera pregunta, pues, que plantea en su interrogatorio es: "¿Eres tú el Rey de los judíos?" (18:33). (Resulta interesante observar a partir de los relatos paralelos del juicio de Jesús, que los judíos lo habían acusado ante el Sanedrín de ser el Mesías, como vemos en Mateo 26:63, pero ante Pilato lo acusaron de reclamar la realeza). Pilato se asombra cuando Jesús responde así a su pregunta: "¿Dices tú esto por ti mismo, o te lo han dicho otros de mí?" (18:34). Esto enoja al juez, pero no evita que Jesús siga afirmando su realeza de manera que demuestra su verdadera naturaleza. Su trono y Reino no suponen ninguna amenaza política para Pilato ni para Roma (cf. 18:36).

Jesús resalta este hecho explicando que para comprender el verdadero carácter de su realeza y Reino, hay que comprender su verdadera identidad y el porqué vino al mundo (cf. 18:37). No ha venido para establecer otro reino político en la Tierra, porque su Reino "no es de este mundo" (18:36); por eso no funciona con los mismos principios que las potencias mundanas.

En este momento Jesús hace su declaración más intrépida: "[…] Todo aquel que es de la verdad, oye mi voz" (18:37). Esta declaración nos presenta el segundo gran elemento del drama que se desarrolla en este escenario. Detrás de las nimias rivalidades temporales de los judíos y los romanos vislumbramos la majestad eterna del Reino de Dios, y de su rey Jesús. Todo aquel que realmente tiene parte en aquel Reino verdadero y eterno lo reconoce, y da de lado de buen grado los asuntos pasajeros de este mundo para ponerse de parte de Jesús y su Reino.

A lo largo del proceso, la tranquilidad y autoridad de Jesús dominan el procedimiento legal. Las palabras pronunciadas y el transcurso de los eventos revelan que ni los judíos ni el gobernador romano son quienes ostentan el control de los acontecimientos, sino Jesús. Él es el verdadero Rey, y los títulos de su Reino se están sellando en todo lo ocurrido. Este es el Reino que sobrevivirá a los demás.

La liberación verdadera

La paradoja e ironía de la situación se hacen cada vez más patentes en el transcurso de los acontecimientos. Pilato está intranquilo en cuanto al giro que toma el proceso y, declarando a los judíos que no encuentra motivos para los cargos contra Jesús (cf. 18:38), intenta otra táctica para liberarle. Recuerda a los judíos la costumbre de liberar a un prisionero para celebrar la Fiesta de la Pascua (cf. 18:39). Ofrece liberar a Jesús. Pero la muchedumbre clama por la liberación de Barrabás, un conocido insurrecto (cf. 18:40). El plan de Pilato fracasa, pero el de Dios se está cumpliendo.

Existe cierta ironía aun en el nombre del prisionero liberado. "Barrabás" significa "Hijo del Padre", el título que Jesús empleó para sí mismo en relación a Dios (cf. 8:54). También parece, según la tradición, que el nombre de pila del hombre era Jesús. De manera que hay dos hombres ante Pilato, ambos llamados "Jesús, Hijo del Padre". Uno es rebelde, el otro el Hijo perfecto. ¡Este último es sentenciado a muerte, y el primero es liberado!

La enormidad de este error judicial queda superada por la hermosura de lo que Dios consiguió a través de ello. Pedro capta esto perfectamente: "Porque también Cristo padeció una sola vez por los pecados, el justo por los injustos, para llevarnos a Dios […]" (1 P. 3:18). Esta es la verdad más grande: la verdad del Evangelio que da esperanza aun a los que están condenados ante el tribunal del Cielo. Los eventos de aquel viernes en Jerusalén no solo dieron lugar a la liberación de un rebelde de la cárcel, sino a la liberación de millones en todo el mundo a lo largo de la Historia.

Esta pregunta: "¿Qué es la Verdad?" es la más penetrante que tendremos que responder en este mundo. Nos presenta la dolorosa revelación acerca de nosotros mismos: que hemos "[cambiado] la verdad de Dios por la mentira, honrando y dando culto a las criaturas antes que al Creador [...]" (Ro. 1:25). Solo al comprender el engaño del diablo y aceptar la Verdad encarnada en Jesús hallaremos la verdadera vida eterna que anhelamos.

40

"Padeció bajo el poder de Poncio Pilato"

*Así que, entonces tomó Pilato a Jesús, y le azotó. 2Y los
soldados entretejieron una corona de espinas, y la pusie-
ron sobre su cabeza, y le vistieron con un manto de púrpu-
ra; 3y le decían: ¡Salve, Rey de los judíos! y le daban de
bofetadas. 4Entonces Pilato salió otra vez, y les dijo:
Mirad, os lo traigo fuera, para que entendáis que ningún
delito hallo en él. 5Y salió Jesús, llevando la corona de
espinas y el manto de púrpura. Y Pilato les dijo: ¡He aquí
el hombre! 6Cuando le vieron los principales sacerdotes y
los alguaciles, dieron voces, diciendo: ¡Crucifícale!
¡Crucifícale! Pilato les dijo: Tomadle vosotros, y crucifi-
cadle; porque yo no hallo delito en él. 7Los judíos le res-
pondieron: Nosotros tenemos una ley, y según nuestra ley
debe morir, porque se hizo a sí mismo Hijo de Dios.
8Cuando Pilato oyó decir esto, tuvo más miedo. 9Y entró
otra vez en el pretorio, y dijo a Jesús: ¿De dónde eres tú?
Mas Jesús no le dio respuesta. 10Entonces le dijo Pilato:
¿A mí no me hablas? ¿No sabes que tengo autoridad para
crucificarte, y que tengo autoridad para soltarte?
11Respondió Jesús: Ninguna autoridad tendrías contra mí,
si no te fuese dada de arriba; por tanto, el que a ti me ha
entregado, mayor pecado tiene.*

12Desde entonces procuraba Pilato soltarle; pero los

judíos daban voces, diciendo: Si a éste sueltas, no eres
amigo de César; todo el que se hace rey, a César se opone.
13 *Entonces Pilato, oyendo esto, llevó fuera a Jesús, y se*
sentó en el tribunal en el lugar llamado el Enlosado, y en
hebreo Gabata. 14 *Era la preparación de la pascua, y como*
la hora sexta. Entonces dijo a los judíos: ¡He aquí vuestro
Rey! 15 *Pero ellos gritaron: ¡Fuera, fuera, crucifícale!*
Pilato les dijo: ¿A vuestro Rey he de crucificar?
Respondieron los principales sacerdotes: No tenemos más
rey que César. 16 *Así que entonces lo entregó a ellos para*
que fuese crucificado. Tomaron, pues, a Jesús, y le llevaron
(Juan 19:1-16).

El Credo de los Apóstoles, uno de los más grandes resúmenes de los puntos esenciales de la verdad cristiana, contiene la frase: "[Jesús] padeció bajo el poder de Poncio Pilato", pero la inclusión de esa frase ha suscitado preguntas importantes. Algunos se han ofendido por esta referencia a un gobernador romano pagano en una declaración de fe tan sagrada. ¿Por qué, entonces, se incluyó?

A cierto nivel, simplemente demuestra que este elemento vital de la vida y obra de Cristo fue un hecho histórico, y no una ficción producto de mitos y leyendas creada por la antigua Iglesia. Fue un hecho público y oficial. Es probable que existiera un acta del proceso. Ciertamente hubo un número significativo de testigos oculares de lo ocurrido. Se trata de un evento verídico que realmente ocurrió. Todo esto es vital para el Evangelio, porque la salvación no solamente es cuestión de lo que Dios ha dicho, sino particularmente de lo que ha hecho. La esperanza cristiana se apoya definitivamente en el hecho histórico de que Dios, en la persona de su Hijo, ha intervenido en la historia humana para llevar a cabo la redención de su pueblo.

Pero hay otro motivo para incluir esta afirmación en el Credo. Los que lo compusieron creyeron apto dar igual importancia a los sufrimientos de Cristo bajo poder de Poncio Pilato que al nacimiento virginal, el sufrimiento de la Cruz, y la realidad del sepulcro vacío como parte integral de la redención lograda por Jesús. Los sufrimientos de Jesús bajo el poder de este oficial romano apoyan la certeza de la salvación, al igual que los demás elementos de su Encarnación y ministerio. Siendo así, debemos asegurarnos de apreciar el significado de estos acontecimientos.

Su importancia estriba en el hecho de que nos ayudan a comprender ciertas verdades mucho más significativas que las circunstancias de los varios individuos que asistieron al proceso. Se nos vuelve a permitir vislumbrar las realidades que tienen consecuencias eternas para todos nosotros.

El hombre y el estado de su corazón

El primer versículo de este capítulo presenta el principio de lo que resulta ser un catálogo funesto de odio, brutalidad, crueldad y violencia humanos. Vemos el salvajismo de los soldados, la crueldad de Pilato y la animosidad frenética de los judíos (cf. 19:1-6). Jesús es sometido a azotes, burlas y el dolor de la injusticia manifiesta. En todo ello tenemos una escalofriante visión de lo que es capaz de hacer la gente supuestamente buena.

Aunque, en cierto sentido, la brutalidad de los soldados es típica de unos hombres que estaban entrenados para luchar y matar, su comportamiento fue aprobado e incitado por miembros de las clases religiosas y administrativas del momento. Tras esta atrocidad se escondían miembros respetados de la comunidad. Nos recuerdan los hechos estremecedores que se revelaron en los campos de concentración nazis en la Segunda Guerra Mundial. Muchas de las personas que participaron en esos crímenes contra la Humanidad en tiempos de paz eran personas que ejercían profesiones respetadas en la banca, la enseñanza o la administracion pública; eran personas normales y corrientes que parecían ciudadanos honrados, pero fueron capaces de ser sumamente crueles con sus semejantes.

De manera aún más impresionante, estos eventos nos hacen comprender la forma en que la industria del espectáculo a lo largo de los siglos ha aprovechado el uso de violencia y las distintas formas de explotación. Sacan provecho de la depravación arraigada en todo hombre, mujer y niño. El horror y la fealdad del pecado son mucho más insidiosos de lo que podemos imaginar.

Al examinar más de cerca este pasaje, vemos que los tres grupos de participantes en los hechos —el gobernador militar, los líderes espirituales, y la muchedumbre— tenían una cosa en común: su odio hacia Dios, su verdad, y su Hijo. Aun cuando Pilato se dio cuenta de que estaba tratando a alguien que era algo más que un hombre corriente, no se frenó ni cambió de trayectoria (cf. 18:7-11). Todo lo que se hizo contra Jesús se hizo con el pleno conocimiento de que era el Hijo de Dios. Se nos recuerda de nuevo el tema sugerente que recorre este Evangelio: "[...] Los hombres amaron más las tinieblas que la luz, porque sus obras eran malas" (3:19). Este es el veredicto de Dios en cuanto a la naturaleza humana tal y como es en realidad.

Por mucho que queramos quitar importancia a esta dolorosa realidad, sigue siendo verdad. Como dice Pablo, el hombre en su estado natural es hostil a Dios (cf. Ro. 8:7). No existe en un estado de neutralidad benigna y cortés, sino de enemistad siniestra. El deseo de estas personas de asesinar a Dios es el mismo deseo que se oculta en lo más profundo de todo corazón; de tal manera lo domina el odio. Somos incapaces de cambiarlo por nuestros propios medios.

Jesús y la fuerza de su amor

En medio del proceso, el pragmático Pilato intenta hallar una solución políticamente conveniente al problema que ha surgido en su tribunal, de manera que presenta a Jesús ante la muchedumbre diciendo: "¡He aquí el hombre!" (19:5). Como muchas otras declaraciones en este Evangelio, se puede interpretar de distintas maneras.

No cabe duda de que superficialmente fue otro ejemplo del cinismo del gobernador romano. Jesús, después del trato recibido, era el arquetipo de la debilidad y el quebrantamiento. Estaba exhausto, había sido sometido a presiones extremas, su cuerpo estaba desollado y su rostro desfigurado por la corona de espinas; ¡indiscutiblemente ya no presentaba amenaza alguna para las autoridades judías!

Pero a la vez Jesús era el arquetipo de la fuerza, a pesar de haber sido sometido a esas brutalidades. Aun en esta etapa del proceso se ve que Él aún ostenta el control. Aunque podría disponer a voluntad del poder sobrenatural y la autoridad del Cielo, opta por no invocar ninguno de los dos en su defensa. En cambio, por el amor inefable que siente por aquellos a quienes vino a salvar, participa plenamente en su sufrimiento y las consecuencias de su pecado, no solamente para poder identificarse verdaderamente con ellos —aunque es así— sino para poder hacer una expiación verdadera y plena.

También dentro del contexto más amplio del Evangelio según Juan, estas palabras cínicas de Pilato marcan un contraste con la gran afirmación de Juan el Bautista: "He aquí el Cordero de Dios [...]" (1:29). Era el holocausto que Dios había preparado para expiar el pecado del mundo. Lejos de ser una víctima desamparada a punto de ser destruida por los hombres, Jesús es el vencedor compasivo a punto de ser reivindicado por Dios. Su silencio (cf. 19:9) no estribaba en su indignación ni desamparo ante Pilato, sino en su aceptación de la voluntad perfecta de Dios. Jesús sabía que solo al recorrer el camino de dolor que el Padre le había señalado, su pueblo se vería perdonado y liberado. ¿Qué es lo que lo sostuvo en aquel camino de sufrimientos increíbles? Fue la potencia de su amor por aquellos a quienes vino a salvar.

Dios y la maravilla de su gracia

El tercer gran aspecto de este pasaje es la evidente presencia y propósito de Dios que se observan en lo ocurrido. Airado y frustrado con Jesús, Pilato dice en efecto: "¿No te das cuenta de que tengo poder para liberarte o crucificarte?" (19:10). Jesús responde: "Ninguna autoridad tendrías contra mí, si no te fuese dada de arriba [...]" (19:11). Dice, en efecto, que ni Pilato ni la muchedumbre controlan los acontecimientos de aquel día, sino que está obrando un poder infinitamente superior.

Por supuesto que esto suscita una pregunta obvia: Si Dios realmente estaba controlándolo todo, ¿por qué permitió esas crueldades? La única respuesta posible es que así tuvo que ser. Así se cumplió la profecía hecha por Isaías siete siglos antes: "Con todo eso, Jehová quiso quebrantarlo, sujetándole a padecimiento [...]" (Is. 53:10). Todo ocurrió en consonancia perfecta con el plan y propósito fijados por Dios (cf. Hch. 2:23). De ser así, ¿cuál era el propósito de Dios al permitir que su Hijo soportara tal tormento?

De nuevo hallamos la clave en el texto. Después de describir la capitulación del gobernador ante la presión de la muchedumbre, este episodio termina con esta declaración escueta: "Así que entonces lo entregó a ellos para que fuese crucificado [...]" (Jn. 19:16). Es el acto final de un juez sin escrúpulos. Pero al comentar lo ocurrido desde una perspectiva posterior, Pablo dice: "El que no escatimó ni a su propio Hijo, sino que lo entregó por todos nosotros, ¿cómo no nos dará también con él todas las cosas?" (Ro. 8:32). ¡Aquí observamos el acto más misericordioso del Juez más glorioso de toda la Tierra! Dios hizo a su propio Hijo lo que debía haber hecho a sus enemigos, de manera que a partir de ahora no tendrá necesidad de actuar así con los que confían en Él. Este fue el principio de la suprema transacción espiritual que sostiene el Evangelio y proporciona el aval legal de su mensaje.

En medio de la perversidad de los pensamientos y actos de los hombres que participaron en el proceso, se oye un eco de las palabras de José ante sus hermanos. Respondió así a su injusticia: "Vosotros pensasteis mal contra mí, mas Dios lo encaminó a bien, para hacer lo que vemos hoy, para mantener en vida a mucho pueblo" (Gn. 50:20).

¿Por qué afirma la Iglesia que Jesús "padeció bajo el poder de Poncio Pilato"? Porque ese sufrimiento formaba una parte esencial del procedimiento legal del tribunal del Cielo. Sobre la base de ese procedimiento, Dios ahora ofrece la salvación al pecador.

41

"Fue crucificado, muerto y sepultado"

*Y él, cargando su cruz, salió al lugar llamado de la
Calavera, y en hebreo, Gólgota; 18y allí le crucificaron, y
con él a otros dos, uno a cada lado, y Jesús en medio.
19Escribió también Pilato un título, que puso sobre la
cruz, el cual decía: JESÚS NAZARENO, REY DE LOS
JUDÍOS. 20Y muchos de los judíos leyeron este título; por-
que el lugar donde Jesús fue crucificado estaba cerca de la
ciudad, y el título estaba escrito en hebreo, en griego y en
latín. 21Dijeron a Pilato los principales sacerdotes de los
judíos: No escribas: Rey de los judíos; sino, que él dijo:
Soy Rey de los judíos. 22Respondió Pilato: Lo que he escri-
to, he escrito.*

*23Cuando los soldados hubieron crucificado a Jesús,
tomaron sus vestidos, e hicieron cuatro partes, una para
cada soldado. Tomaron también su túnica, la cual era sin
costura, de un solo tejido de arriba abajo. 24Entonces dije-
ron entre sí: No la partamos, sino echemos suertes sobre
ella, a ver de quién será. Esto fue para que se cumpliese la
Escritura, que dice:*

Repartieron entre sí mis vestidos,
Y sobre mi ropa echaron suertes.

*Y así lo hicieron los soldados. 25Estaban junto a la
cruz de Jesús su madre, y la hermana de su madre, María
mujer de Cleofas, y María Magdalena. 26Cuando vio Jesús
a su madre, y al discípulo a quien él amaba, que estaba
presente, dijo a su madre: Mujer, he ahí tu hijo. 27Después*

dijo al discípulo: He ahí tu madre. Y desde aquella hora el
discípulo la recibió en su casa.

28*Después de esto, sabiendo Jesús que ya todo estaba*
consumado, dijo, para que la Escritura se cumpliese:
Tengo sed. 29*Y estaba allí una vasija llena de vinagre;*
entonces ellos empaparon en vinagre una esponja, y
poniéndola en un hisopo, se la acercaron a la boca.
30*Cuando Jesús hubo tomado el vinagre, dijo: Consumado*
es. Y habiendo inclinado la cabeza, entregó el espíritu.

31*Entonces los judíos, por cuanto era la preparación*
de la pascua, a fin de que los cuerpos no quedasen en la
cruz en el día de reposo (pues aquel día de reposo* era de*
gran solemnidad), rogaron a Pilato que se les quebrasen
las piernas, y fuesen quitados de allí. 32*Vinieron, pues, los*
soldados, y quebraron las piernas al primero, y asimismo
al otro que había sido crucificado con él. 33*Mas cuando*
llegaron a Jesús, como le vieron ya muerto, no le quebra-
ron las piernas. 34*Pero uno de los soldados le abrió el cos-*
tado con una lanza, y al instante salió sangre y agua. 35*Y*
el que lo vio da testimonio, y su testimonio es verdadero;
y él sabe que dice verdad, para que vosotros también cre-
áis. 36*Porque estas cosas sucedieron para que se cumplie-*
se la Escritura: No será quebrado hueso suyo. 37*Y también*
otra Escritura dice: Mirarán al que traspasaron.

38*Después de todo esto, José de Arimatea, que era dis-*
cípulo de Jesús, pero secretamente por miedo de los judí-
os, rogó a Pilato que le permitiese llevarse el cuerpo de
Jesús; y Pilato se lo concedió. Entonces vino, y se llevó el
cuerpo de Jesús. 39*También Nicodemo, el que antes había*
visitado a Jesús de noche, vino trayendo un compuesto de
mirra y de áloes, como cien libras. 40*Tomaron, pues, el*
cuerpo de Jesús, y lo envolvieron en lienzos con especias
aromáticas, según es costumbre sepultar entre los judíos.
41*Y en el lugar donde había sido crucificado, había un*
huerto, y en el huerto un sepulcro nuevo, en el cual aún no
había sido puesto ninguno. 42*Allí, pues, por causa de la*
preparación de la pascua de los judíos, y porque aquel
sepulcro estaba cerca, pusieron a Jesús (Juan 19:17-42).

Habiendo seguido el relato que hace Juan de la vida y obra de Jesús, llegamos por fin a la Cruz: el momento más significativo en la historia de la Redención. No es un tópico decir que la Cruz es el eje de cristianismo, ya que es el evento del cual depende toda la obra salvadora de Cristo.

Toda la Biblia ha estado preparándonos para este momento. Desde el momento de la Caída, a lo largo de la revelación veterotestamentaria, Dios guiaba a su pueblo hacia el día en que enviaría un Salvador para proporcionarnos la salvación una vez por todas. Igualmente, desde el momento de la concepción de Jesús en el vientre de la virgen María hasta el apogeo de su ministerio en Jerusalén, los Evangelios nos han estado preparando para esto: su muerte y todo lo que lograría con ella.

Dada la suma importancia de este acontecimiento y su trascendencia para el Evangelio, nos vemos obligados a parar aquí para meditar; contemplar a Aquel que fue crucificado por los pecadores para poder comprender esta salvación que ha procurado. Aún más importante, aquí se nos exige una respuesta a Cristo y su Evangelio, si vamos a participar de esta salvación. Sin embargo, no podemos comprender este acontecimiento sombrío por nuestros propios medios; necesitamos guiarnos por las Escrituras. Teniendo esto presente, vale la pena preguntar qué perspectiva nos ofrece Juan, en comparación con el testimonio de los otros evangelistas.

Resulta interesante que Juan no se centra en la derrota de la Cruz —aquel momento en que Jesús clama en su abandono— sino que, en cambio, se enfoca en el triunfo de la Cruz. Observa particularmente que Jesús, después de pasar por los sufrimientos más hondos y oscuros, ya era consciente de su triunfo antes de entregar el espíritu y morir. Este claro hincapié en la Cruz que hace Juan en su relato se ve en la manera como emplea una tras otra tres palabras que comparten la misma raíz. Dice que Jesús sabía que todo estaba "consumado" y que había que "cumplir" la Escritura (cf. 19:28); al igual que los testimonios de los otros Evangelios, cita el grito de victoria de Jesús: "Consumado es" (19:30). En otras palabras, Juan quiere que nos demos cuenta de que en el lenguaje divino de la Redención, la Cruz es sinónimo del cumplimiento. La liberación que Dios había planeado en la eternidad y había prometido en la Historia fue cumplida en el Calvario.

Los requisitos cumplidos

En el corazón mismo del relato de Juan de la Crucifixión, dice que Jesús sabía que "ya todo estaba consumado" (19:28). Esto se suma a una serie de declaraciones a lo largo de este pasaje que señalan el cumplimiento de las expectaciones bíblicas (cf. 19:24, 28, 36, 37). En otras palabras, la experiencia de Jesús en la Cruz seguía una trayectoria trazada de antemano en el Antiguo Testamento. Todo lo que Dios había revelado acerca de su plan de salvación llegaba a su culminación en aquellas horas tenebrosas en la Cruz.

La gran frustración para aquellos que vivían en la época de la revelación veterotestamentaria es que podían ver los requisitos planteados por Dios para la salvación, pero buscaban en vano a Aquel que los cumpliera. Ahora, a la vista de todos, se desarrolla una cadena de eventos en la cual cada eslabón se une perfectamente con los detalles revelados de antemano por Dios en cuanto al Redentor prometido.

De hecho, Jesús mismo era profundamente consciente de cada aspecto aún mientras sufría dolores de muerte en la Cruz. Más que ningún otro, era consciente de que todo lo que estaba padeciendo obedecía al plan divino. Esta verdad nos golpea desde el principio del relato. A medida que Jesús hace el camino final hacia su muerte, ningún detalle es resultado de la casualidad; todo responde a las predicciones del Antiguo Testamento.

Al cargar Jesús con su propia Cruz (cf. 19:17), hace eco de la maldición del pacto de Dios que cae sobre Él (cf. Dt. 21:23). Al ser "sacado" al lugar donde morirá, se nos recuerda el sacrificio por el pecado que se llevaba "fuera del campamento" (Éx. 29:14) por ser inmundo. Cuando Jesús es crucificado, aun entre ladrones, se hace constatación pública de que se le crucifica como "rey" (19:19): es el Ungido de Dios que sufre. Hasta el momento en que se le quita la ropa para repartirla entre los soldados (cf. 19:24), se hace eco del Antiguo Testamento, esta vez del clamor de David ante Dios (cf. Sal. 22:18). En cada momento a lo largo de los sufrimientos tenebrosos de Jesús, se ven iluminados (tanto para Él como para nosotros) por la Palabra de Dios. Sus sufrimientos no carecen absolutamente de sentido; son el cumplimiento del propósito más grande que haya existido en el mundo: el propósito de Dios en la salvación. Durante su vida, Jesús cumplió toda justicia para su pueblo; ahora, en su muerte, hace perfecta expiación por sus pecados. Todo está hecho. Los requisitos justos de Dios para la salvación se han satisfecho.

La redención lograda

Una vez que nos ha preparado con referencias al cumplimiento de la Escritura y ha indicado que Jesús era plenamente consciente de todo lo que estaba logrando, Juan cita a continuación el grito triunfal de Cristo: "Consumado es" (19:30). No debemos interpretar esta frase como el clamor de un hombre derrotado. La palabra que empleó Jesús en realidad significaba otra cosa bien distinta. Literalmente se puede traducir: "¡Está logrado!".

En cierto sentido es una exclamación curiosa, ya que no había muerto aún, y la Resurrección y la reivindicación divina que representaba —ambas esenciales para la Redención— aún no habían ocurrido. Sin embargo, Jesús había pasado por el peor momento de su pasión, había sondeado las profundidades del sufrimiento, y ya surgía del infierno al cual había sido expuesto. Ya había pasado el único momento en su experiencia en el que no podía llamar "Padre" a Dios, y al prepararse para la muerte —como indica Lucas— vuelve a poder pronunciar ese término de comunión íntima (cf. Lc. 23:46).

Por eso, al saber que había pasado lo peor, confiaba en que Dios le capacitara para completar lo demás. Estaba a punto de "[gustar] la muerte por todos" (He. 2:9) y resucitar para todo su pueblo (cf. 1 Co. 15:22). Habiendo pasado por la crisis más grande de sus sufrimientos, su misión casi estaba cumplida, y pudo proclamar su triunfo ante el mundo. La Creación había anhelado ese grito triunfal desde la caída de Adán. El hecho de anunciarse esta victoria en las mismas garras de la muerte y en medio de las tinieblas era en sí significativo. Demostró la certidumbre divina que logró la Redención.

Las consecuencias de esto son inconmensurables. No necesitamos buscar más allá. Todo lo necesario para la salvación se halla en este sacrificio hecho por Jesucristo y la reconciliación con Dios que solo Él garantiza.

La respuesta revelada

Juan concluye su relato de la Cruz atando todos los cabos. No permite que sus lectores sigan observando pasivamente los acontecimientos. Llama la atención a todos al destacar la respuesta que estas verdades exigen. Es casi seguro que señala su propia experiencia al decir: "Y el que lo vio da testimonio, y su testimonio es verdadero; y él sabe que dice verdad, para que vosotros también creáis" (Jn.19: 35). Llama a sus lectores a responder con fe.

Algunos se han preguntado por qué Juan parece resaltar tanto el hecho de ser un testigo ocular de estos acontecimientos, ya que existían otros testimonios oculares anteriores que gozaban de una amplia aceptación. Bien puede ser porque en esta etapa posterior de la época neotestamentaria algunos ya querían quitar importancia a la historicidad de estos eventos, reduciéndolos al nivel de símbolos. Este ha sido un problema recurrente a lo largo de la Historia en la interpretación dada por algunos a los acontecimientos del Calvario: u otorgan algún poder místico a la Cruz, o la consideran un mero ejemplo impactante. Juan rechaza ambas interpretaciones. Para él, la Cruz solo tiene significado redentor si Cristo realmente consiguió algo en las horas oscuras en que estuvo colgado en ella. Juan quiere que sepamos que algo singular ocurrió aquel día en aquella colina yerma en las afueras de Jerusalén: Jesús pagó el precio de la salvación. El Hijo de Dios en realidad cumplió algo que ningún otro era capaz de hacer: pagó el precio del pecado y abrió el camino para volver a Dios. La única respuesta que asegurará que experimentemos esta gran salvación es la fe en Él y en todo lo que ha hecho.

Vislumbramos esta respuesta de fe en los últimos versículos del capítulo. José de Arimatea y Nicodemo —el cual había sido un discípulo secreto por temor a los judíos— acudieron a Pilato y pidieron permiso para sepultar el cuerpo de Jesús. Su fe no abarcaba plenamente los hechos, ni comprendían plenamente todos los aspectos del acontecimiento, pero era una fe salvadora. Con gran riesgo para sí mismos, estaban preparados para declarar públicamente su fe en Jesucristo y ponerse de su lado.

42

El testimonio de una mujer

*El primer día de la semana, María Magdalena fue de
mañana, siendo aún oscuro, al sepulcro; y vio quitada la
piedra del sepulcro. 2Entonces corrió, y fue a Simón Pedro
y al otro discípulo, aquel al que amaba Jesús, y les dijo:
Se han llevado del sepulcro al Señor, y no sabemos dónde
le han puesto. 3Y salieron Pedro y el otro discípulo, y fue-
ron al sepulcro. 4Corrían los dos juntos; pero el otro discí-
pulo corrió más aprisa que Pedro, y llegó primero al
sepulcro. 5Y bajándose a mirar, vio los lienzos puestos
allí, pero no entró. 6Luego llegó Simón Pedro tras él, y
entró en el sepulcro, y vio los lienzos puestos allí, 7y el
sudario, que había estado sobre la cabeza de Jesús, no
puesto con los lienzos, sino enrollado en un lugar aparte.
8Entonces entró también el otro discípulo, que había veni-
do primero al sepulcro; y vio, y creyó. 9Porque aún no
habían entendido la Escritura, que era necesario que él
resucitase de los muertos. 10Y volvieron los discípulos a
los suyos.*

*11Pero María estaba fuera llorando junto al sepulcro;
y mientras lloraba, se inclinó para mirar dentro del sepul-
cro; 12y vio a dos ángeles con vestiduras blancas, que esta-
ban sentados el uno a la cabecera, y el otro a los pies,
donde el cuerpo de Jesús había sido puesto. 13Y le dijeron:
Mujer, ¿por qué lloras? Les dijo: Porque se han llevado a
mi Señor, y no sé dónde le han puesto. 14Cuando había*

dicho esto, se volvió, y vio a Jesús que estaba allí; mas no sabía que era Jesús. [15]*Jesús le dijo: Mujer, ¿por qué lloras? ¿A quién buscas? Ella, pensando que era el hortelano, le dijo: Señor, si tú lo has llevado, dime dónde lo has puesto, y yo lo llevaré.* [16]*Jesús le dijo: ¡María! Volviéndose ella, le dijo: ¡Raboni! (que quiere decir, Maestro).* [17]*Jesús le dijo: No me toques, porque aún no he subido a mi Padre; mas ve a mis hermanos, y diles: Subo a mi Padre y a vuestro Padre, a mi Dios y a vuestro Dios.* [18]*Fue entonces María Magdalena para dar a los discípulos las nuevas de que había visto al Señor, y que él le había dicho estas cosas* (Juan 20:1.18).

El relato que hace Juan de la resurrección de Jesús está dominado por el testimonio de María Magdalena (cf. 20:1). Aunque María tenía dos compañeras la mañana en que se acercó al sepulcro (cf. Mr. 16:1), Juan pone especial interés en lo que vio María. Aunque Pedro y "[…] [el] otro discípulo, aquel al que amaba Jesús […]" —presumiblemente Juan mismo— estuvieron presentes (cf. 20:2-10), solo fue porque María les avisó de lo que había visto.

Resulta interesante que Juan resalte el testimonio de una mujer acerca de la Resurrección, particularmente al considerar que se dirigía a un público dominado por los hombres. ¿Qué contribución especial hace María al relato del Cristo resucitado? Tal vez la respuesta estribe en el hecho de que su testimonio no solamente nos presenta los hechos históricos, sino que proporciona beneficios singulares para aquellos que lo aceptan. En otras palabras, su testimonio no solamente trata un acontecimiento maravilloso, sino un acontecimiento maravilloso con importantes implicaciones personales.

De hecho, la manera como Juan presenta el testimonio de María es un buen bosquejo de la manera como llegamos a la fe en el Salvador resucitado. Juan dice que María fue al sepulcro "siendo aún oscuro" (20:1). Sin embargo, Marcos dice que fue "ya salido el sol" (Mr. 16:2). No hay necesariamente una contradicción entre los dos relatos —María salió antes del amanecer y se reunió con sus compañeras cuando ya había salido el sol—

pero Juan recalca particularmente un detalle físico para subrayar una idea espiritual. A lo largo de su Evangelio, la oscuridad física simboliza las tinieblas espirituales. De nuevo en este pasaje resalta el hecho de que María andaba desorientada por las tinieblas espirituales al intentar comprender lo ocurrido dos días antes. El viaje que nos lleva a la fe empieza, por definición, con una mente entenebrecida. Solo la revelación del Cristo resucitado nos lleva finalmente a la luz eterna y verdadera. El testimonio de María da fe de tres aspectos importantes de la Resurrección.

La realidad de la resurrección de Cristo

Juan Calvino comparte la idea de que Juan tiene un interés particular en el testimonio de María que contrasta con los demás testimonios oculares. Sus motivos tienen que ver con el hecho de que la resurrección de Cristo se ha rechazado muchas veces como un mito o engaño por parte de los discípulos o de la antigua Iglesia. En los últimos siglos, los eruditos de muchos círculos teológicos han ido aceptando esta idea. La influencia del racionalismo y el desprecio por parte del mundo académico de lo sobrenatural han llevado a muchos teólogos a considerar que los relatos de los acontecimientos milagrosos de la Biblia deben de tener una explicación racional, o de lo contrario son fábulas.

Esta tendencia siempre ha existido. Mateo llama nuestra atención a la manera como los fariseos intentaron desacreditar los informes acerca de la Resurrección, sobornando a los soldados y mandándoles propagar la historia de que el cadáver de Jesús había sido hurtado (cf. Mt. 28:12-15). También vemos, a partir de los extensos comentarios de Pablo acerca de este tema en su epístola a la iglesia en Corinto, que a los veinte años de la Resurrección, aun algunos cristianos aceptaban la idea de que la Resurrección no había sido un hecho físico. Pablo demuestra las serias consecuencias de esta idea diciendo que si Cristo no resucitó, entonces todo el mensaje del Evangelio se viene abajo (cf. 1 Co. 15:14). Por tanto, es evidente que este hecho vital debe establecerse y debe poder soportar el escrutinio más severo.

En conexión con esta idea, Calvino comenta: "Es curioso que no se pudiera encontrar un testigo más competente". No desprecia a María con estas palabras, sino que se burla con cierto sarcasmo de aquellos que sugieren que el relato del Evangelio acerca de la Resurrección es algún tipo de engaño. Si de verdad la Resurrección fuera una invención elaborada de la antigua Iglesia, entonces escogieron mal a María si querían dar credibilidad al relato. Para empezar, como mujer, su evidencia habría sido inadmisible en un tribunal judío; además, tenía un pasado escabroso, ya que había sido prostituta. Su testimonio, por tanto, habría quedado perjudicado.

La única conclusión lógica es que Juan emplea el testimonio de María simplemente porque es genuino. Realmente vio y oyó todo lo que declara. Su experiencia es otro ejemplo de la realidad que es más extraña que la ficción. Lo último que esperaba encontrar María al acudir para cuidar del cadáver de Jesús aquella mañana era un sepulcro vacío. Por eso, cuando llegó allá y encontró que se había movido la piedra que cerraba la entrada del sepulcro, su reacción inicial fue el pánico (cf. 20:2), luego el asombro (cf. 20:13), y finalmente se paró a pensar (cf. 20:15-16).

Juan quiere que nos demos cuenta de su transición desde las tinieblas de la desesperación, a través de la luz parcial al ver la huella de Dios en lo ocurrido, hasta la certeza absoluta de ver la realidad y no una terrible ilusión. Esta es la esencia misma de la conversión, cuando la esperanza del Evangelio embarga el alma desesperada. Si Jesús está muerto, ha muerto la esperanza; pero si está vivo, ¡nos queda la verdadera esperanza!

El enfoque del amor de Cristo

La sección central de este pasaje documenta el encuentro personal que se produjo entre María y el Señor resucitado (cf. 20:10-16). Lo más destacado de ello es su carácter tierno y personal.

María estaba aún embargada por la pena. La angustia de la muerte de Jesús se vio redoblada por su horror ante la idea de que su sepulcro fuera profanado por ladrones de cadáveres, y podemos imaginar sus lamentos al mirar dentro del sepulcro vacío (cf. 20:11). Ve a dos ángeles dentro del sepulcro, pero evidentemente no comprende quiénes son en ese momento. Pero entonces se vuelve y ve a una persona a su lado; creyendo que es el hortelano, le pregunta si él se ha llevado el cadáver (cf. 20:14-15). Jesús le responde con una sola palabra: "¡María!" (20:16). Este gesto sencillo fue el eje de su vida. Jesús se dio a conocer a ella de manera que cubrió su profunda necesidad.

Este es el buen y manso Pastor del que Juan ya nos ha hablado: Aquel que llama a sus ovejas por su nombre (cf. 10:3, 27). Tiende la mano del amor a esta pobre oveja herida de manera que revela el vínculo que existe entre ellos. Esta es la relación que lo transforma todo.

Aunque Jesús había logrado algo de importancia universal que tenía implicaciones para toda la raza humana, observamos por su comportamiento en este pasaje que en ningún sentido su obra universal eclipsa la dimensión personal. Su pueblo no son meros números en un libro, sino individuos con necesidades propias, y Él los conoce a fondo.

En este momento las tinieblas de María se desvanecen y la luz alumbra su vida. Para ella, el Evangelio asume un grado de significado personal que nunca había conocido hasta el momento. Comprende que la gloriosa resurrección de Jesús no era solamente para el mundo en su conjunto, sino para ella individualmente. María fue la primera de millones sin fin que estuvo cara a cara con el Cristo resucitado, no solamente como un frío hecho histórico, sino como el hecho definitivo de la vida.

La escala del logro de Cristo

La conclusión asombrosa del relato de Juan de esta primera aparición después de la Resurrección se halla en la explicación que Jesús da a María y lo que le manda hacer. Al principio, María se siente aliviada porque piensa que la situación volverá al cauce anterior a los acontecimientos terribles de la semana previa, pero Jesús indica que las cosas han seguido adelante. María se abrazó a Jesús para demostrar su alegría al verlo de nuevo, pero Jesús le dijo: "No me toques, porque aún no he subido a mi Padre; mas ve a mis hermanos, y diles: Subo a mi Padre y a vuestro Padre, a mi Dios y a vuestro Dios" (20:17).

Decía en efecto: "Tengo que cumplir mi misión". Todo lo que Jesús había logrado en la Tierra tenía que terminar con la reivindicación de su vuelta al Cielo y a su trono en la gloria. Solo cuando el Padre celestial hubiera puesto su sello de aprobación a la obra de Cristo, sus beneficios empezarían a fluir hacia su pueblo en la Tierra. El hecho de que Jesús hable de "[…] mi Padre y a vuestro Padre […] mi Dios y a vuestro Dios" recalca de forma evocativa la posibilidad de que pecadores caídos como María vuelvan a la comunión viva con Dios. El Cristo resucitado y exaltado es la clave de una relación restaurada y eterna con Dios.

Jesús va más allá. No solamente le explica todo esto a María, sino que le manda hacer el primer anuncio público del hecho: ella debe ir e informar a los discípulos. ¡Es como si el Rey enviara a una pobre muchacha rescatada de la calle a anunciar la llegada real a un banquete! Esta es la clase de gloria y dignidad que Jesús da a aquellos que confían en Él. Llegan a participar de su gloria.

La Resurrección es la piedra angular que sostiene el arco del Evangelio y de la fe cristiana. Es asombroso que Jesús encargue el anuncio de esta piedra angular a una mujer; ella es la primera persona que la coloca. Este es el milagro del Evangelio y la profundidad del amor de Cristo. Pero Jesús no hizo esto una vez; lo hace a diario al llamar a otros no solo a recibir el mismo mensaje, sino a llevarlo al mundo como el único mensaje de esperanza para toda la Humanidad.

43

"Para que creáis que Jesús es el Cristo"

Cuando llegó la noche de aquel mismo día, el primero de
la semana, estando las puertas cerradas en el lugar donde
los discípulos estaban reunidos por miedo de los judíos,
vino Jesús, y puesto en medio, les dijo: Paz a vosotros. [20]*Y*
cuando les hubo dicho esto, les mostró las manos y el cos-
tado. Y los discípulos se regocijaron viendo al Señor.
[21]*Entonces Jesús les dijo otra vez: Paz a vosotros. Como*
me envió el Padre, así también yo os envío. [22]*Y habiendo*
dicho esto, sopló, y les dijo: Recibid el Espíritu Santo. [23]*A*
quienes remitiereis los pecados, les son remitidos; y a
quienes se los retuviereis, les son retenidos.

[24]*Pero Tomás, uno de los doce, llamado Dídimo, no*
estaba con ellos cuando Jesús vino. [25]*Le dijeron, pues, los*
otros discípulos: Al Señor hemos visto. Él les dijo: Si no
viere en sus manos la señal de los clavos, y metiere mi
dedo en el lugar de los clavos, y metiere mi mano en su
costado, no creeré.

[26]*Ocho días después, estaban otra vez sus discípulos den-*
tro, y con ellos Tomás. Llegó Jesús, estando las puertas
cerradas, y se puso en medio y les dijo: Paz a vosotros.
[27]*Luego dijo a Tomás: Pon aquí tu dedo, y mira mis*
manos; y acerca tu mano, y métela en mi costado; y no
seas incrédulo, sino creyente. [28]*Entonces Tomás respondió*

y le dijo: ¡Señor mío, y Dios mío! [29]*Jesús le dijo: Porque me has visto, Tomás, creíste; bienaventurados los que no vieron, y creyeron.*

[30]*Hizo además Jesús muchas otras señales en presencia de sus discípulos, las cuales no están escritas en este libro.* [31]*Pero éstas se han escrito para que creáis que Jesús es el Cristo, el Hijo de Dios, y para que creyendo, tengáis vida en su nombre* (Juan 20:19-31).

El resto del capítulo 20 contiene el relato de otras dos apariciones de Cristo después de la Resurrección: la primera a diez de los discípulos en el día mismo de la Resurrección, la otra una semana después a los once, enfocando particularmente a Tomás. Sin embargo, el clímax del capítulo y del Evangelio entero llega al final. Allí Juan nos dice su motivo de escribirlo: "para que creáis que Jesús es el Cristo, el Hijo de Dios, y para que creyendo, tengáis vida en su nombre" (20:31). No nos permitirá leer de cualquier manera lo que ha escrito. Recalca la plenitud de la revelación de Dios y su obra a través de Jesucristo, y exige una respuesta de fe. Por eso el último versículo del capítulo nos da una perspectiva de todo el Evangelio, desde la cual también podemos trabajar hacia atrás con los versículos inmediatamente anteriores.

Este último versículo es un apogeo digno para todo lo que se ha dicho hasta aquí. El significado de la Resurrección y el impacto en los seguidores de Jesús de las apariciones posteriores contribuyen muchísimo a su potencia. Las conclusiones sacadas se contemplan en el contexto de los incidentes que les han abierto camino. Estos incidentes resaltan la importancia de comprender lo que abarca la fe, y destacan varios factores que distinguen la verdadera fe salvadora de la fe que es un mero reconocimiento de ciertas verdades.

Un objetivo claro

"La fe" debe de ser uno de los términos más vacuos y escurridizos del vocabulario religioso. A menudo se utiliza para hablar de algo que es un fin en sí mismo. Para muchos, profesar "la fe" (sin concretar lo que quieren decir con esa palabra), les basta para dar por sentado que están a salvo en cuanto a Dios se refiere. Pero la fe en sí carece de significado. Tener fe en "la fe" no puede salvar, porque la fe sin objeto no tiene sentido. La fe siempre exige alguien o algo en donde ponerla.

Juan no deja lugar a dudas en cuanto a cuál debe ser ese objeto si queremos que la fe dé paso a la salvación. Debemos tener fe en Jesús, particularmente en Jesús "el Cristo", nada menos que "el Hijo de Dios" (20:31). Juan no podría haber sido más específico, y a la vez más expresivo del poder que ostenta este Salvador.

Juan ha empleado veinte capítulos para examinar la figura histórica de Jesús de Nazaret y reunir las pistas en cuanto a su identidad. Ahora, por fin, señala el cuadro terminado que nos presentan estas pistas. ¿Quién es este Jesús? Cuando se reúnen todas las pruebas y se plantean todas sus declaraciones junto a ellas, ¿qué indican? Los hechos hablan por sí mismos. Declaran que Jesús de Nazaret no es otro que el Hijo de Dios y el Salvador del mundo: el Ungido que Dios había prometido desde el principio de los tiempos y que su pueblo había anhelado. Como un abogado que presenta un caso legal bien argumentado, Juan empezó su Evangelio informando al "jurado" de lo que pensaba probar. Ha pasado la mayor parte del tiempo citando los hechos y presentando sus argumentos; ahora presenta la conclusión ineludible que indican dichos argumentos.

Todas las pruebas son elocuentes. El hijo del carpintero de Nazaret es en realidad el Hijo de Dios venido del Cielo. Los hechos no solo exigen el asentimiento sino la confianza. Si lo que dice Juan es verdad, no cabe otra respuesta que creer en este Jesús. Si Jesús es el Cristo, hay que reconocerlo como tal, o afrontar las consecuencias.

Juan presenta a sus lectores una persona con quien no se puede comparar ninguna otra en toda la historia del universo. Él es verdaderamente único, y los hechos acerca de su identidad y toda su obra son convincentes. Desafían a todos a volver a examinar en quién o en qué confían en cuanto a los asuntos más profundos de la vida; e indican a Cristo como único objeto suficiente para la fe salvadora.

Cimientos sólidos

El argumento en contra de esta fe a veces declara que se trata simplemente del equivalente espiritual del cuento del traje nuevo del emperador. En este cuento infantil, el emperador es engañado por unos "sastres" sin escrúpulos que le hacen creer que le han hecho un magnífico "traje" ¡que en realidad no existe! Este es el argumento de aquel colegial que, al definir la fe, la describió como: "Creer algo que sabes que no es verdad". Muchos tienen este concepto de la fe: nada más que un gigantesco salto a oscuras.

Sin embargo, al igual que la fe sin objeto es una locura, también lo es una fe sin cimientos sólidos. En términos sencillos: ¿Por qué confiar en Jesús en lugar de en Alá, Buda, o una cuenta bancaria en Suiza, o en las "certezas" del mundo académico? La respuesta de Juan señala de nuevo la singularidad absoluta de Jesús, no solamente en términos de sus obras y palabras, sino en el reconocimiento que Dios le dio.

Señala particularmente el papel de las señales milagrosas que hizo en presencia de los discípulos durante su ministerio terrenal (cf. 20:30). Juan declara que son el núcleo del libro que ha escrito. Nos llevan de vuelta al patrón singular de la revelación de Dios a través de obras y palabras a lo largo de las Escrituras. Las nuevas revelaciones de Dios siempre van acompañadas de nuevas obras poderosas. Este patrón se observa más claramente en la revelación del Nuevo Testamento, al señalar a Jesús y dar testimonio de su identidad singular y la verdad de sus palabras (cf. Hch. 2:22; He. 2:1-4). El propósito de Juan, en conjunto con los demás autores del Nuevo Testamento, es proporcionar unos cimientos lo suficientemente sólidos para soportar el peso de la fe.

El hecho de que la Resurrección sea la última señal de la que Juan deja constancia es vital para este fin, no menos para los propios discípulos. Jesús no podría haber dado otra profecía más osada que declarar que iba a resucitar de entre los muertos; y eso es lo que dijo una y otra vez a sus discípulos que ocurriría. Es concebible profetizar tu propia muerte, pero predecir tu posterior resurrección y especificar el momento de ella es una cosa bien distinta. Sobre todo, esta predicción en particular establecería o destruiría la credibilidad de Jesús para siempre. Por supuesto que el objetivo de Juan es demostrar que se ha probado su veracidad absoluta, y que aun el escéptico Tomás se vio obligado a aceptar su autenticidad.

Una vez establecidos hechos de esta índole sin lugar a dudas, especialmente de cara a la muerte —el último enemigo que todos debemos afrontar— la fe no puede apoyarse en cimientos más seguros para la esperanza de la vida eterna.

Aliento

Lo hermoso del papel que desempeña Jesús en todo esto es que era plenamente consciente de la fe débil de sus seguidores, y de la necesidad de fomentar y alentar su fe. Esto fue así en el caso de María, y vemos el trato compasivo de Jesús con ella repetido con los discípulos, especialmente Tomás. Cuando la fe se retiene instintivamente y con cierta razón, dada la necesidad de ejercer la sana cautela, Jesús la persuade compasivamente de la necesidad de aceptarlo plenamente.

Demuestra esto, en primer lugar, al subrayar su necesidad de paz. Les había prometido en el Aposento Alto que la paz sería uno de los dones especiales que les dejaría después de completar su obra (cf. 14:27; 16:33). Una vez cumplida su misión, los saluda en tres ocasiones distintas de manera que recalca esta paz ya asegurada (cf. 20:19, 21, 26). Emplea un conocido saludo hebreo que evoca el bienestar íntegro que proviene de la comunión con Dios. A través de su muerte y resurrección, Jesús aseguró esta comunión y ahora anima a sus discípulos a reconocer la realidad de las promesas y a confiar en Él.

Jesús también recalca la necesidad de la fe al asociarla a la necesidad del perdón. Repite su promesa de capacitar a sus seguidores con el don del Espíritu Santo para que puedan cumplir con la tarea que les ha otorgado, diciendo: "A quienes remitiereis los pecados, les son remitidos; y a quienes se los retuviereis, les son retenidos" (20:23). Esta declaración enigmática está vinculada a la proclamación apostólica del Evangelio y la respuesta que suscita en los oyentes. Estas palabras parecen implicar que los que responden con fe al testimonio apostólico de Cristo serán perdonados, y los que lo rechazan no. Esto alienta aún más una respuesta de fe a estas verdades.

La última incitación a la fe tiene que ver con la necesidad de la bendición de Dios sobre nuestras vidas. En las últimas palabras de Jesús a Tomas, se asocia la fe en Él con recibir la bendición de Dios (cf. 20:29). Una vida que se apoya en la plenitud del favor de Dios solo se halla por la fe en el Hijo resucitado de Dios. Aunque para la inmensa mayoría de sus hijos— a diferencia de Tomás y sus discípulos— esto simplemente será cuestión de confiar en la promesa de Dios, aun así la bendición de Dios será la misma.

La tenacidad

En ningún sentido minimiza Jesús el hecho de que la fe afrontará muchas clases de luchas. Enfoca, pues, de manera compasiva la debilidad de la fe de sus seguidores. Esto se observa en la manera como se revela a estos hombres, no solo milagrosamente, sino de manera que demuestra su cuidado de ellos.

Observamos esto especialmente en su trato de Tomás y la conversación con él (cf. 20:27). Aunque Tomás expresó dudas en cuanto a las afirmaciones de otros discípulos de haber visto a Jesús resucitado (cf. 20:24-25), Jesús no se burla de él ni lo reprende por su falta de fe. En lugar de eso, le ayuda a despejar sus dudas y hacer una de las confesiones más importantes del Nuevo Testamento. Reconoce a Jesús en los términos más personales posibles: "¡Señor mío, y Dios mío!" (20:28). Aunque había cuestionado el testimonio de los otros Apóstoles y dudado de su veracidad (cf. 20:25), descubre ahora que es verdad. La fiabilidad de este testimonio apostólico sostiene el mensaje mismo del Evangelio (cf. 20:29). Todo cristiano recibe por la fe la misma bendición que recibió Tomás de manera tangible a través del encuentro con el Cristo resucitado

La necesidad de una fe tenaz y perseverante se observa en la forma en que Juan expresa el objetivo de su Evangelio al final del capítulo. El tiempo verbal empleado para "creer" (20:31) es un tiempo continuo, en el sentido de "seguir creyendo". La vida de fe implica invariablemente la lucha, y la verdadera fe que nos lleva a la salvación es aquella fe tenaz que se aferra a Cristo hasta el fin.

Un verdadero sentido de orientación

¿Adónde se dirige la fe? Jesús nos ha proporcionado una respuesta en términos de la promesa de paz, perdón y bendición. Juan la resume así: "[…] Para que creyendo, tengáis vida en su nombre" (20:31). Jesús ya había declarado que había venido para que quienes creyeran en Él pudieran tener vida, y tenerla en abundancia (cf. 10:10). Había definido la esencia de esta vida como "vida eterna": una vida que consiste en la unión con Dios a través de la unión con Cristo (cf. 17:3). Ahora Juan deja claro que esta vida es nuestra, no de una manera mística ni misteriosa, sino "en el nombre" de Jesús, esto es, completamente por sus méritos y por causa suya. Viene en virtud de todo lo que Jesús es y lo que ha logrado.

En un mundo en el que, para muchos, cada uno ha de dar sentido a la vida como pueda, el Evangelio promete una vida arraigada en el sentido que Cristo puede dar. Dadas nuestras vidas quebrantadas y vacías, esta es la razón más grande para creer en el Cristo del Evangelio.

44

¿Me permiten volver al principio?

*Después de esto, Jesús se manifestó otra vez a sus discí-
pulos junto al mar de Tiberias; y se manifestó de esta
manera: 2Estaban juntos Simón Pedro, Tomás llamado el
Dídimo, Natanael el de Caná de Galilea, los hijos de
Zebedeo, y otros dos de sus discípulos. 3Simón Pedro les
dijo: Voy a pescar. Ellos le dijeron: Vamos nosotros tam-
bién contigo. Fueron, y entraron en una barca; y aquella
noche no pescaron nada.*

*4Cuando ya iba amaneciendo, se presentó Jesús en la
playa; mas los discípulos no sabían que era Jesús. 5Y les
dijo: Hijitos, ¿tenéis algo de comer? Le respondieron: No.
6El les dijo: Echad la red a la derecha de la barca, y halla-
réis. Entonces la echaron, y ya no la podían sacar, por la
gran cantidad de peces. 7Entonces aquel discípulo a quien
Jesús amaba dijo a Pedro: ¡Es el Señor! Simón Pedro,
cuando oyó que era el Señor, se ciñó la ropa (porque se
había despojado de ella), y se echó al mar. 8Y los otros dis-
cípulos vinieron con la barca, arrastrando la red de peces,
pues no distaban de tierra sino como doscientos codos.*

*9Al descender a tierra, vieron brasas puestas, y un pez
encima de ellas, y pan. 10Jesús les dijo: Traed de los peces
que acabáis de pescar. 11Subió Simón Pedro, y sacó la red
a tierra, llena de grandes peces, ciento cincuenta y tres; y
aun siendo tantos, la red no se rompió. 12Les dijo Jesús:
Venid, comed. Y ninguno de los discípulos se atrevía a pre-*

guntarle: ¿Tú, quién eres? sabiendo que era el Señor.
13Vino, pues, Jesús, y tomó el pan y les dio, y asimismo del
pescado. 14Esta era ya la tercera vez que Jesús se manifes-
taba a sus discípulos, después de haber resucitado de los
muertos (Juan 21:1-14).

Al empezar el estudio del último capítulo del Evangelio según Juan, volvemos al principio de la relación entre Jesús y sus discípulos. Este capítulo bien pudo haber sido una especie de apéndice que Juan decidiera añadir, porque el último versículo del capítulo anterior da todo indicio de ser el clímax y la conclusión de los escritos del Apóstol. Sin embargo, esto no quiere decir que el último capítulo no encaje con los capítulos anteriores. Al contrario; cuando comparamos el relato de Juan del día memorable que pasó Jesús con los discípulos justo antes de la Ascensión con el relato de los otros Evangelios del principio del período que pasó con ellos, hay parecidos inequívocos.

Hace evidente eco de aquella ocasión en que Jesús llamó formalmente a algunos de estos hombres a seguirle, para hacerse "pescadores de hombres" (Mr. 1:16). Eso también ocurrió en una playa de Galilea, y tal vez fuera la misma donde ahora desayunan. Se observa también otra semejanza entre los milagros ocurridos en ambas ocasiones (cf. también Lc. 5:1-11). Jesús se prepara para encomendar a estos hombres su misión vitalicia, para la cual los había estado preparando durante tres años, así que los lleva de vuelta al principio. Les recuerda su llamamiento y las promesas que habían recibido. Una vez cumplidos todos los requisitos, se prepara para darles su comisión de servicio.

El relato de Juan del incidente nos ayuda particularmente a comprender lo ocurrido. Esta sección está marcada por dos comentarios importantes: "[…] Jesús se manifestó otra vez a sus discípulos […]" (21:1); y "Esta era ya la tercera vez que Jesús se manifestaba a sus discípulos, después de haber resucitado de los muertos" (21:14). Esta idea de "manifestarse" es algo más que un mero encuentro superficial. A través del milagro, y durante el desayuno en la playa, los discípulos recibieron una comprensión más profunda de Jesús, de su relación con Él y su propósito para sus vidas. Era un ejercicio vital para reforzar su fe y concuerda exactamente con lo que Juan ha escrito acerca del propósito de su Evangelio. Como observamos en el capítulo anterior, no solo deseaba que sus lectores creyesen, sino que "continuaran creyendo" (20:31). La capacidad de seguir creyendo en Jesús está íntimamente vinculada con el conocimiento de Jesús. Aquí, entonces, Jesús destaca cuatro verdades esenciales acerca de sí mismo para que sus seguidores se fortalecieran en la fe.

El Señor soberano

Juan nos dice que una de las últimas cosas que hizo Jesús entre sus discípulos antes de volver a la gloria celestial fue hacer un milagro. Se podría decir que ya no hacían falta milagros para testificar de su identidad y mensaje. La Resurrección fue la más grande de las señales y no puede ser superada. Pero Jesús sabía que la fe de sus seguidores era muy frágil y quería reforzarla, de manera que hizo un milagro que seguramente les tocó profundamente el corazón.

Este milagro estaba pensado para afirmar su fe llevándolos de nuevo a un territorio familiar. Los discípulos aún tambaleaban por el efecto de los acontecimientos de las últimas semanas, temerosos a causa del ambiente reinante en Jerusalén —aún estaba por llegar su liberación de este temor—, de manera que Jesús les proporciona una seguridad milagrosa. Habían ido a Galilea porque Jesús los había enviado allá (cf. Mt. 28:7; Mr. 16:7) y mientras esperaban la llegada de Jesús, se fueron de pesca (cf. Jn. 21:2-3). Sin embargo, después de haber estado pescando toda la noche no habían obtenido nada. Al dirigirse de nuevo a tierra al alba, divisaron una figura en la playa. Él les saludó y preguntó por la pesca, y les animó a volver a intentarlo, echando las redes esta vez a la derecha de la barca. El resultado fue una pesca asombrosa (cf. 21:4-6).

Fue una lección muy impresionante para los discípulos. Como dice Raymond Brown: "¡En los Evangelios, los discípulos eran incapaces de pescar sin la ayuda del Señor!". Ni siquiera pueden desempeñar aquel oficio para el cual se supone que están entrenados sin la participación de Él. Jesús recalca aquí la lección del Aposento Alto: "[…] Separados de mí nada podéis hacer" (15:5). Esta es una verdad fundamental para vivir la vida cristiana. Al igual que los discípulos, necesitamos reconocer el señorío de Jesús sobre todo aspecto de la vida. No podemos permitirnos excluirle de ninguno de ellos.

Esta es precisamente la reacción de los discípulos. El que Jesús amaba exclamó: "¡Es el Señor!" (21:7). Pedro respondió con un gesto de reverencia, vistiéndose y arrojándose al mar para nadar hasta Jesús. Jesús les vuelve a revelar su control soberano de los mismos elementos de la Naturaleza y de las vidas de su pueblo; la única respuesta posible es la adoración.

El Siervo compasivo

Cuando los discípulos luchan para desembarcar la pesca enorme, encuentran a Jesús que ha hecho fuego y ha preparado el desayuno, pero nadie se atreve a preguntarle: "¿Tú, quién eres?" (21:8-12). Habiendo demostrado su soberanía, inmediatamente Jesús demuestra su disposición a servir. Este es el mismo Jesús que se había puesto el delantal del siervo para lavarles los pies sucios en el Aposento Alto. Ahora hace de cocinero del campamento, dispuesto a satisfacer su hambre.

Esto nos recuerda de nuevo la gran paradoja gloriosa del Evangelio. El Señor del universo entra en nuestro mundo, no para ser servido por sus criaturas, sino para servirlas a ellas (cf. Mt. 20:28). No solamente es la clave para comprender la majestad de la misión de Jesús, sino también para apreciar nuestra profunda necesidad.

Hacía falta fijar esta verdad axiomática firmemente en las mentes de los Apóstoles. Jesús había venido para ministrar a las necesidades de su pueblo porque ellos mismos no podían cubrirlas. Por eso este incidente, trivial a primera vista, de proporcionar una comida en la playa les vuelve a recordar que Cristo había cubierto su necesidad más grande: la necesidad de sus almas. Ya que Jesús se ha encargado de lo más necesario por su muerte en la Cruz, podemos estar seguros de que se encargará de todo lo demás; solo necesitamos confiar en Él.

La provisión sobreabundante

Sacan la red a tierra y cuentan los peces; se nos dice que habían sacado 153 peces grandes (cf. 21:11). En otras palabras, ese no era un milagro banal, sino la prueba de que Jesús está perfectamente capacitado "[...] Para hacer todas las cosas mucho más abundantemente de lo que pedimos o entendemos [...]" (Ef. 3:20); Él no hace las cosas a medias.

Se han hecho muchos intentos complicados y fantásticos de explicar el significado de este milagro. Muchos han planteado una predicción acerca del éxito de estos "pescadores de hombres" como predicadores del Evangelio. Por ejemplo, Jerónimo dijo que la cifra 153 representa las naciones del mundo, y lo interpretó en términos de la extensión del Reino de Dios entre todos los pueblos. Sin embargo, todas estas explicaciones son innecesarias. La única pista que necesitamos es la que Jesús mismo nos proporcionó anteriormente en este Evangelio. Es la verdad de la gran promesa: "[...] Yo he venido para que tengan vida, y para que la tengan en abundancia" (Jn. 10:10).

Juan subraya esta misma verdad en su primera epístola: "Mirad cuál amor nos ha dado el Padre, para que seamos llamados hijos de Dios [...]" (1 Jn. 3:11). El amor de Dios para con su pueblo a través del Hijo es un amor ilimitado.

Esta verdad fue especialmente importante para los discípulos en ese momento en que sus sentimientos de inseguridad y abandono no se veían precisamente aliviados por la idea de la partida inminente de Jesús. ¡Esa comida sencilla a plena vista de la pesca de su vida lo dice todo! Aquel al que oramos: "El pan nuestro de cada día dánoslo hoy" puede suplir con creces todas nuestras necesidades. Necesitamos darnos cuenta de que Jesús es más que fiel para proveernos de todo con abundancia inagotable.

UN AMIGO ÍNTIMO

Esa misma comida sencilla que compartieron aquella mañana era toda una lección. Lejos de ser una oportunidad de evitar las normas de educación que exige una comida más formal, Jesús siguió al pie de la letra la costumbre judía de dar gracias por la comida antes de ofrecérsela a los discípulos (cf. 21:13). Demostraba de manera plenamente comprensible para los discípulos que comer juntos es algo más que simplemente compartir los alimentos; es un acto de comunión con Dios.

Mientras Jesús, el Hijo de Dios encarnado, desayuna con estos hombres en la playa, confirma la comunión del pasado a pesar de que le habían abandonado, reafirmándoles su amistad íntima para el futuro.

Con este pequeño incidente, Jesús fortalece el vínculo entre Él y los discípulos, preparándolos para la obra que les espera. El verdadero discipulado se apoya precisamente en la comunión viva con Cristo.

45

Restaurado y restituido

*Cuando hubieron comido, Jesús dijo a Simón Pedro:
Simón, hijo de Jonás, ¿me amas más que éstos? Le respon-
dió: Sí, Señor; tú sabes que te amo. Él le dijo: Apacienta
mis corderos. 16Volvió a decirle la segunda vez: Simón,
hijo de Jonás, ¿me amas? Pedro le respondió: Sí, Señor; tú
sabes que te amo. Le dijo: Pastorea mis ovejas. 17Le dijo
la tercera vez: Simón, hijo de Jonás, ¿me amas? Pedro se
entristeció de que le dijese la tercera vez: ¿Me amas? y le
respondió: Señor, tú lo sabes todo; tú sabes que te amo.
Jesús le dijo: Apacienta mis ovejas. 18De cierto, de cierto
te digo: Cuando eras más joven, te ceñías, e ibas a donde
querías; mas cuando ya seas viejo, extenderás tus manos,
y te ceñirá otro, y te llevará a donde no quieras. 19Esto
dijo, dando a entender con qué muerte había de glorificar
a Dios. Y dicho esto, añadió: Sígueme.*

*20Volviéndose Pedro, vio que les seguía el discípulo a
quien amaba Jesús, el mismo que en la cena se había
recostado al lado de él, y le había dicho: Señor, ¿quién es
el que te ha de entregar? 21Cuando Pedro le vio, dijo a
Jesús: Señor, ¿y qué de éste? 22Jesús le dijo: Si quiero que
él quede hasta que yo venga, ¿qué a ti? Sígueme tú. 23Este
dicho se extendió entonces entre los hermanos, que aquel
discípulo no moriría. Pero Jesús no le dijo que no mori-
ría, sino: Si quiero que él quede hasta que yo venga, ¿qué
a ti?*

[24]*Este es el discípulo que da testimonio de estas cosas, y escribió estas cosas; y sabemos que su testimonio es verdadero.*

[25]*Y hay también otras muchas cosas que hizo Jesús, las cuales si se escribieran una por una, pienso que ni aun en el mundo cabrían los libros que se habrían de escribir. Amén.* (Juan 21:15-25).

El final del Evangelio según Juan no es simplemente el relato añadido de un incidente aislado; es un acontecimiento significativo que ata muchos de los cabos que Juan ha estado entretejiendo a lo largo de estos capítulos. Anteriormente en este estudio hemos llamado la atención al hecho de que Juan no solo quería escribir una biografía escueta de Jesús, sino que exigía una respuesta de fe (cf. 1:12-13). Este llamamiento a la fe se volvió a plantear y afirmar en el clímax de su Evangelio (cf. 20:31). Juan ha dejado claro que su objetivo al escribirlo es llamarnos al discipulado. Por tanto, cuando estos versículos finales enfocan a Pedro, observamos en él un hermoso ejemplo de la formación de un discípulo.

Los seguidores de Jesús no se fabrican ni perfeccionan en un momento. Aunque la conversión es instantánea y la nueva relación con Dios que abarca se establece irrevocablemente en ese momento, el proceso de moldear y formar al discípulo requiere toda una vida. Es un hecho vital y emocionante que debemos tener presente. La salvación bíblica no solamente tiene tiempo pasado, sino también presente y futuro. El cristiano no es solamente una persona que se ha salvado, sino que se está salvando y que será salvo, en el sentido de que su salvación se verá finalmente perfeccionada en la gloria venidera.

A medida, pues, que Juan llega al final de su Evangelio nos muestra a Jesús tratando a su pueblo para moldearnos como Él quiere que seamos. No promete una experiencia mágica ni mística para transformarnos al instante. En lugar de eso, nos trata de manera íntima y personal, y somos renovados por esta relación singular. Si es verdad en un sentido menor que cuando una persona se casa se vuelve otra persona a causa de la nueva relación, ¡cuánto más es así en nuestra unión espiritual con Cristo!

El trato de Jesús con Pedro en este pasaje demuestra el trato hermoso y sensible de Jesús con sus hijos.

Restaurado

Está claro que el contexto de esta conversación durante el desayuno en la playa es la triple negación de Pedro en la noche en que Jesús fue arrestado (cf. 18:15-27). Ese fue el punto más bajo de la relación de Pedro con su Señor y, aunque en cierto sentido se dio cuenta de haber sido restaurado, su temor latente de haber dañado irreparablemente la relación entre ellos resulta comprensible. No se menciona que hubieran hablado del tema antes de este momento, y a la luz de las enseñanzas más amplias de Jesús, sabemos que no se puede enterrar el pecado y el fracaso sin más. Pedro, a partir de su propia experiencia, comprendió que para tener una verdadera reconciliación tendría que tratar y resolver sus ofensas.

Resulta impactante observar el peso que las Escrituras dan a la necesidad de reconciliar toda ruptura, no solamente en nuestra relación con Dios, sino también con nuestros hermanos cristianos. Jesús ha señalado la forma en que la comunión rota estorba la adoración eficaz (cf. Mt. 5:23-24), y más adelante Pablo indicará que la comunión rota entre hermanos afectará a nuestra comunión con Dios (cf. 1 Co. 11:17-34). Aquí vemos que Jesús toma la iniciativa para restaurar a este seguidor caído.

Jesús no llama a Pedro por el nombre que había empleado durante los últimos tres años, sino que lo llama por su nombre original: "Simón, hijo de Jonás" (también 1:42). Es como si Jesús lo volviera a llevar al principio para empezar de nuevo. Sigue un triple intercambio que gira en torno a dos palabras distintas para "amar" y dos para "saber", lo cual no se refleja en la RVA (cf. 21:15-17) No es necesario considerar esto como alguna especie de clave que hay que descifrar. Simplemente indica el esmero con que Jesús trataba el estado de Pedro. Resuelve meticulosamente no solo los asuntos superficiales sino los más profundos y ocultos.

Las distintas palabras para "amar" reflejan los distintos aspectos del amor: abarcan tanto la mente como el corazón. Las distintas palabras para "saber" se refieren a la conciencia y la percepción. En conjunto, nos muestran lo que Cristo busca establecer en las vidas de sus seguidores: una respuesta total y coherente a Él. Jesús intenta recalcar para Pedro la verdadera dinámica de la relación con Él. Al igual que muchos creyentes, Pedro fácilmente podría haber cedido a esta idea: "He pecado y, por tanto, estoy excluido", pero Jesús le demuestra que no es el caso. Le vuelve a enseñar la misma gracia perdonadora que había revelado al principio y mantenido durante toda su relación. El poder de la gracia restauradora se demuestra de manera dramática en la diferencia entre el Pedro de los Evangelios y el Pedro que encontramos en el libro de Hechos y en sus Epístolas.

Para los hijos de Dios, el fracaso nunca es el final. El propósito mismo del Evangelio es la restauración, y nada se interpondrá entre Dios y el cumplimiento de este propósito.

Restituido

El hecho de que Jesús se centre principalmente en una relación que necesita ser restaurada demuestra el vínculo vital entre la relación con Cristo y el servicio en su Reino. No podemos servirlo si no lo conocemos. Esto ayuda a esclarecer la importancia de la humildad. Antes de su caída, Pedro era autosuficiente, estaba absorto en sí mismo y se exaltaba a sí mismo; todas esas características le impedían gravemente servir a Cristo de manera eficaz. Ahora, al restaurarse y profundizarse la relación entre Maestro y discípulo, se le abre el camino para ser restituido al servicio del Señor.

El servicio que resulta útil para Dios depende de una relación vital con Él. La única manera de establecer esta relación vital no es a través de lo que nosotros podamos hacer por Él, sino únicamente a través de lo que Él ha hecho por nosotros en Cristo. Cuando algo se ha averiado, hay que arreglarlo antes de que pueda volver a funcionar. Así es la Humanidad quebrantada. El corazón del problema es una relación rota con Dios. Solo al restablecerla a través de la obra redentora y reconciliadora de Cristo podemos empezar a funcionar como Dios siempre quiso.

Esta verdad se ve demostrada en Pedro. La restitución a su llamamiento como Apóstol y siervo de Cristo solo puede ocurrir después de restaurar su comunión con Él. Cuando Jesús responde a cada una de las afirmaciones de Pedro de su amor por Él, emplea distintas permutaciones de la misma idea: la de cuidar de un rebaño. No hay que buscar tres pies al gato, ni el sentido oculto en todo esto; Jesús simplemente nos presenta una idea global de la tarea del pastor. Así, Pedro fue restituido a la obra de cuidar de todo el pueblo de Dios y sus diversas necesidades.

Tal vez el elemento más asombroso de todo esto sea su relación con Jesús mismo como el Buen Pastor (cf. 10:11). La tarea que Jesús encomendó a Pedro no era menos que una extensión de la tarea que Él mismo desempeñaba.

Una nueva dirección

A lo largo de esta conversación Jesús está moldeando a Pedro para una tarea en la que la calificación principal es el amor: un amor caracterizado por la humildad, obediencia y dependencia. Jesús enfoca nítidamente todo esto al decir: "¡Sígueme!" (21:19). Esta palabra le recordó a Pedro el principio de esa preciosa relación, tres años atrás (cf. Mt. 4:18-19). Ese llamamiento había dado una nueva dirección a toda su vida, y ahora vuelve a orientarlo después de haberse descarriado gravemente. En esta ocasión Jesús repite el llamamiento: "Sígueme [...]. Sígueme tú" (20:19, 22). Estaba dando la vuelta a la vida de Pedro, dándole una nueva dirección.

El llamamiento de Cristo en el Evangelio, por definición, debe dar un sentido nuevo a nuestras vidas. El pecado nos ha hecho movernos en un sentido equivocado: hacia dentro, hacia nosotros mismos, en lugar de hacia fuera y hacia Dios. Sin embargo, la gracia de Dios en el Evangelio a través del arrepentimiento nos desvía del pecado y el yo, y nos vuelve hacia Él a través de la fe en Jesucristo su Hijo. Aunque este llamamiento tiene consecuencias decisivas la primera vez que lo oímos —al igual que para los discípulos—, resuena a diario en nuestros oídos, llamándonos constantemente a apartarnos de todo lo que nos distrae y aleja de Dios. Al igual que Pedro, nos llama a una vida de discipulado centrado en Cristo.

Cuando Pedro pregunta, entonces, con matices del viejo hombre aún evidentes: "Señor, ¿y qué de éste?" (21:21), Jesús responde en efecto: "¡No es asunto tuyo!". No somos llamados a examinar a los demás ni los tratos de Dios con ellos, sino a mirar a Dios y seguir el camino que Él nos indique en su servicio. Es la misma verdad que se nos presenta en la Epístola a los Hebreos, en la cual, bajo circunstancias sumamente dolorosas, el autor llama al pueblo de Dios a fijar los ojos en Jesús y correr con perseverancia la carrera que tienen por delante (cf. He. 12:1-3). La fe a la cual nos llama el Evangelio no es cuestión de confiar en un momento dado de la vida, sino confiar de manera que cambie el sentido y el orden de nuestras vidas para siempre.

Aquí, pues, termina el relato de Juan acerca de Jesús. Lo termina con la referencia más abierta a sí mismo como autor anónimo de la obra (cf. 21:24), y comenta que bien podría haber escrito mucho más (cf. 21:25). Todo este Evangelio lleva la huella de su deseo ardiente, un deseo que expresó tan bien uno de los himnos de Charles Wesley:

Si el mundo pudiera gustar y ver
las riquezas de su gracia,
los brazos de amor que me rodean
abrazarían el mundo entero.

Guía de estudio para grupos

PLAN DE ESTUDIOS PARA GRUPOS
(Abarca veintiséis semanas)

PASAJE A ESTUDIAR		CAPÍTULOS
1.	Juan 1:1-18	1-3
2.	Juan 1:19-51	4-5
3.	Juan 2:1-25	6-7
4.	Juan 3:1-36	8-10
5.	Juan 4:1-42	11
6.	Juan 4:43-5:15	12-13
7.	Juan 5:16-47	14
8.	Juan 6:1-24	15
9.	Juan 6:25-71	16-17
10.	Juan 7:1-24	18
11.	Juan 7:25-53	19
12.	Juan 8:1-59	20-21
13.	Juan 9:1-41	22-23
14.	Juan 10:1-42	24-25
15.	Juan 11:1-44	26
16.	Juan 11:45-12:19	27
17.	Juan 12:20-50	28
18.	Juan 13:1-38	29-30
19.	Juan 14:1-31	31-32
20.	Juan 15:1-16:4	33-34
21.	Juan 16:5-33	35-36
22.	Juan 17:1-26	37
23.	Juan 18:1-40	38-39
24.	Juan 19:1-42	40-41
25.	Juan 20:1-31	42-43
26.	Juan 21:1-25	44-45

Esta guía de estudio se ha preparado para un grupo de estudio bíblico, pero también se puede usar individualmente. Los que la emplean así tal vez querrán apuntar sus respuestas en un cuaderno.

La manera de dirigir el grupo de estudio bíblico puede aumentar considerablemente su beneficio. Un estudio bien dirigido dará la impresión de ser sencillo, normalmente porque el líder se ha esforzado y lo ha planeado bien. Las metas claras son esenciales.

METAS

En todo estudio bíblico, sea personal o en grupo, se tienen varias metas:

Comprender el sentido original de un pasaje de la Escritura en particular;

Aplicar este entendimiento a nosotros mismos y nuestra situación;

Desarrollar maneras específicas de llevar las enseñanzas bíblicas a la práctica.

2 Timoteo 3:16-17 proporciona una estructura muy útil. Pablo dice que la Escritura es útil para:

(a) enseñarnos;

(b) redargüirnos;

(c) corregir o cambiarnos;

instruirnos en justicia.

Por consiguiente, al estudiar cualquier pasaje de la Escritura, siempre debemos tener presentes las siguientes preguntas:

¿Qué es lo que nos enseña este pasaje (acerca de Dios, nosotros mismos, etc.)?

¿Nos redarguye de alguna manera?

¿Cómo puede transformarnos esta enseñanza?

¿Cómo nos capacita para servir a Cristo?

De hecho, estas cuatro preguntas en sí proporcionan una sólida guía de estudio bíblico.

PRINCIPIOS

En un grupo de estudio bíblico nos reunimos para aprender de la Palabra de Dios y de sus caminos "con todos los santos" (Ef.

3:18). Pero tanto nuestra propia experiencia como la Escritura nos demuestran que los santos no siempre somos lo que *estamos* llamados a ser en cada situación, ¡y eso incluye los grupos de estudio bíblico! Los líderes suelen tener que trabajar duro y prepararse bien si el grupo va a sacar provecho espiritual de la tarea. Las siguientes directrices para líderes pueden ayudarnos a efectuar esto.

Preparativos:

1. Estudia y comprende el pasaje. Mientras mejor preparado y más seguro estés de la dirección que tomará el estudio, más probable será que el grupo disfrute y saque provecho del estudio. Pregunta: "¿Cuáles son los mensajes principales del pasaje? ¿Cómo se pueden resaltar?". Esto no es lo mismo que la pregunta común: "¿Qué te dice este pasaje?", la cual pide una reacción en lugar de una exposición del pasaje. Debes tener clara esta diferencia, y esforzarte para dejarla clara en el estudio.

2. Basado en tu propio estudio, formula ideas claras *antes* de la reunión del grupo en cuanto a: a) el/los tema(s) principal(es) del pasaje que deben plantearse para el dialogo, y b) algunas conclusiones generales que debe sacar el grupo como resultado del estudio. Aquí, las preguntas sacadas de 2 Timoteo 3:16-17 pueden servir de directrices.

3. Las directrices y preguntas siguientes pueden proporcionar un marco general para cada sesión de estudio; los líderes deben emplearlas como punto de partida a desarrollar. Suele resultar útil tener una meta o tema específico para el diálogo en grupo, y sugerimos uno para cada estudio. Pero aún más importante que el desarrollo del tema es la comprensión de las enseñanzas e implicaciones del pasaje.

Dirigir el grupo:

1. Anuncia el pasaje a tratar y el tema del estudio, empezando con una oración. Puede resultar útil invitar a un miembro distinto del grupo a orar en cada sesión.

2. Presenta el pasaje y el tema, recordando brevemente el bosquejo y resaltando el contenido de las secciones adjuntas.

3. Guía el estudio empleando las preguntas para el dialogo. Puedes usar preguntas propias si quieres, o desarrollar las proporcionadas en la guía empleando ideas propias. A medida que progresa el estudio, anima a los participantes a tratar primero el significado del pasaje (la enseñanza) y solo después su aplicación (lo que significa para nosotros). Podría ser útil escribir las ideas y aplicaciones importantes en una pizarra como resumen y ayuda visual.

4. Al final de cada reunión, recuerda a los participantes las tareas para la siguiente, y anímalos a prepararse de antemano. Como líder, debes estar preparado para dar tareas específicas a los distintos participantes individuales, incluso por parejas o grupos, para que puedan hacer aportaciones específicas.

5. ¡Recuerda que eres el líder del grupo! Anima a los participantes a participar de manera clara, y no te dé vergüenza pedir que expliquen un comentario en mayor detalle, ni ayudarles a hacerlo ("¿Quiere decir usted que…?").

¡Muchos grupos incluyen "el parlanchín", "el callado" y "el que desvía la conversación"! El líder tendrá que controlar al primero, animar al segundo y llevar al tercero de vuelta al tema. Cada líder desarrollará una manera de hacer esto que le resulte natural, pero será útil considerar las posibilidades antes de presentarse la ocasión. Los dos primeros serán ayudados por el planteamiento juicioso de preguntas a individuos o grupos específicos (p. ej.: "Juana, usted sabe algo de esto por su propia experiencia…"); el tercero, al llevar la discusión de vuelta al pasaje ("Es una idea interesante, ¿pero no te parece que el pasaje realmente se centra en…?"). Tal vez sea útil en ocasiones dividir el grupo en grupos más pequeños, dando a cada uno algún tema específico a tratar e informar posteriormente a la clase. La sabia disposición de estos grupos pequeños podrá ayudar a cada miembro a participar.

Más importante aún que ninguna técnica que podamos desarrollar nosotros es la ayuda del Espíritu que nos capacita para comprender y aplicar las Escrituras. Mantén y fomenta en los demás un espíritu humilde y de oración.

6. Sé fiel al horario original; es mejor que algunos de los participantes desearan tener más tiempo que crear problemas a otros pasándose de la hora fijada.

7. Termina con una oración. Si hay tiempo, los últimos momentos se pueden dedicar a la oración en grupo, ayudando a los participantes a aplicar lo aprendido en acciones de gracias, alabanzas, intercesión y petición.

ESTUDIO 1: Juan 1:1-18

META: Apreciar el bosquejo general del Evangelio indicado por Juan y reconocer su importancia para la salvación.

1. ¿Cómo proporciona el primer versículo de este Evangelio un sentido inmediato de la escala que abarca la salvación de Dios?
2. Juan nos da un entendimiento profundo de la existencia eterna de Jesucristo (cf. 1:1-4). ¿Qué nos dice en cuanto a su identidad, lo que ha hecho, y lo que da a todo el género humano?
3. Los temas de luz y tinieblas sobresalen a lo largo de este Evangelio, y se presentan desde el principio con un juego de palabras (cf. 1:5). ¿Cómo nos ayuda esto a comprender el constante conflicto entre Jesús y el mundo durante su ministerio?
4. Juan el Bautista fue una figura clave en la etapa posterior al principio del ministerio terrenal de Jesús. ¿Qué se nos dice acerca del aval de su ministerio (cf. 1:6), la obra para la cual se le envió (cf. 1:7), y el significado más amplio de esta obra (cf. 1:7-9)? ¿De qué manera se mantiene hoy día su testimonio?
5. ¿Qué se nos dice de antemano acerca de la reacción negativa que Jesús encontraría al entrar en el mundo, y qué es lo que resulta sorprendente de esta reacción (cf. 1:10-11)? ¿Qué es lo

que esto nos enseña acerca de la naturaleza humana?
6. ¿Qué es lo que se promete a los que responden a Jesús con fe, y qué hay detrás de esta respuesta (cf. 1:12-13)?
7. Cuando Juan llega al clímax de su Prólogo, ¿qué es lo que quiere que sepamos desde el principio en cuanto a la identidad verdadera de Jesús (cf. 1:14-18)?

Para el ESTUDIO 2: Leer Juan 1:19-51 y los capítulos 4-5 del comentario.

ESTUDIO 2: Juan 1:19-51

META: Captar la idea principal del testimonio de Juan el Bautista acerca de Jesús y comprender cómo se emplea este testimonio para empezar a atraer a la gente.

1. ¿Cuál fue el testimonio de Juan el Bautista y por qué era tan importante para los judíos que habían vivido con la esperanza prometida por las Escrituras del Antiguo Testamento (cf. 1:19-28)? ¿Por qué la referencia hecha a la profecía de Isaías (cf. 1:23) debía hacer que los judíos se dieran cuenta que algo importante estaba a punto de ocurrir según el calendario de Dios?
2. Dado el trasfondo veterotestamentario de todo lo ocurrido, ¿cómo debemos interpretar la descripción hecha por Juan el Bautista de Jesús como "el Cordero de Dios" (1:29)? ¿Qué característica singular de Jesús permite a Juan el Bautista hablar así (cf. 1:30-31)? ¿Qué importancia universal tiene esto?
3. ¿Cómo reconoció Juan que Jesús era el enviado de Dios, y por qué era tan importante esta designación (cf. 1:32-34)?
4. ¿Qué es lo que hizo que los dos discípulos del Bautista aquí mencionados siguieran a Jesús (cf. 1:35-39)? En tu opinión, ¿por qué se suscitó su interés por Jesús, y cómo nos ayuda esto a comprender lo que atrae a la gente hacia Jesús hoy día?
5. Cuando Andrés volvió de pasar el día con Jesús, ¿qué es lo primero que hizo (cf. 1:40-42)? ¿Qué podemos aprender de la forma en que debe afectarnos un encuentro personal con Jesús?

6. Cuando Jesús empieza a llamar a estos hombres a seguirle, ¿qué aprendemos del llamamiento de Natanael y su respuesta a Jesús (cf. 1:43-51)?

Para el ESTUDIO 3: Leer Juan 2:1-25 y los capítulos 6-7 del comentario.

ESTUDIO 3: Juan 2:1-25

META: Comprender la manera como el testimonio verbal acerca de Jesús se ve reforzado por el testimonio de los milagros, y observar su impacto en los que presenciaron estos milagros.

1. Juan hace mucho hincapié en el hecho de que los milagros que hizo Jesús también eran "señales" (2:11). ¿Cómo nos ayuda este detalle a comprender el significado más profundo del aspecto milagroso del ministerio de Jesús (cf. Hch. 2:22; He. 2:3-4)?
2. Esta es la primera mención que hace Jesús de su "hora" y cuándo debía llegar (cf. 2:4). ¿A qué se refería, y cómo afecta la manera en que debemos interpretar el motivo de la Venida de Jesús al mundo?
3. Es significativo que, aunque este milagro no figura en los demás Evangelios, fue el primer milagro de Jesús (cf. 2:11). ¿Qué podemos aprender del trasfondo veterotestamentario de este evento (cf. Is. 25:6) que nos ayuda a apreciar el gozo de la Redención que trae Jesús?
4. La escena cambia de Caná a Jerusalén. ¿Por qué se indigna tanto Jesús por lo que ocurría en el Templo (cf. 2:12-17)?
5. ¿Cómo proporciona un reto directo al ritual vacío de la adoración judía de la época la referencia que hace Jesús a la señal que daría para probar su autoridad (cf. 2:18:22)? ¿De qué manera puede verse la fe cristiana reducida a un ritual sin realidad (cf. 2 Ti. 3:5)?
6. ¿Por qué Jesús no acoge de buen grado la "fe" de los que respondieron a Él en Jerusalén durante la Fiesta de la Pascua (cf. 2:23-25)? ¿Cómo podría manifestarse esta clase de "fe" en la Iglesia moderna?

Para el ESTUDIO 4: Leer Juan 3:1-36 y los capítulos 8-10 del comentario.

ESTUDIO 4: Juan 3:1-36

META: Ver cómo Jesús pone en tela de juicio la religión superficial y nos presenta la respuesta de Dios a la necesidad más profunda del hombre.

1. Hay una clara conexión entre la religión superficial que Jesús encontró entre los judíos durante la Fiesta de la Pascua y lo que halló en Nicodemo. ¿Cómo empieza Jesús a suscitar preguntas en la mente de este hombre que Nicodemo nunca había considerado (cf. 3:1-3)? ¿Qué nos enseña esto acerca de nuestro estado espiritual natural (cf. Ef. 2:1)?
2. Cuando Nicodemo pregunta a Jesús por lo que significa "nacer de nuevo", ¿cómo explica Jesús que sin la intervención de Dios estamos perdidos y sin esperanza (cf. 3:4-8)?
3. ¿Cómo demuestra Jesús a Nicodemo que está singularmente cualificado para revelar estas cosas, y cómo señala la Cruz como la prueba definitiva de ello (cf. 3:9-15)?
4. Juan añade aquí una explicación propia (cf. 3:16-21). ¿Qué es lo que nos enseña esto acerca de nuestra posición legal a los ojos de Dios, primero en términos de la naturaleza humana, y segundo por lo que Cristo logra para aquellos que confían en Él?
5. ¿Por qué no siente Juan el Bautista celos ni ira cuando resulta evidente que Jesús está ganando más discípulos que él (cf. 3:22-30)? ¿En qué sentido "completa" esto su gozo (cf. 3:30)?
6. ¿Qué es lo que hace que Jesús sea totalmente singular y digno de la confianza de los que Él llama a seguirle (cf. 3:31-35)? A la luz de esto, ¿cuáles son las consecuencias inevitables y justificables que fluyen de nuestra respuesta a Jesús (cf. 3:36)?

Para el ESTUDIO 5: Leer Juan 4:1-42 y el capítulo 11 del comentario.

ESTUDIO 5: Juan 4:1-42

META: Examinar el trato de Jesús con una mujer cuya vida ha sido arruinada por el pecado y comprender la forma en que la restaura a ella y a muchos otros.

1. Dado que no había ninguna necesidad geográfica evidente que obligara a Jesús a pasar por Samaria en este viaje, ¿cómo debemos interpretar la frase: "Y le era necesario pasar por Samaria" (4:4)? ¿Cómo puede ayudarnos esto a ser más profundamente conscientes de la providencia divina en nuestras vidas?
2. ¿Cómo contradice la sencillez de la pregunta de Jesús a esta mujer la importancia del hecho de que le hiciera tal pregunta (cf. 4:6-9)? ¿Cómo debería eso hacernos considerar las barreras que estamos dispuestos a salvar al buscar oportunidades de llevar el Evangelio a los demás?
3. Describe con tus propias palabras la forma en que Jesús guió la conversación desde una petición de agua a la respuesta de Dios para las necesidades más profundas de la vida (cf. 4:10-26). ¿Se te ocurren otras maneras de utilizar las situaciones naturales para mostrar a la gente su necesidad sobrenatural?
4. ¿Cuál es la verdad central que Jesús enseña a esta mujer acerca de Dios (cf. 4:21-24)? ¿Cuál es el hecho clave que Jesús revela acerca de sí mismo (cf. 4:25-26)?
5. ¿Qué podemos aprender de la siguiente sección acerca de la importancia de hacer la voluntad de Dios y, al hacerla, el lugar que tiene la evangelización (cf. 4:27-38)?
6. ¿Por qué crees que el testimonio de la mujer: "Me dijo todo lo que he hecho", suscitó un interés tan extraordinario por Jesús entre los del pueblo (cf. 4:39-42)? ¿Cómo sigue obrando en la práctica esta misma verdad acerca de Jesús hoy día?

Para el ESTUDIO 6: Leer Juan 4:43-5:15 y los capítulos 12-13 del comentario.

ESTUDIO 6: Juan 4:43-5:15

META: Comprender la manera como las sanidades milagrosas de Jesús ejemplifican la restauración espiritual que vino a proporcionar.

1. En tu opinión, ¿por qué añade Juan al relato de la acogida de Jesús en Galilea un comentario acerca de que el profeta no tiene honra en su propia tierra (cf. 4:43-45)? ¿Qué nos dice esto acerca de la clase de motivaciones que hay tras algunas respuestas aparentemente positivas al Evangelio?
2. ¿Por qué hizo el oficial real un viaje de 40 km desde Capernaum a Caná para ver a Jesús, y por qué fue tan persistente en su petición (cf. 4:46-49)? ¿Cómo nos ayuda esto a percibir la necesidad más profunda de nuestra vida?
3. ¿Cuál es la clave a la respuesta de este hombre a Jesús (cf. 4:46-49)? ¿De qué manera es esto un modelo de toda respuesta verdadera a Cristo?
4. ¿Cómo se reivindicó la fe del oficial, y qué efecto tuvo en él y en los miembros de su casa (cf. 4:51-53)? Sugiere formas en que la fe personal puede tener efectos más amplios en las vidas de los demás.
5. La escena cambia de Galilea a Jerusalén, donde nos encontramos con una multitud de minusválidos. ¿Qué podemos aprender de la pregunta que hace Jesús al paralítico (cf. 5:1-6)? ¿Cómo toca esto los anhelos más profundos del corazón?
6. ¿Qué podemos aprender de la intervención soberana de Jesús en la vida de este hombre y lo que dice más adelante acerca de su pecado (cf. 5:7-9; 14-15)? ¿Nos ayuda esto de alguna manera a comprender mejor el trato de Jesús con nosotros?
7. ¿Por qué la controversia rodeaba este milagro? ¿Estaba justificada (cf. 5:9-13)?

Para el ESTUDIO 7: Leer Juan 5:16-47 y el capítulo 14 del comentario.

ESTUDIO 7: Juan 5:16-47

META: Comprender cómo la fea verdad acerca de la naturaleza humana se demuestra en las reacciones de la gente ante Jesús.

1. ¿Cómo empieza la controversia en torno a la actitud de Jesús hacia el día de reposo judío a revelar la oscura verdad de la naturaleza humana (cf. 5:16-18)?

2. ¿Cómo responde Jesús a sus perseguidores (cf. 5:19-23)? ¿Qué nos enseña esto acerca de la única manera de relacionarnos verdaderamente con Dios?
3. ¿Por qué es tan importante comprender la relación entre Jesús y Dios Padre (cf. 5:24)? ¿Cómo debe afectar esto tanto nuestra respuesta personal al Evangelio como nuestra reacción ante las respuestas de los demás?
4. ¿De dónde procede la autoridad de Jesús para hablar de esta manera acerca de "[…] los muertos […] [que] vivirán […]", y en qué sentido emplea esta expresión en estos versículos (cf. 5:25-27)? ¿Cómo lleva esta enseñanza a un nuevo nivel en los versículos siguientes (cf. 5:28-30)? ¿Cómo se conectan estos dos conceptos?
5. Intenta identificar los cinco hilos de testimonio o evidencia que Jesús señala para apoyar sus afirmaciones asombrosas (cf. 5:31-47). ¿Por qué fueron significativos para su público judío original, y cómo lo son para nosotros hoy día?

Para el ESTUDIO 8: Leer Juan 6:1-24 y el capítulo 15 del comentario.

ESTUDIO 8: Juan 6:1-24

META: Reconocer que Jesús trae el poder y la provisión del mundo futuro al presente, siendo fácil malinterpretar esto cuando ocurre.

1. Esta sección proporciona muchos detalles que indican un vínculo entre Jesús y Moisés. En tu opinión, ¿por qué quiere Juan subrayar esta conexión? ¿Qué significado tenía para sus lectores judíos? ¿Y qué significa para un público más amplio?
2. En tu opinión, ¿por qué Jesús enfoca a Felipe al preguntar cómo podrían alimentar a tanta gente (cf. 6:5-6)? ¿Qué indica esto acerca de los límites de los recursos humanos, tanto para las necesidades prácticas como especialmente las espirituales?
3. ¿Qué es lo que Jesús nos enseña al hacer este milagro (cf. 6:7-13)? ¿Cómo se relaciona la provisión hecha en ese día histó-

rico con la provisión eterna que hace en la eternidad?

4. ¿Cuál era el error de la reacción de la gente ante Jesús después de este milagro (cf. 6:14-15)? ¿Sigue siendo posible hoy día intentar encajar a Jesús en papeles que nunca pensó desempeñar?
5. Teniendo presente lo dicho acerca de los vínculos más amplios en este pasaje, ¿cómo podemos interpretar los eventos después de la alimentación milagrosa de los cinco mil (cf. 6:16-24)? ¿Cómo nos ayuda esto a comprender a Jesús como el verdadero Liberador prometido por Dios?

Para el ESTUDIO 9: Leer Juan 6:25-71 y los capítulos 16-17 del comentario.

ESTUDIO 9: Juan 6: 25-71

META: Comprender la explicación que hace Jesús de la alimentación milagrosa de los cinco mil, y observar cómo esto toca el mismo corazón del Evangelio.

1. El milagro de alimentar a miles de personas es seguido por un discurso acerca de la forma en que Jesús mismo es realmente pan para millones. ¿Cómo desvía Jesús la atención de la muchedumbre desde el milagro hacia Aquel que lo hizo (cf. 6:26-29)? ¿Por qué resulta esto vital para nuestra comprensión de los milagros de Cristo?
2. ¿Cómo responde Jesús a la petición de una señal para justificar sus afirmaciones (cf. 6:30-33)? ¿Cómo debemos interpretar su explicación más detallada (cf. 6:34-40)? ¿De qué manera sus referencias a Dios Padre y su papel soberano en la Redención resaltan nítidamente estas enseñanzas para todos?
3. ¿Por qué la respuesta de Jesús ofendió a los judíos, y en qué sentido sigue siendo ofensiva a lo largo de la Historia y en cada cultura (cf. 6:41-42)?
4. ¿Cómo debemos interpretar la imagen que Jesús emplea de ser "pan de vida" (6:43-51)? Aunque Jesús aún no había instituido la Santa Cena, ¿crees que emplea este lenguaje para indicar el significado futuro de este sacramento (cf. 6:52-59)?

5. ¿Por qué estas declaraciones de Jesús resultaban tan ofensivas, aun para muchos que lo habían seguido hasta ese momento (cf. 6:60-66)? ¿Acaso este aspecto del Evangelio sigue siendo ofensivo para muchos que dicen ser cristianos, de manera que se muestran reacios a seguir realmente a Cristo?
6. ¿Qué podemos aprender de la manera como Jesús se dirige a los discípulos? ¿De la respuesta de Pedro? ¿Y del comentario de Jesús acerca del traidor (cf. 6:67-71)?

Para el ESTUDIO 10: Leer Juan 7:1-24 y el capítulo 18 del comentario.

ESTUDIO 10: Juan 7:1-24

META: Observar la manera como Jesús responde al error común acerca de su identidad y obra.

1. ¿De qué manera erraban los hermanos de Jesús en la percepción de su misión terrenal (cf. 7:1-5)? ¿De qué manera puede esta misma clase de incomprensión evitar que la gente comprenda el Evangelio hoy día, especialmente dada la amplia oferta de religiones existentes en el mundo?
2. ¿De qué manera la repetida referencia de Jesús a "su tiempo", en la respuesta que dio a sus hermanos, ayudó a demostrarles que algo más estaba en juego que sus propósitos personales (cf. 7:6-9)? ¿Por qué resulta esto vital para comprender correctamente el Evangelio?
3. ¿De qué manera reflejan las reacciones diversas de los judíos de la época ante Jesús las distintas reacciones a lo largo de la Historia (cf. 7:10-13)?
4. ¿Cómo explica Jesús su capacidad extraordinaria para enseñar (cf. 7:14-19)? ¿Cómo demuestra que la comprensión genuina de sus enseñanzas nunca nos proporcionará un mero código de ética o sistema teológico?
5. ¿Cómo debemos interpretar la reacción vitriólica que suscitó entre la muchedumbre la respuesta de Jesús (cf. 7:20)? ¿Se limitaba esta reacción a los judíos de la época, o sigue vigente hoy día?

6. ¿De qué manera vuelve Jesús las tornas para sus críticos judíos (cf. 7:21-24)? ¿Cómo nos ayuda esto a comprender que parte de nuestra tarea de persuadir a los demás de la verdad del Evangelio consiste en mostrarles la incoherencia de sus propias creencias?

Para el ESTUDIO 11: Leer Juan 7:25-53 y el capítulo 19 del comentario.

ESTUDIO 11: Juan 7: 25-53

META: Comprender el hecho de que las reacciones ante Jesús son muy dispares, y la dureza natural de nuestras actitudes hacia Dios.

1. ¿Por qué es tan importante el asunto de la autoridad que respalda a Jesús y sus enseñanzas (cf. 7:25-27)? En una época en la que la Verdad y la autoridad son presas del relativismo y el pluralismo, ¿acaso este asunto sigue teniendo importancia? De ser así, ¿cómo debemos abordarlo?
2. ¿De qué manera confirma la conversación siguiente la verdad acerca de la identidad de Jesús (cf. 7:28-36)? ¿Puedes citar ejemplos de personas que en tiempos eran amargos oponentes a Jesús, pero que al final han llegado a confiar en Él?
3. ¿Qué aprendemos del anuncio en el último día de la Fiesta acerca de Jesús y de la salvación prometida por el Evangelio (cf. 7:37-38)? ¿En qué sentido tiene el lenguaje que emplea un atractivo inalterable y universal?
4. ¿Cómo debemos interpretar las continuas reacciones dispares ante Jesús después de todo lo que ha dicho y hecho (cf. 7:40-44; también 3:3, 5; 6:44)? ¿Cómo debe esto afectar la forma en que oramos por la extensión del Evangelio y practicamos la evangelización?
5. ¿Cómo prueba la amarga reacción de los líderes judíos lo que Juan ha dicho en el Evangelio hasta este punto acerca de la luz y las tinieblas (cf. 7:45-49; también 1:5; 3:19-21)?
6. ¿Por qué Nicodemo arriesgó su posición entre los judíos pronunciándose a favor de Jesús (cf. 7:50-53)? ¿Qué nos enseña

esto acerca del hecho de que el verdadero cristiano nunca podrá ocultar su fe en Cristo?

Para el ESTUDIO 12: Leer Juan 8:1-59 y los capítulos 20-21 del comentario.

ESTUDIO 12: Juan 8:1-59

META: Observar como Jesús trata el problema del corazón endurecido revelando tanto el poder opresor del pecado, como el poder liberador de la gracia.

1. Cuando los líderes judíos trajeron a la mujer adúltera a Jesús para que la juzgara, ¿cuál resulta ser el pecado más sórdido en todo lo que sucede (cf. 8:1-11)? En tu opinión, ¿por qué en sus enseñanzas Jesús es más mordaz acerca de la hipocresía que de ningún otro pecado?
2. ¿Qué debemos aprender de la forma en que Jesús trató a esa mujer? ¿Cómo debería eso afectar nuestra respuesta personal a Jesús y su Palabra? ¿Y cómo deberíamos tratar a otros que han caído en pecado?
3. ¿Qué quiere Jesús que aprendamos cuando dice: "Yo soy la Luz del mundo" (8:12)? ¿Qué maneras se te ocurren en que esta verdad acerca de Jesús afecta las vidas de personas en todo el mundo?
4. ¿Cómo responde Jesús al desafío de los fariseos en cuanto a la validez de su testimonio (cf. 8:13-26)? ¿Qué evento futuro señala Él como la prueba definitiva de la verdad de sus afirmaciones? ¿Y por qué resulta tan significativo (cf. 8:27-30)?
5. ¿Qué dice Jesús acerca del poder opresor del pecado y la forma en que se manifiesta? ¿Dónde indica que encontraremos liberación (cf. 8:31-41)? ¿Cómo se aplica esta verdad tanto a la conversión como al crecimiento en la fe?
6. ¿Por qué la respuesta siguiente de Jesús a los fariseos resulta alarmante tanto para ellos como para todo el mundo (cf. 8:42-47)?
7. En la conversación acalorada que sigue, ¿qué es lo que incita a los judíos a intentar lapidar a Jesús? ¿Tienen justificación

para hacerlo (cf. 8:48-59)? ¿Qué implicaciones surgen de este incidente?

Para el ESTUDIO 13: Leer Juan 9:1-41 y los capítulos 22-23 del comentario.

ESTUDIO 13: Juan 9:1-41

META: Examinar la exposición posterior que hace Jesús de la profundidad de nuestra necesidad espiritual al tratar tanto con la ceguera física como con la espiritual.

1. ¿Cómo crea el ambiente para los siguientes acontecimientos el encuentro con el ciego y la conversación entre Jesús y los discípulos (9:1-5)? ¿De qué manera nos lleva esto inmediatamente más allá de este hombre y su necesidad personal hacia la necesidad universal de todo el mundo?
2. ¿Cómo avala la gran obra que Jesús hace al devolver la vista al ciego (9:6-12) sus grandes afirmaciones acerca de sí mismo? ¿Por qué aún es importante reconocer la conexión existente entre las palabras y los actos de Jesús?
3. ¿Qué podemos aprender acerca la solidez del caso planteado por los fariseos contra Jesús de la clase de argumentos que esgrimen (cf. 9:13-17)? ¿Cómo responderías a una persona que opone esta clase de objeciones a Cristo y el Evangelio?
4. ¿Por qué los padres del ciego responden de esa manera a los fariseos (cf. 9:18-23)? ¿Cómo puede el temor a los demás, especialmente en el ámbito religioso, estorbar la confianza en Cristo hoy día? ¿Qué le dirías a una persona que se resistiera a Jesús por estos motivos?
5. ¿Qué podemos aprender de la manera como Jesús llevó al ciego más allá de la sanidad física a la conversión verdadera (9:24-38)?
6. ¿Cómo realza la última conversación entre Jesús y algunos de los fariseos la solemne responsabilidad que acompaña el privilegio de disfrutar de la luz de la verdad de Dios (cf. 9:39-41)?

Para el ESTUDIO 14: Leer Juan 10:1-42 y los capítulos 24-25 del comentario.

ESTUDIO 14: Juan 10:1-42

META: Observar el amor y la mansedumbre de Jesús revelados en la acepción del perfecto Pastor de Dios y, una vez más, la reacción negativa suscitada en sus oyentes.

1. ¿Cuál es la conexión de este capítulo y las enseñanzas que contiene con el incidente anterior del ciego y los fariseos (cf. 10:1-6)? ¿De qué manera debemos estar alerta a aquellos que no son pastores genuinos de la grey de Dios?
2. ¿Qué quiere decir Jesús al llamarse "la puerta" (10:7-10)? ¿Qué nos enseña acerca del camino de la salvación, la manera de experimentar sus bendiciones, y la naturaleza de la salvación proporcionada por Cristo?
3. ¿Cómo prueba Jesús que es "el Buen Pastor" (10:11-18)? ¿Qué clase de respuesta a Jesús suscita esto en nosotros?
4. En tu opinión, ¿por qué muchos de los judíos denunciaban a Cristo de manera tan extrema (cf. 10:19-21)? ¿Es eso síntoma de una reacción más extendida en su contra?
5. ¿Cómo responde Jesús a la petición de que explique claramente si es el Cristo o no (cf. 10:22-30)? ¿Por qué crees que responde así?
6. ¿Cómo justifica Jesús su afirmación de ser Dios en respuesta a la decisión de los judíos de apedrearlo (cf. 10:31-39)?
7. ¿Qué aprendemos del contraste entre la reacción de los judíos de Jerusalén y de aquellos que habitaban la región al otro lado del Jordán (cf. 10:40-42)? ¿Cuál era uno de los factores principales que diferenciaban esas dos reacciones?

Para el ESTUDIO 15: Leer Juan 11:1-44 y el capítulo 26 del comentario.

ESTUDIO 15: Juan 11:1-44

META: Observar cómo Jesús trata el asunto de la muerte y demuestra, por palabra y obra, que solo Él tiene el poder para vencerla.

1. ¿Cómo emplea deliberadamente Jesús la crisis de la grave enfermedad de Lázaro para dar a este incidente una importancia más allá de la experiencia de una sola familia (cf. 11:1-6)? ¿Cómo glorificaría eso a Dios y a Jesús?
2. ¿Cómo destaca la aversión de los discípulos a acompañar a Jesús a Betania la manera en que el temor a la muerte nos tiraniza a todos nosotros (cf. 11:7; también He. 2:15)? ¿Cómo se manifiesta el temor a la muerte hoy día en la experiencia de las personas?
3. ¿Cómo lleva Jesús la comprensión de sus seguidores de su identidad y propósito a un nivel diferente con lo que dice aquí (cf. 11:17-27)? ¿Por qué son tan vitales estas verdades para disfrutar plenamente de la vida cristiana?
4. ¿Qué podemos aprender acerca de la reacción de Jesús ante el dolor de María, y su respuesta ante el sepulcro de Lázaro (cf. 11:28-38)? ¿Por qué las reacciones de Jesús son distintas de las expresiones de dolor meramente humanas?
5. ¿Por qué empieza Jesús este milagro con una oración muy pública (cf. 11:39-42)? ¿Hacia dónde nos dirige esta oración en nuestra búsqueda de una esperanza verdadera frente a la muerte? ¿Cómo podría expresarse en términos prácticos al tratar con la muerte y los moribundos?
6. ¿Cómo avala el milagro las palabras de Cristo (cf. 11:43-44; 11:25-26)? ¿Qué impacto tiene este acontecimiento en la enseñanza coherente de Jesús acerca de su propia muerte y resurrección, y en la forma en que tanto los discípulos como los judíos percibían sus predicciones?

Para el ESTUDIO 16: Leer Juan 11: 45-12:19 y el capítulo 27 del comentario.

ESTUDIO 16: Juan 11: 45-12:19

META: Observar la manera como las reacciones de una mujer de aldea y una muchedumbre en una gran ciudad testifican de todo lo revelado acerca de Jesús hasta este momento.

1. La resurrección de Lázaro proporcionó las pruebas más contundentes hasta el momento de la autenticidad de las afirmaciones de Jesús. ¿Qué efecto tuvo en los testigos presenciales de ese milagro y los que supieron de ello después (cf. 11:45-47)? ¿Cómo nos ayuda esto a darnos cuenta de que la fe salvadora es algo más que conocer los hechos acerca de Jesús?
2. ¿Cómo reaccionaron los miembros del Sanedrín ante la noticia de lo ocurrido en Betania (cf. 11:47-48)? ¿Qué solución propuso Caifás? ¿Cómo demostró esa sugerencia que el desarrollo de la situación estaba en manos de Alguien más alto que ellos (cf. 11:48-57)? ¿Cómo fomenta esto mayor confianza en el mensaje del Evangelio (cf. Hch. 2:23)?
3. Jesús fue invitado a comer en casa de María, Marta y Lázaro. Mientras estuvo allí, María le ungió los pies con un caro perfume. ¿Cómo reaccionó Judas Iscariote? ¿Qué reveló su reacción acerca de sus motivaciones y preocupaciones (cf. 12:1-6)? ¿Cómo reprendió Jesús a Judas por su cinismo (cf. 12:7-8)?
4. ¿Cómo fue el testimonio de María acerca de Jesús la expresión de una convicción más profunda que crecía entre los judíos corrientes? A su vez, ¿de qué manera enfureció aún más esta convicción a los líderes (cf. 12:9-11)?
5. Cuando Jesús entró en Jerusalén montado en un asno, muchos de los que le aplaudían no comprendían plenamente el significado de sus propias palabras acerca de Él. Sin embargo, dieron a Jesús el reconocimiento más alto posible para los judíos. ¿Qué aprendemos acerca de Jesús de las citas del Antiguo Testamento que se emplearon como homenaje a Él (cf. 12:12-16)?
6. ¿Qué efecto tuvo el testimonio sincero de los testigos oculares de la resurrección de Lázaro (cf. 12:17-19)? ¿Qué podemos aprender de esto acerca de la forma en que Dios ha prometido honrar nuestro testimonio acerca de su Hijo?

Para el ESTUDIO 17: Leer Juan 12:20-50 y el capítulo 28 del comentario.

ESTUDIO 17: Juan 12:20-50

META: Escuchar detenidamente a Jesús mientras explica la necesidad de su muerte y nos avisa de las consecuencias eternas de rechazar la fe en Él.

1. ¿Ves alguna relación entre el relato que hace Juan de la queja de los fariseos (cf. 12:19) y el hecho de que acudieran unos extranjeros para pedir audiencia con Jesús (cf. 12:20-22)? ¿Cómo saca esto el Evangelio de un contexto estrictamente judío para darle un significado universal?
2. Jesús anuncia por fin que ha llegado su hora (cf. 12:23). ¿Qué significa esto, primero para Él (cf. 12:23-24) y luego para sus seguidores y la clase de servicio al cual están llamados (cf. 12:25-26)? ¿Cómo explicas el elemento de la necesidad en ambos aspectos de la enseñanza?
3. ¿Cómo nos permite Jesús entrever el horror de lo que tiene por delante (cf. 12:27)? ¿Cómo proporciona Dios el aliento que necesita y el testimonio ante la muchedumbre, demostrando que la obra de la Cruz no será en vano (cf. 12:28-33)?
4. ¿Cómo añade Jesús urgencia a su mensaje ante la tormenta que se avecina (cf. 12:34-36)? ¿Se pueden aplicar sus palabras a cada etapa de la Historia?
5. ¿Cómo explica Juan la incredulidad persistente de los judíos a pesar de todas las evidencias que tenían delante (cf. 12:37-41)? ¿Cómo debe esto humillarnos ante Dios en reconocimiento de la salvación de los creyentes, orando que Dios tenga misericordia de los que están fuera del Reino?
6. A pesar del rechazo de muchos, muchos otros llegaron a creer en Jesús (cf. 12:42-43). ¿Cómo amonesta Jesús a los que persisten en rechazarlo? ¿Cómo sirve esto tanto de aviso como de oportunidad para la gracia (cf. 12:44-50)?

Para el ESTUDIO 18: Leer Juan 13:1-38 y los capítulos 29-30 del comentario.

ESTUDIO 18: Juan 13:1-38

META: Observar cómo Jesús demuestra en una parábola viva el propósito de su venida y cómo su amor brilla entre la traición y la negación.

1. ¿Cómo presenta Juan la siguiente sección importante de su Evangelio (cf. 13:1)? ¿Cómo nos ayuda a comprender no solamente lo que hace Jesús al lavar los pies de sus discípulos, sino todo lo ocurrido en el Aposento Alto aquella noche? ¿Cómo realza esto lo dicho acerca de Judas (cf. 13:2)? ¿Qué nos enseña esto acerca de la naturaleza del amor de Cristo?
2. ¿Por qué es tan sorprendente el hecho de que Jesús lavara los pies de los discípulos y la forma en que lo hizo (cf. 13:3-5; contrasta esto con 12:12-16)?
3. ¿Cómo emplea Jesús las objeciones de Pedro para explicar en mayor profundidad la verdad que había detrás de este acto en cuanto a su relación con aquellos hombres (cf. 13:6-11)? ¿Cómo nos ayuda esto a comprender tanto la naturaleza definitiva como las dimensiones diarias de la comunión con Cristo?
4. ¿Cómo espera Jesús que sus seguidores imiten el comportamiento que acaba de enseñarles (cf. 13:12-17)? ¿Se te ocurren maneras de demostrar este servicio en las relaciones dentro de la Iglesia y en el mundo?
5. ¿Qué aprendemos acerca de la dinámica del pecado cuando Jesús revela la traición de Judas, y de la reacción de este (cf. 13:18-30)? Aunque es un acontecimiento singular, ¿acaso podemos aprender algo acerca de la forma en que el pecado puede apoderarse de la vida de una persona y dominarla literalmente hasta la muerte?
6. Jesús vuelve a avisar a los discípulos de su partida inminente. ¿Qué es lo que resulta asombroso y significativo en cuanto al mandamiento que Él da frente a este anuncio inquietante (cf. 13:31-35)? ¿Cómo afecta eso nuestras prioridades al vivir para Cristo e intentar servirlo?
7. ¿Cómo se observa el amor de Jesús por Pedro en su amonestación (cf. 13:36-38)? ¿Cómo afecta la plenitud de conocimiento de Cristo el dolor del fracaso de Pedro cuando ocu-

rre? ¿Qué podemos aprender acerca de la manera de tratar nuestro propio pecado y fracasos?

Para el ESTUDIO 19: Leer Juan 14:1-31 y los capítulos 31-32 del comentario.

ESTUDIO 19: Juan 14:1-31

META: Comprender la naturaleza del consuelo que Jesús promete a sus seguidores por su confirmación del Cielo futuro y la promesa del Espíritu Santo en el presente.

1. Los discípulos evidentemente están turbados por lo que oyen en el Aposento Alto. ¿Qué razones les da Jesús para superar sus dudas y temores (cf. 14:1-4)? ¿Cómo siguen estas palabras trayendo consuelo y esperanza a los cristianos en todas las épocas?
2. ¿Cómo debemos interpretar las dudas que expresa Tomás (cf. 14:5)? ¿Cómo debemos los cristianos tratar las dudas que tenemos?
3. ¿Cómo proporciona la respuesta de Jesús a Tomás una seguridad que vincula el presente con el futuro (cf. 14:6-7)? ¿Cómo debemos interpretar lo que Jesús dice acerca de ser "el camino, la verdad y la vida"?
4. ¿De qué manera el conocer a Jesús nos lleva a conocer a Dios Padre (cf. 14:8-14)? ¿En qué sentido los que conocen a Dios a través de su Hijo harán "cosas mayores" que Jesús (cf. 14:12)?
5. ¿Cómo expresamos el amor genuino por Jesús (cf. 14:15)? ¿Cómo nos protege esta afirmación del legalismo?
6. ¿De qué manera especial proporciona la promesa del Espíritu Santo seguridad para los discípulos en el mundo actual (cf. 14:16-21)?
7. ¿Cuál es la conexión entre la paz que da Jesús, la promesa del Espíritu Santo, y la enseñanza que este proporcionará (cf. 14:22:31)? ¿Cómo nos ayuda esto a comprender la esencia de la obra del Espíritu Santo en la vida de los cristianos?

Para el ESTUDIO 20: Leer Juan 15:1-16:4 y los capítulos 33-34 del comentario.

ESTUDIO 20: Juan 15:1-16:4

META: Descubrir la clave de una vida verdaderamente fructífera y eficaz en este mundo, y comprender que eso no significa una vida exenta de dolor y problemas.

1. ¿Cómo nos ayudan los símbolos de la vid, los pámpanos y el labrador a comprender mejor la dinámica de la experiencia cristiana (cf. 15:1-4)? ¿Cómo nos ayudan a apreciar más plenamente la importancia de la disciplina divina al tratar Dios con sus hijos?
2. Permanecer en Cristo es la clave de la vida cristiana fructífera. ¿Qué significa esto en términos prácticos (cf. 15:5-8)? ¿Cómo debemos interpretar los pámpanos que "echan en el fuego y arden"?
3. ¿Cuáles son los eslabones que componen la cadena de amor que Jesús describe en estos versículos (cf. 15:9-17)? ¿Cómo se expresa el amor de Dios en las relaciones dentro de su familia? ¿Qué significado puede tener esto en la práctica para ti como miembro de tu congregación?
4. Jesús dice: "[…] Todo lo que pidiereis al Padre en mi nombre, Él os lo [dará]" (15:16). ¿Cómo nos ayuda el contexto de esta promesa a comprender su significado?
5. A muchos cristianos les cuesta aceptar que seguir a Cristo les acarreará la hostilidad de los demás. ¿Qué dice Jesús a sus discípulos que les ayuda a comprender por qué ocurre esto (cf. 15:18-25)? ¿Cómo se conecta esto con el gozo de padecer por el Evangelio (cf. también Stg. 1:2-4; 1 P. 1:3-7)?
6. ¿Cómo ayudará el Espíritu Santo a los discípulos en particular, y a todos los seguidores de Cristo en general, a afrontar la oposición y cumplir la tarea que Dios les encarga (cf. 15:26-27)? ¿Cómo podemos aplicar esto en un mundo en que muchos ya no creen en la existencia de una Verdad absoluta?
7. ¿Por qué dijo Jesús esas cosas a sus seguidores (cf. 16:1-4)? ¿Cómo se ven tentados los cristianos a "descarriarse" hoy día? ¿Cómo pueden estas mismas verdades evitarlo?

Para el ESTUDIO 21: Leer Juan 16:5-33 y los capítulos 35-36 del comentario.

ESTUDIO 21: Juan 16:5-33

META: Observar cómo Jesús prepara a sus discípulos para las dificultades que afrontarán al explicarles cómo les ayudará y capacitará el Espíritu Santo para la obra que deben llevar a cabo.

1. Muchos creen que la vida cristiana era mucho más fácil para los discípulos que acompañaron a Jesús en su ministerio terrenal. ¿Por qué, entonces, Jesús dice que les conviene a los discípulos que se vaya (cf. 16:5-7)?
2. Jesús identifica tres aspectos de la obra del Espíritu Santo; ¿cuáles son, y qué significa cada uno (cf. 16:8-11)? ¿Cómo afectan estas verdades nuestra actitud ante la extensión del Evangelio?
3. Jesús dice que cuando venga el Espíritu Santo: "[…] Él os guiará a toda la verdad […]" (16:12-15). ¿Por qué se aplica especialmente esta declaración a los Apóstoles? ¿En qué sentido tiene importancia para todo el pueblo de Dios?
4. ¿Cómo confunden y alientan a la vez a los discípulos los comentarios de Jesús acerca de que no lo verán y luego lo verán (cf. 16:16-24)? ¿Cuáles son los distintos significados que asigna Jesús a esta declaración? ¿Cómo se completará el gozo de los discípulos (cf. 16:24)?
5. ¿Qué confianza se halla en los últimos comentarios de Jesús en el Aposento Alto (cf. 16:25-32)? ¿Cómo demuestran que la fuerza de Dios se perfecciona en nuestra debilidad?
6. ¿Por qué debemos los cristianos alentarnos por el hecho de que Jesús ha "vencido al mundo" (16:33)? ¿Cómo debe esto afectarnos al afrontar la lucha diaria de la vida en este mundo?

Para el ESTUDIO 22: Leer Juan 17:1-26 y el capítulo 37 del comentario.

ESTUDIO 22: Juan 17:1-26

META: Alentarnos con la oración de Jesús antes de su muerte, al orar que su sacrificio logre todo lo que Dios pretende.

1. Jesús habla de la Cruz como la hora de su glorificación (cf. 17:1). ¿En qué sentido glorificó la Cruz a Dios el Hijo, y a Dios Padre? ¿Cómo debe esto afectar nuestra adoración?
2. ¿Cómo debemos comprender la esencia de la vida eterna (cf. 17:2-3)? ¿De qué manera está conectada al sacrificio de Jesús en el Calvario?
3. ¿Por qué marca la Cruz el apogeo de la obra de Cristo en el mundo? ¿Cuál es la prueba de ello (cf. 17:4-5)? ¿Qué nos enseña esto acerca de la importancia de la Cruz en la experiencia cristiana auténtica?
4. ¿Qué pide Jesús en oración para sus discípulos (cf. 17:6-12)? ¿Por qué resulta esta oración tan significativa para el Evangelio?
5. ¿Cómo será posible que los discípulos tengan plenitud de gozo aunque sigan viviendo en un mundo hostil (cf. 17:13-19)? ¿Cómo nos ayuda esto a apreciar todo lo que abarca la santificación?
6. ¿Cuál es la oración de Jesús por todo aquel que crea en Él por medio del testimonio apostólico del Evangelio (cf. 17:20-26)? ¿Por qué hace Jesús tanto hincapié en la unidad de su pueblo? ¿Cómo debe esto afectar nuestra actitud hacia aquellas cosas que nos separan de otros cristianos?
7. ¿Cuál es la meta de la obra continua de Jesús en las vidas de su pueblo (cf. 17:25-26)?

Para el ESTUDIO 23: Leer Juan 18:1-40 y los capítulos 38-39 del comentario.

ESTUDIO 23: Juan 18:1-40

META: Comprender la importancia del juicio de Jesús, no solamente como un hecho histórico, sino como parte integral del Evangelio.

1. El relato del arresto de Jesús se presenta desde dos perspectivas muy distintas: la de Jesús y la de sus discípulos. ¿Cómo nos ayuda la declaración de Jesús: "[…] La copa que el Padre me ha dado, ¿no la he de beber?" (18:11) a comprender todo

lo ocurrido? ¿Qué nos enseña la expresión "copa" acerca del sufrimiento que Jesús tenía por delante (cf. Is. 51:17, 22)?
2. ¿Por qué repite Juan deliberadamente su comentario acerca de Caifás cuando se llevan a Jesús para ser juzgado por los judíos (cf. 18:12-14)? ¿Cómo afecta esto nuestra comprensión del juicio y sus resultados?
3. Juan nos relata la primera de las tres negaciones de Pedro (cf. 18:15-18). ¿Qué aprendemos de esto acerca de nuestra debilidad natural ante la tentación aún cuando la Palabra de Dios nos ha avisado de antemano?
4. ¿Cómo sirven las primeras conversaciones del juicio de Jesús para probar su inocencia desde el principio (cf. 18:19-24)?
5. La inocencia manifiesta de Jesús se plantea junto a la culpa evidente de Pedro (cf. 18:19-27). ¿Cómo refuerza esto el hecho de que Jesús estaba siendo juzgado como el sustituto divino de los pecadores (cf. 1 P. 3:18)?
6. ¿Cómo sirve de eje la pregunta de Pilato: "¿Qué es la verdad?" (18:38) para el juicio ante el gobernador? Cita algunas formas en que realza la gracia y la justicia de Dios en contraste con la corrupción e injusticia del tribunal de Pilato.

Para el ESTUDIO 24: Leer Juan 19:1-42 y los capítulos 40-41 del comentario.

ESTUDIO 24: Juan 19:1-42

META: Examinar y apreciar de nuevo el maravilloso sacrificio que tuvo que hacer Jesús para asegurar la redención de todo aquel que cree en Él.

1. En tu opinión, ¿por qué el Credo de los Apóstoles incluye la afirmación de que Jesús "padeció bajo el poder de Poncio Pilato" (cf. 19:1-16)? ¿Por qué es tan importante el veredicto de Pilato, no solamente durante el juicio sino para el Evangelio (cf. 19:4)?
2. ¿Por qué resulta irónico el cargo que presentaban los judíos contra Jesús (cf. 19:7; Gn. 3:5)? ¿Qué dice esto acerca de la naturaleza y origen de la verdadera culpa en esta situación?

3. ¿Quién controlaba realmente los acontecimientos de aquel día (cf. 19:8-11; Hch. 2:23)? ¿A qué comprensión llegamos acerca de lo ocurrido?
4. ¿Qué podemos aprender del amor de Jesús en la Cruz en contraste con la amargura y el odio de los que le crucificaron (cf. 19:17-21)?
5. ¿Cómo se emplean las Escrituras como clave de nuestro entendimiento de los sufrimientos de Cristo en la Cruz (cf. 19:28-37)? Dado el hecho de que se comprende tan mal la Crucifixión, ¿por qué resulta tan importante esta idea?
6. ¿Por qué el relato del entierro de Jesús resulta tan esencial para el Evangelio (cf. 19:38-42)? ¿De qué manera son las personas que participaron en su entierro un testimonio vivo del poder del Evangelio aun antes de la resurrección de Jesús?

Para el ESTUDIO 25: Leer Juan 20:1-31 y los capítulos 42-43 del comentario.

ESTUDIO 25: Juan 20:1-31

META: Observar la gracia compasiva de Jesús en su aparición ante sus seguidores desalentados después de la Resurrección, y su respuesta de adoración.

1. En tu opinión, ¿por qué Juan resalta tanto el testimonio de una mujer en su relato de la Resurrección (cf. 20:1-18)? ¿Qué revela esta distinción acerca de la gracia de Dios para una cultura religiosa en la que las mujeres eran ciudadanas de segunda clase?
2. ¿Cómo ayuda el asombro y desconcierto de los discípulos ante el sepulcro vacío a probar que la antigua Iglesia no inventó el relato de la Resurrección (cf. 20: 1-9)?
3. ¿Cómo observamos el amor de Cristo en la manera como trató con el dolor y la confusión de María ante sepulcro vacío (cf. 20:10-18)? ¿Cómo demuestra eso que Él es el verdadero Pastor de la grey de Dios (cf. 10:27)?
4. Después de la Resurrección, ¿cómo llena Jesús de nuevo significado la paz prometida por el tradicional saludo judío (cf.

20: 19-23)? ¿Qué papel desempeña la Resurrección en la experiencia de certeza en la vida cristiana (cf. Ro. 4:25)?

5. ¿Por qué el rechazo por parte de Tomás del testimonio de sus hermanos Apóstoles y los acontecimientos de una semana después son tan importantes para establecer la fiabilidad del mensaje del Evangelio (cf. 20:24-29)? ¿En qué sentido reciben mayor bendición aquellos que aceptan este testimonio sin necesidad de pruebas físicas (cf. 20:29)? ¿Cómo ha alentado esto a los creyentes a lo largo de la Historia?
6. ¿Cuál fue la motivación citada por Juan para escribir su Evangelio, y para hacerlo de esta manera (cf. 20:30-31)? ¿Cómo respondes tú a su invitación?

Para el ESTUDIO 26: Leer Juan 21:1-25 y los capítulos 44-45 del comentario.

ESTUDIO 26: Juan 21:1-25

META: Observar cómo Jesús prepara, capacita y comisiona a sus discípulos para llevar a cabo la misión que debían desempeñar en el mundo al servirlo a Él.

1. ¿Cómo nos trae el último capítulo del Evangelio según Juan de vuelta al principio respecto al método que empleó Jesús para llamar y preparar a sus Apóstoles para su singular ministerio (cf. 21:1-14; Mr. 1:16-17; Lc. 5:1-11)? ¿Cómo alentó esta preparación a los Apóstoles antes de la vuelta de Jesús al Cielo?
2. ¿Cómo reforzaron la pesca milagrosa y el desayuno en la playa el previo conocimiento de Jesús que ya tenían los discípulos? ¿Cómo nos ayudan estas verdades hoy día?
3. ¿Qué aprendió Pedro aquella mañana a través de su dolorosa conversación con Jesús después del desayuno (cf. 21:15-19)? ¿Cómo abrió el camino esa conversación para la verdadera restauración a una vida de servicio útil para este Apóstol? ¿Qué ejemplos se te ocurren para demostrar que esta experiencia transformó a Pedro como persona? ¿De qué maneras puede Dios santificar nuestros pecados y fallas?

4. ¿De qué manera sirve la conversación de Jesús con Pedro de digna conclusión para este libro, pensada como una explicación del significado del Evangelio en términos de vidas transformadas?
5. En este capítulo, Juan llega más cerca que en todo su Evangelio a identificarse (cf. 21:20-24). ¿Cómo subraya la necesidad universal de practicar una confianza sumisa en Jesús?
6. ¿Cómo lleva el último versículo de este Evangelio el relato de Juan acerca de Jesús a una conclusión llena de alabanza y asombro (cf. 21:25)? ¿Qué efecto ha tenido en ti el estudio de este Evangelio?

LECTURAS ADICIONALES

J. Calvino: *Calvin's Commentaries,* Grand Rapids: Baker Book House, 1979.

D.A. Carson: *The Gospel According to John,* Leicester, UK: Eerdmans y IVP, 1991; Grand Rapids, USA: W. B. Eerdmans, 1991.

W. Hendriksen: *El Evangelio de Juan (Comentario del Nuevo Testamento),* Libros Desafío.

G.J. Keddie: *John,* Vols. 1 y 2, Darlington: Evangelical Press, 2001.

B. Milne: *The Message of John,* Leicester: IVP, 1993.

J.C. Ryle: *Meditaciones sobre los Evangelios: Juan 1-6, 7-12, 13-21;* Editorial Peregrino, 2003-2005.